KB234623

한문대장경의
문자이동 연구

“이 저서는 2007년 정부(교육인적자원부)의 재원으로
한국학술진흥재단의 지원을 받아 수행된 연구임”(KRF-2007-A00123)

한국학술정보㈜

한문대장경의 문자이동 연구

유부현 지음

柳富鉉 ≪漢文大藏経文字異同研究≫ 序

　　與柳富鉉先生相識多年。這些年來，他每年都會到中國來，少則一、兩次，多則三、四次。衹要我在北京，每次都會到我家來論學。我們討論的，大抵爲大藏經，特別是≪高麗藏≫。

　　與一般韓國學者相同，柳富鉉對凝聚了高麗時代佛教精神的≪高麗藏≫情有獨鍾，他幾乎把所有的科研精力都傾注到≪高麗藏≫上。但與有些韓國學者不同的是，他在研究≪高麗藏≫的時候，沒有把眼光僅僅局限在≪高麗藏≫本身，而是把≪高麗藏≫放在整個漢文大藏經的發展史中去考察。這樣，漢文大藏經的發展史爲他的研究提供了厚重而寬闊的歷史背景，他的研究也因此而融入整個漢文大藏經的研究中。

　　漢文大藏經是基本網羅歷代漢譯佛典並以之爲核心的，按照一定的結構規範組織，並具有一定外在標誌的漢文佛教典籍及相關文獻的叢書。它隨著漢傳佛教的發展而發展，隨著中國書籍形態的變化而變化。最早的漢文大藏經均爲寫本。北宋初年，隨著第一部刻本大藏經≪開寶藏≫的出現，漢文大藏經進入刻本時期。北宋將≪開寶藏≫分贈周邊諸國。其後，高麗國依據≪開寶藏≫先後刊刻了≪初刻高麗藏≫與≪再刻高麗藏≫(韓國則稱之爲≪高麗藏初雕本≫與≪高麗藏再雕本≫)，金朝則依據≪開寶藏≫刊刻了≪金藏≫。這樣，由≪開寶藏≫、≪初刻高麗藏≫、

《再刻高麗藏》與《金藏》形成的中原系藏經與以《遼藏》爲代表的北方系藏經，以《崇寧藏》、《毗盧藏》爲代表的南方系藏經一起，成爲刻本漢文大藏經的三大系統。

雖然從總體看，《初刻高麗藏》、《再刻高麗藏》與《金藏》均依據《開寶藏》刊刻，但由於各種原因，各藏的情況互有不同。比如《初刻高麗藏》後半部份編次與《開寶藏》並不一致，《再刻高麗藏》則參校了北方系的《遼藏》，而《金藏》大體反映了《開寶藏》的晚期狀態。由於《開寶藏》全藏已經亡佚，存卷珍若星鳳，難得一睹。《初刻高麗藏》存卷雖多，亦不足全藏之二分之一，且收藏者等閒不以示人。《金藏》雖存殘卷5000餘卷，强差人意，但秘藏深庫，尚未全展姿容。唯有《再刻高麗藏》全藏保留完整，且版片亦保存完好。資料殘缺、難覓如此，擬探索並恢復中原系藏經的歷史沿革，其難度可想而知。

柳富鉉先生常年以《高麗藏》研究爲中心，經常奔波於韓國與中國各地，不放過一點線索，到處搜尋資料。日復一日地對各種藏經的版本、行文逐字逐句進行仔細的比對，以尋求諸種藏經的不同，探究這些不同產生的原因，力求解開《高麗藏》及中原系諸種藏經的歷史發展軌跡。這些年來，他已經發表多篇論文，每篇均有創見，成爲在《高麗大藏經》研究領域，也是漢文大藏經研究領域中一位值得重視的研究者。現在，他的新作即將問世，索序於我。我爲他新作的出版而高興，對他取得的新成績表示祝賀。

最近，有關中原系藏經資料的情況略有改善：我們費多年之力，上窮碧落下黃泉，在全世界找到的12個≪開寶藏≫殘卷，已於去年年底由文物出版社出版。韓國高麗大藏經研究所爲尋找≪初刻高麗藏≫竭盡全力，近年終於尋覓到2000多卷，也於去年上網公佈。資料的豐富必將促進研究的發展，祝願柳富鉉先生將來在大藏經研究領域取得更多、更好的成績。

方廣錩

2011年 1月 13日 於北京通州皇木廠

1
서 언

불교와 불교 사상에 대한 이해는 당연히 불경의 연구를 통해서 이루어진다. 또한 불경은 이른바 대장경을 중심으로 연구되고 있다. 인도에서 이루어진 대장경은 기원전 2년을 전후로 중국에 전래되어 한역되기 시작하였다. 이후 북송 이전까지는 사본 대장경으로 전해지다가 북송 개보 연간(971~983)에 이르러서는 마침내 간본 대장경으로 다시 태어나게 되었다. 이것이 바로 저명한 『개보장』(『개보칙판대장경』)이다. 이후 이 『개보장』은 고려와 거란에 전래되었고, 고려와 거란 역시 각각의 간본 대장경을 조성하게 되었다. 또한 중국에서는 『개보장』 이후 『숭녕장』을 비롯하여 『청장』(『용장』)에 이르기까지 10여 차례 대장경을 간행하였다.

일찍이 북송, 거란, 고려에서 각각 대장경이 조조되었지만 북송과 거란의 대장경은 각각 10여 권만이 남아 있고, 『초조장』(『고려초조대장경』), 『숭녕장』 등도 극히 일부만 남아 있는 상황이다. 현재까지 완전하게 전존되고 있는 것은 『재조장』(『고려재조대장경』)과 『적사장』을 비롯한 남송 이후에 간행된 대장경이다.

『개보장』이후『청장』에 이르기까지 역대로 간행된 대장경의 조인 상황을 조사하여 일견하면 다음의 <표 1> "역대 간본대장경 조인상황 일람표"와 같다.

<표 1> 역대 간본대장경 조인상황 일람표[1]

藏 名		刊刻 時期	部數	卷數	函[帙]數	千字文 字號(番號)	裝訂	行字數
開寶藏	本藏	971~983	1076	5048	480帙	天(1)~英(480)	卷軸裝	23行 14字
	續刊	983~1122	?	1800餘卷	215餘帙	?	不一致	不一致
趙城藏		1149~1173	?	6900餘卷	682帙	天(1)~幾(682)	卷軸裝	23行 14字
高麗藏	初雕藏	1011~1087	?	6000餘卷	639帙	天(1)~洞(639)	卷軸裝	23行 14字
	再雕藏	1236~1251	1574	6547	639帙	天(1)~洞(639)	卷軸裝	23行 14字 或17字
契丹藏	大字本	1032~1068	?	5790	579帙	天(1)~滅(579)	卷軸裝	27或 28行 15~18字
	小字本	1032~1072	?	近1000冊	近200函	?	蝴蝶裝	12行 30字 10行 20字 等
崇寧藏		1080~1103	1440	6108	580函	天(1)~虢(580)	折疊裝	30行 17字
毗盧藏		1103~1172	1451	6132	595函	天(1)~頗(595)	折疊裝	30行 17字
圓覺藏		1126	1435	5480	548函	天(1)~合(548)	折疊裝	30行 17字
資福藏		1175	1459	5940	599函	天(1)~最(599)	折疊裝	30行 17字
磧砂藏		1216~1322	1532	6362	591函	天(1)~煩(591)	折疊裝	30行 17字
普寧藏		1277~1290	1532	5996	591函	天(1)~煩(591)	折疊裝	30行 17字
元官藏		1336	?	6500餘	651函	天(1)~於(651)	折疊裝	42行 17字
洪武南藏		1372~1401	1600	7000餘	678函	天(1)~魚(678)	折疊裝	30行 17字
永樂南藏		1412	1610	6331	636函	天(1)~石(636)	折疊裝	30行 17字
永樂北藏		1421~1440	1615	6361	637函	天(1)~鉅(637)	折疊裝	25行 17字
徑山藏		1589~1707	2090	12600	343函[2]	天(1)~史(677)[3]	線裝	20行 20字
清藏		1733~1738	1675	7240	724	天(1)~機(724)	折疊裝	25行 17字

---

1) 본 표의 작성에는 아래와 같은 문헌이 참고되었다.

이들 간본대장경은 각각의 대장경이 조성된 시대와 지역 그리고 저본의 차이로 말미암아 몇 가지의 계통을 형성하게 되었는데, 이러한 대장경의 계통에 대해서 1936년 일본학자 小野玄妙는 대장경에는 3종의 계통이 있다고 추정하였다. 이후 1990년대에 이르러 일본학자 築沙雅章과 중국학자 方廣錩은 새로 발견된 자료와 기존의 학술성과에 근거하여 거의 같은 시기에 대장경은 "남방", "북방", "중원" 계통으로 나누어진다는 이론을 제기했다.

즉 소야현묘는 『佛書解說大辭典·別卷』(大同出版社, 1936)에서 『개보장』, "고려판", "금판" 등은 북방계의 계통이고, 『숭녕장』을 규범으로 하는 송원의 제장은 남방계의 계통이며, 또 하나의 계통으로 "거란본"이 있다고 하였다.

축사아장은 『東方學』 81집(東方學會, 1990)과 『宋元佛敎文化史硏究』(汲古書院, 2000)에서 송원 시대의 대장경은 『개보장』 계통, 『거란장』 계통, 『강남장』 계통으로 나누어진다고 하였다. 그리고 『거란장』은 唐代의 가장 표준적인 사경으로 장안·낙양 등지에서 행해진 대장경 계통을 계승한 것이라고 주장하였다.

또 방광창은 『八~十世紀佛敎大藏經史』(社會科學院, 1991)에서 『개보장』은 "중원계통"에, 『거란장』은 "북방계통"에, 『숭녕장』·『비로장』은 "남방계통"에 속한다고 주장하였다.

小野玄妙, 『佛書解說大辭典·別卷』, 大同出版社, 1936.
蔡運辰, 『二十二種藏經目錄對照考釋』, 新文豊出版公司, 1983.
羅炤, "有關『契丹藏』的幾箇問題", 『文物』1988年 第11期
童瑋, 『二十二種大藏經通檢』, 中華書局, 1997.
李富華, "關于『遼藏』的硏究", 『佛敎與歷史文化』, 宗敎文化出版社, 2001.
李際寧, 『中國版本文化叢書·佛經版本』, 江蘇古籍出版社, 2002.

2) 『경산장』 343함 가운데 210함은 정장이고, 133함은 속장이다.

3) 『경산장』은 정장만 천자문 자호로 편차되었고 속장은 천자문 자호로 편차되지 않았다.

판본의 계통 관계를 연구하는 것은 대장경을 비롯한 모든 문헌 연구에서 가장 기본적인 단계라고 할 수 있다. 불교 대장경의 연구도 마찬가지다. 어느 대장경이든지 그 판본을 감정하고 연구하려면 반드시 그 계통 관계가 먼저 정립되어야 할 것이다. 또한 그 계통 관계를 정립하기 위해서는 여러 가지 측면에서의 접근이 가능하다. 이를테면 교감학이나 목록학, 판본학적인 관점에서의 연구이다.

종래 대장경의 계통에 대해서 연구된 것은 주로 대장경 판본의 판식, 장정 형태 등의 요인 즉 판본학과 목록구조의 체계, 입장 경전의 출처 등 목록학에 근거하여 이루어진 것이다. 그러나 제일 중요하게 생각되는 교감학적 측면에서의 연구는 아직 충분하지 못한 상황이다.

하나의 문헌이 처음으로 성립된 이후 수없이 전사되거나 중간되어 전승되는 과정에서 그 문헌은 형태와 내용에서 많은 변화를 거치게 마련이다. 특히 그 원문은 많은 변화, 즉 문자이동을 겪게 되는 것은 주지의 사실이다. 뿐만 아니라 그 원문의 문자이동은 전사 또는 중간의 형태로 전승되는 과정에서 일정한 유형을 형성하기도 한다. 이러한 문자이동의 유형은 어떤 문헌에 있어서 내용의 전승관계, 즉 원문의 변화관계와 판본의 계통을 이해하는데 매우 유력한 근거로 활용될 수 있는 것이다. 이것은 대장경에서도 마찬가지이다.

따라서 필자는 이 점에 착안하여 본 연구에서는 역대로 간행된 대장경에 나타난 문자이동의 상태를 고찰하고, 대장경 사이에 형성된 문자이동의 유형을 중심으로 그 문자이동의 유형과 원인을 살펴보고자 한다. 이러한 고찰은 대장경의 계통을 보다 객관적으로 조명하는데 하나의 단서가 될 것이다. 궁극적으로 본 연구의 목적은 대장경의 문자이동에 대한 분석과 고찰을 통해 대장경의 계통에 대해서 정론을 수립할 수 있는 단서를 마련하는 데 있다.

본 연구는 이러한 연구 목적을 위해 다음과 같은 순서로 연구를 진행하고자 한다.

첫째, "한문대장경의 성립과 간행"에서는 불전의 한역과 대장경의 발전과정 그리고 간본 대장경의 계통 및 간행에 대해서 살펴보고자 한다.

둘째, "한문대장경의 문자이동"에서는 대장경의 계통과 전존본의 현존 상황을 참작하여 아래와 같은 다섯 절로 나누어 대장경의 문자이동을 고찰할 것이다.

1. "돈황사본"을 중심으로 살펴본 대장경의 문자이동
2. 『개보장』 잔본을 중심으로 살펴본 대장경의 문자이동
3. 『숭녕장』 잔본을 중심으로 살펴본 대장경의 문자이동
4. 『거란장』 잔본을 중심으로 살펴본 대장경의 문자이동
5. 『초조장』 잔본을 중심으로 살펴본 대장경의 문자이동

즉 "돈황사본", 『개보장』, 『숭녕장』, 『거란장』, 고려 『초조장』의 잔본을 중심으로 해서 역대의 대장경과 대교를 진행한 다음 대교의 결과를 정리하여 "유형별 문자이동 대교표"를 작성하고자 한다. 이 "유형별 문자이동 대교표"는 대장경의 계통에 있어서 구체적인 관계를 규명하는 데 중요한 단서가 될 것이다.

아울러, 제2절 "『개보장』 잔본을 중심으로 살펴 본 대장경의 문자이동"에서는 『개보장』과 『조성장』 그리고 『재조장』을 대조하여 대조표를 작성하고자 한다. 이 대조표는 중원 계통의 대장경인, 즉 『개보장』, 『조성장』, 『재조장』의 연관성을 이해하는 데 결정적인 단서가 될 것이다.

셋째, "한문대장경의 문자이동 유형"에서는 각 대장경의 대교를 통해 규명된 문자이동의 유형과 문자이동의 유형에 따른 대장경의 계통을 토대로 하여 문자이동의 유형을 분석·고찰할 것이다.

끝으로 본 연구에서 살펴볼 "돈황사본"과 "간본대장경"의 잔본 및 "역대 대장경"을 소개하면 아래와 같다.

1. "돈황사본"

  1) 『妙法蓮華經』 卷第二(중국 국가도서관소장)

  2) 『妙法蓮華經』 卷第七(중국 국가도서관소장)

  3) 『大法炬陀羅尼經』 卷第十三(중국 국가도서관소장)

  4) 『大方便佛報恩經』 卷第一(중국 국가도서관소장)

  5) 『佛本行集經』 卷第十九(중국 국가도서관소장)

  6) 『無垢淨光大陀羅尼經』(영국 대영박물관관소장)

  7) 『大方廣佛華嚴經』(한국 호암미술관소장)[4]

2. "간본대장경"의 잔본

  1) 『개보장』 잔본

    (1) 『妙法蓮華經』 卷第七(중국 고평현박물관소장)

    (2) 『大般若波羅蜜多經』 卷第二百六(중국 산서성박물관소장)

    (3) 『大雲經請雨品』 第六十四(중국 고평현박물관소장)

    (4) 『佛說阿惟越致遮經』 卷上(중국 국가도서관소장)

    (5) 『雜阿含經』 卷第三十(중국 국가도서관소장)

---

4) 이 『大方廣佛華嚴經』은 80권본으로서 돈황사본은 아니고 신라에서 필사된 사본이다. 80권 가운데 卷1~10과 권44~50까지의 총 17권이 잔존한다.

　　(6)『雜阿含經』卷第三十九(중국 국가도서관소장)

　　(7)『大方等大集經』卷第四十三(중국 상해도서관소장)

　　(8)『佛本行集經』卷第十九(일본 남선사소장)

　　(9)『十誦尼律』卷第四十六(일본 서도박물관소장)

2)『숭녕장』잔본

　　(1)『無垢優婆夷問經』(북경대학도서관소장)

　　(2)『辨正論』卷第二(북경대학도서관소장)

　　(3)『阿毗達磨順正理論』卷第二十三(북경대학도서관소장)

　　(4)『大方廣佛華嚴經修慈分』(북경대학도서관소장)

　　(5)『不空羂索神變眞言經』(북경대학도서관소장,『비로장』본임)

3)『거란장』잔본

3-1) 大字本[5]

　　(1)『大法炬陀羅尼經』卷第十三(산서성문물국소장)

　　(2)『佛說大乘聖無量壽決定光明王如來陀羅尼經』(산서성문물
　　　국소장)

　　(3)『阿毗達磨發智論』卷第十三(산서성문물국소장)

　　(4)『妙法蓮華經』卷第二(산서성문물국소장)

　　(5)『大方便佛報恩經』卷第一(산서성문물국소장)

　　(6)『中阿含經』卷第三十六(산서성문물국소장)

　　(7)『稱讚大乘功德經』(산서성문물국소장)

---

5)『應縣木塔遼代秘藏』(山西省文物局·中國歷史博物館合編, 文物出版社, 1991)에 영인되어 있다.

3-2) 小字本

　(1)『大方廣佛華嚴經』80卷(하북성 풍윤현 문물관리소소장)

　(2)『大乘本生心地觀經』卷第二(하북성 풍윤현 문물관리소소장)

　(3)『大乘本生心地觀經』卷第六(하북성 풍윤현 문물관리소소장)

4)『초조장』 잔본[6]

　(1)『阿毗達磨界身足論』卷下

　(2)『廣弘明集』卷第二十一

　(3)『根本說一切有部毗奈耶雜事』卷第三十三

　(4)『大乘莊嚴經論』卷第八

　(5)『大乘莊嚴經論』卷第十三

　(6)『根本薩婆多部律攝』卷第一

　(7)『金剛般若論』卷下

　(8)『大莊嚴論經』卷第二

　(9)『大莊嚴論經』卷第三

　(10)『大莊嚴論經』卷第九

　(11)『大莊嚴論經』卷第十

　(12)『大莊嚴論經』卷第十一

　(13)『薩婆多毗尼毗婆沙』卷第二

　(14)『瑜伽師地論』卷第三

　(15)『瑜伽師地論』卷第十七

　(16)『瑜伽師地論』卷第三十八

6)『高麗初雕大藏經集成』1~4(고려초조대장경집성편찬위원회, 고려대장경연구소, 2005)에 영인되어 있다.

(17)『顯揚聖敎論』卷第三

3. "역대 대장경"
  1)『개보장』(971~983)
  2)『거란장』 대자본(1032~1068)
  3)『거란장』 소자본(1032~1072)
  4)『재조장』(1236~1251)
  5)『조성장』(1149~1173)
  6)『방산석경』(요대)
  7)『자복장』(1175)
  8)『적사장』(1532~1322)
  9)『보녕장』(1277~1290)
  10)『영락남장』(1412)
  11)『경산장』(1589~1707)
  12)『청장』(1733~1738)

   본 연구는 역대로 간행된 대장경 사이에서 형성된 문자이동의 유
형을 중심으로 대장경에 나타난 문자이동의 상태를 고찰하고 그 문
자이동의 유형과 원인을 살펴보고자 하는 것이다. 이러한 연구의 결
과가 대장경의 계통을 보다 객관적으로 조명하는 데 하나의 단서가
되고, 궁극적으로는 대장경의 저본과 계통에 대해서 정론적인 결론을
도출하는 데에 작은 보탬이 되었으면 한다.

2

한문대장경의 성립과 간행

한문대장경의 성립과 간행[7]

　"대장경"이란 말은 인도에서 전래된 것이 아니다. 고대 인도에서는 불교의 전적을 가리켜 "삼장"(트리피타카: Tripitaka)이라고 했는데 이는 경장(수트라: Sutra), 율장(비나야: Vinaya), 논장(아비달마: Abhidharma)을 말한다. 불교가 중국에 전해진 동한부터 수당에 이르기까지 줄곧 중국 사람들은 "삼장"에 대해 "중경", "일체경"이라고 불렀다.

　남북조 시기, 중국에서는 "경장"이란 말이 생겼다. 양나라 승우의 『出三藏記集·法苑雜緣原始集目錄』 중에는 『定林寺建般若台大雲邑造經藏記』, 『定林上寺太尉臨川王造鎭經藏記』, 『建初寺立般若台經藏記』 등이 있다. 여기서 "太尉臨川王"은 양 무제 소연의 아들 소굉을 가리킨다. 따라서 경장의 건립은 이미 양나라 때 성행하기 시작한 것 같다. 문헌의 기록에 의하면 남북조 시기, 여러 나라의 황제들이 명을

---

7) 본 장의 내용 기술에는 李際寧의 『中國版本文化叢書·佛經版本』(江蘇古籍出版社, 2002)과 方廣錩의 『八~十世紀佛敎大藏經史』(社會科學院, 1991) 두 책이 주로 참고가 되었다.

내려 일체경이나 특정 경전을 베껴 쓰는 것은 흔히 있는 일이었다.

지금까지 발견된 자료에 의하면 처음으로 "대장경"이란 단어가 사용된 것은 수나라 관정이 쓴 『隋天台智者大師別傳』에서였다. 관정은 선법사가 지자대사를 칭송한 말을 인용하여 "大師所造有爲功德, 造寺三十六所, '大藏經'十五藏, 親手度僧一萬四千餘人, 造旃檀金銅素畵像八十萬軀, 傳弟子三十二人, 得法自行者不可稱數"라고 했다.

대장경의 "대"는 불교 전적을 총괄하여 이르는 말로 불교의 모든 경전을 빠짐없이 수록한다는 뜻이다. "장"은 산스크리트어의 "광주리"라는 뜻의 "피타카"(Pitaka)"를 한역한 말로 고대 인도의 승려들은 패엽경을 광주리에 넣어 보관했다. 중국의 승려들은 보관한다는 뜻을 빌려 불교 전적의 일체를 담는 것을 가리켰다. "경"은 산스크리트어 "수트라"(Sutra)를 한역한 말이다. "수트라"(Sutra)는 원래 실로 꽃잎을 꿰맨다는 뜻이었는데 불교에서는 석가모니의 가르침을 수집하여 산실하지 않고 영원히 보존한다는 것을 의미한다. 중국말로 한역된 "경"에는 또 다른 의미가 부여되는데 승조는 『注維摩詰』 권1에서 "經者, 常也. 古今雖殊, 覺道不改. 群邪不能沮, 衆聖不能異, 故曰常也"라고 했다. 이처럼 중국 사람들은 "경"을 불변의 진리로 보고 있었다. 요컨대 "대장경"은 불교 전적의 일체를 가리키는 말인 것이다.

여기에서는 먼저 중국에서의 불전 한역이 어떻게 이루어졌는지 살펴보고, 다음으로는 대장경의 발전과정과 간본 대장경의 계통 및 간행에 대해서 기술하고자 한다.

2.1 불전의 한역

주지하듯이 고대 인도에서 기원된 불교는 기원전 2년을 전후로 중국에 전래되기 시작했다. 이 무렵부터 인도에서 전래된 불교 전적은 중국에서 한역되기 시작했다. 중국의 학계에서는 이러한 불전의 한역 과정을 크게 네 가지 단계로 나누어 보고 있다.

중국에서는 『四十二章經』을 중국에서 최초로 한역된 불교경전으로 보고 있다. 현존하는 불경목록 중 가장 오래된 『출삼장기집』 권6에 『사십이장경』이 수록되어 있는데 동한 명제가 꿈에 금인을 만난 전설을 기록하고 있다. 그 내용에 따르면, 어느 날 밤 명제는 꿈에서 전신에 금빛을 띠고 밝은 빛을 발산하는 목걸이를 두른 신선이 대전을 날고 있는 모습을 보았다. 이튿날 명제는 신하들한테 "짐이 꿈에서 본 신선이 어느 신선인지 아는가?" 물었더니 한 신하가 아뢰기를 "천축에 득도한 자가 있는데 '불'이라고 합니다"라고 하였다. 이에 명제는 서쪽에 있는 대월씨국에 사람을 파견하여 『사십이장경』을 가져오게 했다는 것이다. 그러나 학계에서는 보통 『사십이장경』은 서한에서부터 동한 사이에 중국에 전래된 『法句經』과 같은 불경에서 베껴 온 것이라고 보고 있다.

문헌자료에 의거해 보면 중국에서 불경의 한역은 동한 환제 때부터 이미 전개되기 시작하였다. 동진의 고승 도안의 『종리중경목록』을 보면 서역의 안식국에서 온 승려 안세고는 모두 35부 41권의 불경을 한역했는데 그 중 22부 26권이 오늘까지 남아 있다. 또 월씨 출신의 지루가첨은 14부 27권의 불경을 한역했는데 두 사람이 한역한 불경 중에는 대·소승 불교의 경전이 모두 포함되어 있다. 이 무렵 불경 한역에 종사한 사람들은 대부분이 서역 각국에서 온 승려들이었는데 그들이 가져온 "저본" 역시 서역의 속어 또는 서역의 고대문자로 쓰인 것이었다. 또한 경전의 길이·체제가 각양각색이었을 뿐만 아니라 대·소승 불교의 경전이 다 있었다.

따라서 이 시기 중국에서 불경의 한역은 서역의 승려들이 어떤 경전을 가져오면 그 경전을 한역하는 산발적인 한역이었는데, 이를 중국의 학계에서는 "불경 한역의 초창기 단계"라고 한다.

이 무렵 유명한 역경승으로는 지겸, 강승회, 축법호 등이 있다. 한역 과정에서 역자들의 다양한 한역 방법은 "문"·"질"의 두 세력을 형성했는데, 오늘날 우리들이 볼 수 있는 불교 경전 중에서 일부는 필치가 화려하고 거침없지만 일부는 소박하고 난해한 것도 이 때문이다.

"두 번째 단계"는 동진부터 수나라에 이르는 시기로 불교의 전적이 다량으로 중국에 들어온 때이다. "초창기 단계"의 한역이 서역 승려가 어떤 경전을 가져오면 그 경전을 한역하는 "개인에 의한 산발적인 한역"이었다면, 이 시기의 한역은 지배층의 관심을 받으면서 산발적인 한역에서 관역으로 일약 승격되어 많은 사람들에 의해 집단적으로 질서 있게 진행되었다. 또한 이 시기에는 국가에서 역장을 세우기도 하였다. 요진시대에 장안에 세워진 관방역장을 보면 구수, 전언, 필수 세 사람 외에 범문기록과 정의, 교감 세 가지가 증가되어 한역 과정이 세분화되었음을 알 수 있다.

이 무렵 더 많은 서역 승려들이 중국에 왔을 뿐만 아니라 적지 않은 중국 승려들도 불경을 구하기 위해 서역에 갔다. 이로 인해 한 가지 원본만이 아니라 여러 종파의 불경 원본을 구해 볼 수 있었기 때문에 한역본들을 서로 교감할 수 있어 한역 불경의 체계가 잡히기 시작했다.

시간이 흐름에 따라 한역불경의 수가 더 많아지고 불경의 한역사업이 체계적으로 정리됨에 따라 불경 목록학이 생겨났다. 동진의 석도안은 중국의 불교전적을 총괄한 사상 최초의 불전목록인『종리중경목록』을 편찬했다.

"세 번째 단계"는 불경 한역사의 "전성기"로 일컬어지는 당나라시기로 중국 불교발전사의 전성기이기도 하다. 인도, 중앙아시아 등 서역 각 나라들의 불교 전적은 고대 인도와 중국 사이를 빈번하게 오가는 각 나라 승려들에 의해 거의 빠짐없이 체계적으로 한역되었다. 국가에서 설립한 관방역장의 한역은 규모가 방대하고 조직구성이 완벽했다.『송고승전』에서는 당나라 역장의 규모와 조직구성을 다음과 같이 상세하게 기록하고 있다.

1. 譯主: 불경의 한역 작업을 관장하였는데, 범문 불전을 가져온 삼장법사가 맡았다. 범문과 한문에 숙달하고 불교의 교리에 정통해야 했다.
2. 筆授: 양진 시기에 이미 벌써 필수가 있었는데 "철문"이라고 했다. 주로 한역된 불경을 한자로 옮겨 쓰는 작업을 맡아보았는데 범문, 한문에 정통한 사람이 맡았다.
3. 度語 또는 譯語: 범문 문자를 한문으로 음역하는 일.
4. 證梵文: 한역된 불경 가운데 범어의 한역이 정확한지 검토하는 일.
5. 潤文: 한역된 불경의 문자를 윤색하는 일.
6. 證文: 한역된 불경의 내용과 이치가 정확한지를 검토하는 일.
7. 梵唄: 불경이 한역된 후 불경을 가락에 맞게 읊도록 하기 위해 범음을 읽는 방법으로 한역된 불경을 한 번 낭독하는 것.
8. 校勘: 한역된 불경을 범문 원본과 대조하여 교감을 하는 것.
9. 監護大使: 불경의 한역을 감독하기 위해 관에서 파견한 사람.

한역 불경의 권미에는 보통 길게 내려쓴 이름이 있는데 "譯場列位"이라고 하는 이 명단은 경전을 한역할 당시 고승, 대덕들이 각자 맡아보았던 직무 이름을 기록한 것으로 역장의 인원 구성 상황을 보여주고 있다.

당나라에 접어들어 중국의 불교는 천태종, 삼론종, 법상종, 화엄종, 율종, 선종, 정토종, 밀종 등 많은 종파들이 형성되었으며 종파마다 나름대로의 판교이론과 소의경전 및 각종 주소를 가지고 있어 "백화가 만발"하는 활기찬 기운을 띠게 되었다. 따라서 한문으로 된 불교 전적도 급증하게 되었다.

"네 번째 단계"는 송나라 이후의 역경 작업을 말한다. 중국의 오대십국 시기에 이르러 인도 지역에서 절대적인 영향력을 행사하던 불교는 점차 다른 종교로 교체되면서 내리막길을 걷기 시작했다. 따라서 중국의 불경 한역사업은 원천이 마른 샘처럼 거의 정체되었다. 대신 중국의 승려들이 독자적으로 저술한 불교문헌이 주류를 이루었는데 그 중에서도 선종 승려들의 저서가 가장 많았다.

북송 초년 정부에서는 동경 변량의 태평흥국사에 관방역장을 설치하여 당나라 말기에 중단된 역경작업을 회복하고 인도불교의 후기 경전을 한역하게 했다. 이후 이러한 "북송신역경"들은 대장경에 수록되어 보급되었다.

2.2 대장경의 발전과정

대장경의 발전과정은 사본시대와 간본시대로 나누어 볼 수 있다. 사본시대는 다시 "준비" 단계, "형성" 단계, "체계화" 단계, "통일" 단계로 나눌 수 있다. 위의 네 가지 요소가 구비되었을 때 대장경의 역사가 시작된다고 볼 수 있다. 그러나 중국에 있어 이 네 가지 요소가 갖추어지는 과정은 비교적 길었다. 전래된 불경을 산발적으로 한역하던 시기로부터 목표를 설정하고 한역을 하였으며, 또 자체로 불경을 연구할 수 있게 될 시기에 이르러 중국의 승려들은 불교의 전적에 대해 체계적인 인식을 하게 되는데, 당나라에 이르러 지승이 『개원석교록』을 편찬하는 것으로써 이 과정은 정점에 다다른다. 이때에 이르러 중국 불교 대장경은 비로소 통일된 표준 아래 형성되었다. 그 발전 및 형성과정은 다음의 네 단계로 나누어 볼 수 있다.

"준비" 단계: 불교가 전래되기 시작해서부터 동진의 도안이 『종리중경목록』을 편찬한 시기까지이다. 이 시기 중국의 불교는 독립적인 종교의 힘을 발휘하지 못했다. 승려들은 불경 한역에 있어 우선은 도학에, 후에는 현학에 의거했다. 그러나 동진에 이르러 도안이 "격의"의 명제를 제기한 이후 중국의 불교는 차츰 독립적인 성격을 띠기 시작했다. 도안의 『종리중경목록』을 보면 당시 중국의 승려들은 불교전적의 계통에 대해 체계적인 인식이 없었으며, 불교경전의 한역, 유포도 우연성을 띠었을 뿐만 아니라 지역마다 달랐다. 『목록』의 경우, 도안은 시대의 순서에 따라 불경 한역의 시간, 장소, 역자 등등을 상세히 밝혀 중국 승려들이 의식적으로 불경 전적을 편찬하기 시작했음을 보여준다.

"형성" 단계: 구마라십이 중국에 온 시점으로부터 수나라의 비장방이 『역대삼보기』를 쓰기까지이다. 이 시기 불교계는 활발하게 전개된 "판교" 토론을 통해 불교전적의 체계에 대해 더 깊은 인식을 하게 되었으며 대장경의 경우 목록 편성에 있어 점차 체계화되기 시작했다.

이 시기 불전의 경록이 대량 편찬되었는데, 이중『중경별록』에는 불교전적에서 최초로 판교사상이 정리되어 있다. 이 목록은 오래 전에 산실되었는데 돈황의 장경동에서 발굴되어 다시 볼 수 있게 되었다. 이 목록에서는 혜관의 "오시판교"의 사상에 의거해 무질서한 불교전적을 "대승경록", "삼승통교록", "삼승중대승록", "소승경록", "대소승불판록" 등에 따라 분류하고 편찬해 하나의 통일체를 이루었다. 그 후 이곽의『중경목록』, 양나라 보창의『중경목록』, 수나라 법경의『중경목록』 등 더 많은 경록이 편찬되었다.『역대삼보기』에서 비장방이 최초로 엮어낸 "입장록"은 후대의 대장경목록 편찬의 기준이 되었다.

"체계화" 단계:『역대삼보기』가 나온 후부터 지승이『개원석교록』을 편찬하기까지이다. 지승은 중국 전역의 불교전적을 수집하여 분석, 연구한 다음 후세 사람들의 높은 평가를 받은『개원석교록』을 펴냈다. 이 목록이 기여한 바는 다음과 같이 요약될 수 있다. 첫째, 불교경전을 광범위하게 수집하고 교감했다. 둘째, 대장경의 구조에 대해 분류했다. 셋째, 불교 목록학의 발전에 기여했다.

즉 지승은『개원석교록』에서 한문 대장경을 분류하고 체계를 정립했다. 이는 불교 발전사의 내재적 요인에 따라 불교전적의 구조를 세운 것이다. 이로 인해 각종 불교 경전들이 유기적인 통일체를 이루게 되었으며, 중국에서는『개원석교록·입장록』을 기준으로 해서 불교전적이 정리되고 편찬되었다.

"통일" 단계: "회창폐불"로부터『개보장』이 편찬되기까지이다. "회창폐불"이 일어나기 전까지 중국 각 지역의 불교 대장경의 편찬은 통일된 표준이 없었다. "회창폐불" 이후 경전의 입장에 국가가 관여하고 대장경의 외부형식에도 통일된 표준이 생겼으며 천자문 자호의 순서에 따른 질[함]호가 사용됨에 따라 중국화 된 대장경이 출현했다.

송나라의『개보장』은 중국 최초의 간본 대장경으로 간본 대장경의 역사를 열었다. 또 요나라에는 대자본과 소자본 두 가지 형식의 대장경이 간행되었으며, 금나라에는『조성장』(『금장』)이 간행되었다. 북송 시기, 복주에서는『숭녕장』,『비로장』을 판각했으며 남송시기, 호주에서는『원각장』과『자복장』을, 송원 교체시기에는『적사장』을, 원나라에서는『보녕장』과『원관장』등을 간행했다. 명나라 시기에는『홍무남장』,『영악남장』,『영악북장』,『경산장』(『가흥장』)을 간행했으며 청나라에서는『청장』(『용장』)을 간행했다.

2.3 간본대장경의 계통

판본의 계통 관계를 살펴보는 것은 판본학의 연구에서 가장 기본적인 방법이라고 할 수 있다. 불교 대장경의 연구도 마찬가지이다. 어느 대장경이든지 그 판본을 감정하려면 반드시 행관, 판식, 목록의 체계를 보아야 한다.

간본 불교대장경은 북송의『개보장』으로부터 청나라의『청장』(『용장』)에 이르기까지 대대로 내려오면서 조인되어 왔다. 그러나 불경의 판각은 단지 불교계의 일에 지나지 않았다. 일반 학자들과 장서가들은 전통 문헌만 중시하고 불교경전과 그 판본에 대해 별로 관심이 없었으며 서로 다른 판본의 문헌수집에도 관심이 없었다. 문헌학의 한 부분으로서 대장경을 연구하기 시작한 것은 근대의 일이었다. 특히 20세기 20·30년대에 들어서 근대 불교의 부흥과 함께 불교경전에 대한 불교계의 연구도 한층 더 높은 차원에 도달하였다. 또한『적사장』과 『조성장』의 발견은 불교 대장경에 대한 연구를 고조시켰다.

대장경을 연구하는 가운데서 학자들은 대장경마다 그 판각 역사가 다르고 경전의 입장에서도 차이가 있지만 일정한 규칙이 있다는 것을 발견했다. 즉 대장경의 목록은 계승관계가 있으며, 대장경의 판식은 대장경의 판본을 감별하는 데 있어서 가장 적절한 방법이었다.

『숭녕장』의 판식을 보면 한 장[판]이 여섯 개의 반엽 혹은 다섯 개의 반엽으로 되었으며, 매 반엽에 여섯 행, 매 행에 17자씩 배자되었는데, 이는 학계에 일찍부터 알려진 사실이다. 복주에서 판각된 『비로장』, 평강부에서 판각된 『사계장』 및 『적사장』, 『보녕장』 등의 판식도 이와 비슷했다. 이 대장경들 사이에 어떤 관계가 있는 것이 분명했다. 1930년대 『조성장』이 발굴된 후 학자들은 『조성장』과 『개보장』 사이의 밀접한 관계에 대해 주목을 하게 되었다. 『조성장』은 한 장[판]에 23행, 한 행에 14자이며 판수에 경판호와 천자문 질[함]호를 새겼다. 『조성장』 가운데 어떤 것은 권미에 "大宋開寶 × 年 ×× 歲奉勅雕造"라는 글자도 있었다. 서로 다른 대장경의 같은 판식은 그들 사이의 계승관계를 설명해준다. 또 『고려장』의 판식도 『개보장』과 밀접한 관계가 있다는 것이 밝혀지게 되었다. 이후 비교와 교감을 거쳐 『고려장』의 주된 저본도 『개보장』이라는 것이 알려졌다.

1980년대 중, 후기에 이르러 일본학자 축사아장[8]과 중국학자 방광창[9]은 새로 발견된 자료와 기존의 학술성과에 근거하여 거의 같은 시기에 대장경은 남방, 북방, 중원 계통으로 나누어진다는 이론을 제기했다.

---

8) 竺沙雅章, "宋元版大藏經の系譜", 『宋元佛教文化史研究』, 汲古書院, 2000.
9) 方廣錩, 『八～十世紀佛教大藏經史』, 中國社會科學出版社, 1991.

즉 중국에서 최초로 조판·인쇄한 대장경은 중원 계통의 『개보장』이다. 『개보장』의 경판이 北宋의 도성 변량에 운송되어 인쇄·유통되었기 때문에 "중원계통"이라고 했다. 후에 나온 『조성장』, 『고려장』도 모두 기본적으로는 『개보장』을 저본으로 복각한 것이기에 『개보장』 계통이라고 한다. 『개보장』은 권자본이며 한 장에 23행, 한 행에 14자씩 배자되었으며 판수에 경전의 약칭, 권차, 경판호, 천자문 질[함]호를 새겼다. 판의 상하에 변란이 없으며 권미에 "奉勅雕印"이라는 패기와 인쇄 장인들의 도장이 찍혀 있다. 대부분 경전들에는 "印經牌記"와 "施經牌記"도 있다. 『개보장』 본장에는 『개원석교록·입장록』을 근거로 총 1,070부 5,048권의 경전이 수록되어 있으며 "天"으로부터 "英"에 이르는 천자문 자호 순으로 이름을 붙인 480개의 질[함]에 넣어 보관되었다. 『개보장』은 경전의 배열순서와 편목의 구성에서 『개원석교록·입장록』과 약간 어긋나는 데가 있다. 『개보장』은 北宋 초년 사천 어느 지역의 사본 대장경을 저본으로 하여 만들어진 것이기 때문에 그 행관이 비교적 특수하게 되어 있다.

남방 계통의 대장경으로는 『숭녕장』, 『비로장』을 꼽을 수 있다. 장정의 형태는 절첩장이며, 판식은 한 장이 여섯 개의 반엽, 혹은 다섯 개의 반엽으로 되어 있으며 한 장의 총 행수는 36행 또는 30행이고, 매 반엽에 6행, 한 행에 17자씩 배자되어 있다. 이런 판식은 한때 남방에서 유행했던 사본 대장경의 행관에서 비롯된 것이다. 예컨대 북송시대 사본 『금속산대장경』은 한 장에 30행, 한 행에 17자씩 배자되어 있다.

그 후 역대의 대장경들은 대부분이 이러한 판식에 따라 제작되었다. 『원각장』, 『자복장』, 『홍무남장』, 『영악남장』은 모두 같은 장정형

태와 행관을 취하고 있다.

북방 계통의 대장경은 『거란장』을 대표로 한다. 과거 『거란장』이 소실되어 찾아볼 수 없을 때 학자들은 극히 적은 자료를 바탕으로 『거란장』의 상황을 추측할 수밖에 없었다. 그러다 『산서응현목탑요대비장』에서 소개된 『거란장』을 본 후에야 학계에서는 『거란장』에 대해 어느 정도 이해할 수 있게 되었다. 이 응현목탑에서 발견된 『거란장』은 권자본으로서 그 행관은 변란이 상하단변이며, 한 장[판]에 27~28행이며 한 행에 17자씩 배자되어 있다. 이 『거란장』의 행관은 당나라 사본 불경의 판식을 계승한 것임에 틀림없다. 『거란장』의 주된 부분, 즉 앞부분의 480함은 약간의 정리를 거치긴 했지만 『개원석교록·입장록』에 근거한 것이다. 그리고 480함 이후의 뒷부분은 연경 대민충사의 승려인 무애대사 전효(일명 전명)가 편찬한 『속개원석교록』 3권의 내용에 근거한 것이다.

2.4 대장경의 간행

2.4.1 『개보장』

『開寶藏』은 중국 최초의 간본 불교 대장경이다. 개보 4년(971), 송 태조 조광윤은 익주(지금의 사천)에 고품[10] 장종신을 파견하여 『개보장』의 판각 사업을 책임지고 감독하게 했다. 이 대장경은 송 태조 개보 연간에 어명으로 새겨진 것이기에 『개보장』이라고 했다. 또 예전

---

10) "고품"은 송대 내시의 직명이다. 송대의 내시는 7등급으로 나누는데, 고품은 제4급의 내시이다. {『宋史』 卷169 職官志 內侍(童瑋, 『北宋「開寶大藏經」雕印考釋及目錄還原』, 書目文獻出版社, 1991, p.1)}.

촉나라가 근거했던 익주에서 새겼기에 일명 "촉판대장경"이라고도 한다. 이 밖에도 완성된 후 오랜 기간 조정에서 지정한 사원과 관서에서 경판의 보관과 인쇄 사무를 맡아 수행했기에 "관판대장경"이라 부르기도 했다.

『개보장』이 익주에서 새겨진 과정에 관한 자료는 전래된 것이 거의 없다. 송 태조 조광윤은 대장경의 완성을 보지 못했다. 『개보장』의 조조 사업은 태종 태평흥국 8년(983)에 비로소 완성되었다. 『개보장』의 경판은 무려 13만 판에 달하는데 동경 개봉부로 옮겨져 태평흥국사에 보관되었다. 그렇다면 왜 경판을 태평흥국사로 운송해 보관하게 했는가?

태평흥국사의 전신은 후주의 개봉 용흥사였는데 후주의 세종은 불교를 폐지할 때 용흥사를 폐하고 나라의 관창으로 썼다. 그러다 북송 태평흥국 2년(977), 조정에서는 승려들의 요구에 응해 이곳을 다시 사찰로 고치고 "태평흥국사"라는 편액을 하사했다. 또한 이 태평흥국사에서는 조광윤의 어진을 모시고 있었기 때문에 일약 국가의 대사찰로 승격했다. 이것이 하나의 이유가 되었을 것이다.

다음 북송 초기 조정에서는 중국에 온 외국의 승려들을 조직하여 경전을 한역하게 했는데, 이와 같은 상황이 오랫동안 지속되었다. 태평흥국 7년(982), 태평흥국사 대전의 서쪽에 역경원을 세워 경전의 한역, 윤문, 증의 등 일련의 사무를 맡아보게 함으로써 국가역경도장을 설립했다. 그 후부터 북송 시기의 한역불경은 거의 이곳에서 한역되었다. 그리고 태평흥국 8년(983)에는 역경원을 전법원으로 개명하고 인경원을 새로 설치하였다.

진종 대중상부 연간(1008~1016) 새로 한역된 경, 율, 논은 조정의 명에 따라 모두 입장 되었으며 인경원에서 조판·인쇄되고 유통되기 시작했다. 인경원은 태평흥국 8년(983)에 설치되어 희녕 4년(1071)에 폐지되기까지 88년 동안 줄곧 조정의 관리하에 있었다. 새로 한역된 불경은 황제의 허락이 있어야 입장할 수 있었으며 인경원에 맡겨 판각·인쇄되어 유통되었다.

희녕 5년(1072), 인경원에서 보관하던 대장경판은 동경성 서북쪽의 창합문외 백구하 남승화방에 위치한 현성사에 안치되었다. 이로부터 『개보장』은 금나라가 북송을 멸망시킬 때까지 줄곧 현성사에서 인쇄되고 유통되었다.

지금까지 전해지는 『개보장』의 지질은 대부분이 황마지로서 권자본이며, 한 장[판]에 23행, 한 행에 14자씩 배자 되어 있으며 판수에 경전의 약칭, 권차, 경판호, 천자문 질[함]호를 새겼다. 상하에 변란이 없고 본문의 줄 사이에 계선이 없으며 판의 폭이 넓고 글씨체가 소박하고 단정하여 고풍스럽다. 권미에는 "奉勅雕印"이라는 패기가 있고, 인쇄 장인들의 도장이 찍혀 있다. 대부분 경전들에는 "印經牌記"와 "施經牌記"도 새겨져 있다.

현재까지 세계 각지에 소장된 『개보장』의 잔본은 십여 권밖에 안되어 그 전모를 파악하기에는 어림도 없었다. 다행히 『개보장』의 복각본인 『조성장』과 『고려장』이 있어 『개보장』의 목록을 복원할 수 있었으며 학계에서는 이를 근거로 『개보장』에 대한 인식을 넓힐 수 있었다. 『개보장』 본장은 『개원석교록·입장록』을 근거로 총 1,070부 5,048권의 경전을 수록했으며, "天"으로부터 "英"에 이르는 천자문 자호 순으로 이름을 붙인 480개의 함에 넣어 보관되었다. 천성 5년 (1027) 이후, 태평흥국 7년(982)부터 함평 2년(999) 사이에 새로 한역된 경전 30함 279권을 "杜"로부터 "穀"까지의 천자문 자호 순에 따라 입장하여 『개보장』을 속간했다. 얼마 되지 않아 또 『정원속개원록』에 근거하여 『개원석교록·입장록』에 없는 전적 242권 24함을 보완해 넣었으며 『대당개원석교록광품역장』과 『정원속개원록』 3함을 보충했다. 이 27함 경전은 "振"부터 "奄"까지 질호를 매겼다. 마지막으로 천자문 "岫"부터 "庶"까지 천태교의 전적 15함과 자은장소 21함을 보충·입장하여 『개보장』을 또다시 보완했다.

『개보장』의 경판은 金나라가 북송을 멸망시킬 때 금나라 군사들에 의해 약탈당하였다. 『建炎以來系年要錄』, 『靖康要錄』 등 역사책에는 모두 이 사건을 기록하고 있다. 그 후부터 『개보장』의 경판은 소실되었으며 현성사도 金나라 군사들에 의해 불타 없어졌다.

2.4.2 『숭녕장』과 『비로장』

『崇寧藏』과 『毘盧藏』은 판각된 연대가 다르지만 모두 복주에서 새겨졌다. 『숭녕장』은 복주 민현 역속리의 백마산 동선사등각원에서, 『비로장』은 복주 민현 동지산 개원사에서 간행되었기 때문에 과거에는 이 두 가지 대장경을 일컬어 『복주장』이라 했다. 『숭녕장』은 "崇寧萬壽大藏"이란 칭호가 하사되었기 때문에 붙여진 명칭이고, 일명 "東禪寺版大藏經"이라고도 한다. 『비로장』은 권수에 "福州管內衆緣寄開元寺雕造毘盧大藏經印版一副五百餘函"이라는 제기가 있기 때문에 일명 "비로대장경" 혹은 "개원사판대장경"이라고도 한다.

『숭녕장』의 판각이 언제 시작되었는지는 자료의 부족으로 알 수 없지만, 지금 볼 수 있는 가장 오래된 『숭녕장』의 제기는 원풍 3년

(1080)의 것이다. 원풍 3년(1080)에 동선사의 대장경 판각 사업은 이미 시작되었으며, 동선寺의 주지 전법혜공대사 충진이 도권수를 맡았고 참지정사 원강이 청주였다. 원강의 호는 후지이며 전당인으로『송사』에 그에 관한 전기가 있다. 원강은 원풍 원년(1078) 개봉부 태평흥국사 전법원에서 새로 편찬한『법보록』을 교감·수정하는 일을 맡아 보았다. 당시 개봉부의 태평흥국사 인경원은『개보장』을 인쇄하던 곳으로 원강이『숭녕장』의 판각에 참여할 수 있었던 것도 태평흥국사에서의 경력이 있었기 때문이다.

휘종 숭녕 2년(1103)『숭녕장』의 판각이 완성되자, 예부원외랑 대장경 도권수 진양은 조정에 상주문을 올려 새로 조조한 대장경의 이름을 하사해 줄 것을 요청했다.『숭녕장』의 내력을 기록한 진양의 상주문은『숭녕장·대반야바라밀다경』권1의 권수에 수록되어 있다. 그 내용을 소개하면 다음과 같다.

敕賜福州東禪等覺禪寺天寧萬壽大藏
暘竊見朝廷近降指揮天寧節天下州軍各許建寺, 以崇寧爲額, 仍候了日, 賜經一藏, 有以見聖朝紹隆佛乘, 祝誕睿算, 實宗廟無疆之福. 然暘契勘大藏經, 唯都下有版, 嘗患遐方聖敎鮮得流通, 于是親爲都大勸首, 于福州東禪院勸請僧慧榮·沖眞·智華·智賢·普明等募衆緣, 雕造大藏經版及建立藏院一所. 至崇寧二年冬, 方始成就. 暘欲乞敕賜東禪經藏"崇寧萬壽大藏"爲名, 祝延聖壽. 取鈞旨. 十一月 日, 奉議郞守尙書禮部員外郞充講義司參詳官陳暘箚子.
十一月 二十日, 進呈三省, 同奉聖旨, 依所乞, 已降敕命, 訖二十二日午時, 付禮部施行, 仍關合屬去處.

尙書省牒福州崇寧萬壽大藏.
禮部員外郞陳暘白箚子, 竊見朝廷近降指揮天寧節天下州軍各許建寺, 以崇寧爲額, 仍候了日, 賜經一藏. 契勘大藏經, 唯都下有板, 于是

親爲勸首，于福州東禪院勸請僧募衆緣，雕造大藏經版及建立藏院一
所. 欲乞敕賜東禪經藏以"崇寧萬壽大藏"爲名，候指揮，牒. 奉敕，宜
賜崇寧萬壽大藏爲名，牒至准敕，故牒.

崇寧二年十一月二十二日，牒.
司空兼尙書左僕射門下侍郎上柱國南陽郡嘉國公蔡京
金紫光祿大夫知樞密院事上柱國南陽郡開國公蔡卞
特進行門下侍郎上柱國長樂郡開國公許將
右光祿大夫守中書侍郎上柱國天水郡開國侯趙挺之
左光祿大夫守尙書右丞上柱國武昌郡開國侯吳居厚
右光祿大夫同知樞密院事上淸車都尉壽陽縣開國伯安惇
朝散大夫試禮部尙書兼修國史實錄修撰徐鐸

위의 제기는 진양의 상주문과 『숭녕만수대장』을 칙사하는 전 과정
을 상세하게 기술했다. 내용 중의 "唯都下有板"은 동경 개봉부에 있
는 『개보장』을 가리킨다. 당시 중국 전역에는 판각대장경이 『개보장』
한 부밖에 없었으므로 각지 사찰의 수요를 만족시키지 못했다. 이에
복주 동선사에서는 대장경원을 새로 설립하여 『숭녕장』을 새겼다. 이
것이 『숭녕장』의 판각을 시작한 원인이다. 또한 이 제기는 『숭녕장』
에 관한 중요한 자료를 제공해주었다. 우리는 『숭녕장·대반야바라
밀다경』 권1에 실린 첩문의 내용을 통하여 다음과 같은 사실을 알게
되었다. 즉 숭녕 2년(1103) 복주 동선사에서는 "대장경 경판을 새기고
장원을 설치했다" 그리고 예부원외랑 진양은 조정에 "동선사에서 새
긴 대장경에 '숭녕만수대장'이라는 이름을 하사하시어 성체의 만수
무강을 기원하게 해주십시오"라고 상주문을 올렸고, 조정에서는 그
의 요청에 응하여 "'숭녕만수대장'이라는 이름을 하사했다"

　『숭녕장』의 구성은 『개원석교록약출』에 의거한 것인데 초기에는
500여 함을 새기려고 했다고 권수의 제기에서 쓰고 있다. 예를 들어

『숭녕장·보살영락경』권4의 권수의 제기에는 다음과 같이 기재되어 있다.

> 福州東禪等覺院住持傳法賜紫智華与僧契璋等, 謹募衆緣, 恭爲今
> 上皇帝·太皇太后·皇太妃, 助延聖壽, 國泰民安, 開鏤大藏經印版一
> 副, 計五百餘函.
>
> 元祐五年(1090)正月日謹題

숭녕 2년(1103) 『숭녕장』 경판의 조조가 끝난 후, 사원에서는 또 인경판두전(대장경을 인쇄해주고 받은 돈)을 이용하여 일부 경전을 보충 판각하여 입장함으로써 『숭녕장』을 보완했다. 중국 국가도서관에 소장된 "祿"자호, 『종경록』 권3의 제기에는 다음과 같이 기록되어 있다.

> 福州等覺禪院住持傳法沙門普明, 收印經板頭錢, 恭爲今上皇帝祝
> 延聖壽, 闔郡官僚同資祿位, 雕造『宗鏡錄』一部, 計一十函.
>
> 時大觀元年(1107)五月日謹題.

후에 보충된 『숭녕장』의 경전은 대체로 당나라 시기의 저술, 송나라에서 새로 한역한 경전, 송나라의 저술, 천태교전 등의 순서대로 입장되었다. 보완을 거친 『숭녕장』은 총 580함 1,440부 6,108권에 달했다. 남방 계통의 대장경에서 첫째로 꼽히는 『숭녕장』의 행관은 한 장[판]이 여섯 개의 반엽(혹은 다섯 개의 반엽)으로 되어 있으며 반엽에 6행씩, 한 행에 17자씩 배자 되어 있다. 『숭녕장』은 제일 먼저 이런 행관을 취한 대장경으로 후세에 거대한 영향을 끼쳤다. 『숭녕장』 인쇄에 사용된 종이는 두껍고 질긴 데다 대부분 누렇게 염색하여 고풍이 창연하다. 또 『숭녕장』의 경전에는 그 책지 뒤에 보통 "東禪大藏"

이라는 크기 6×6㎝의 주인이 찍혀 있다.

『비로장』의 판각은 숭녕 2년(1103)에 시작되었다. 학계에서는 한때 복주 동선사에서 『숭녕장』이 판각된 지 얼마 안 되어 복주 개원사에서 곧바로 『비로장』의 판각을 시작 한데 대해 쟁론이 많았는데, 일반적으로 그 원인을 사원의 전통과 종파 간의 경쟁 때문인 것으로 보고 있다.

『비로장』의 권수에는 일반적으로 제기가 새겨져 있다. 예를 들어 『비로장·대주간정중경목록』 권1의 권수에는 다음과 같은 제기가 기재되어 있다.

福州開元禪寺住持傳法賜紫慧通大師了一, 謹募衆緣, 恭爲今上皇
帝祝延聖壽, 文武官僚資崇祿位, 圓成雕造『毘盧大藏經』板一副.
時紹興戊辰(1148)閏八月日謹題.

『비로장』의 판각을 위해 개원사에서는 "개원사경국"을 설치하였고, 채준신, 진정 등 현지의 유명 인사들을 초청하여 도회수로 임명하고 사원의 주지 스님이 권수 등의 직책을 담당하였다.

남송 때에는 많은 관리들이 『비로장』의 판각을 위해 시주를 하고 자금을 제공해주어 판각 활동이 순조롭게 진행될 수 있었으며 소흥 21년(1151)에 대장경이 완간되었다. 그 후 륭흥~순희 연간 사이에 『보교편』·『전법정종기』 및 천태교의 경전이 보충되어 『비로장』에 입장되었다.

『비로장』의 판식은 『숭녕장』과 같다. 경전의 종이는 지질이 두껍고 질기며 누렇게 염색되어 있다. 종이의 뒷면에는 크기 5×5㎝의 "開元經局染黃紙"라는 주인이 찍혀 있다.

『숭녕장』과 『비로장』은 모두 한 함에 10책씩 들어 있으며 함마다 또 단행본의 음의가 있었다. 후에 보충·입장된 경전은 음의를 직접 경전의 뒤에 붙인 것도 있다.

현재 중국에 보존된 복주본의 『숭녕장』과 『비로장』은 몇 권의 잔본밖에 없다. 그러나 일본에서는 궁내청 도서료, 경도 제호사, 교왕호국사, 고야산권학원, 지은원, 횡빈 금택문고 등 여러 기관에 소장되어 있는데 대부분이 『숭녕장』과 『비로장』이 혼합되어 있다.

2.4.3 『원각장』과 『자복장』

『圓覺藏』과 『資福藏』은 일반적으로 "사계원각장"과 "사계자복장" 또는 『사계장』으로 통칭되고 있다. 송원 시기, 남방 계통의 대장경에서 세 번째로 판각된 것이 『사계장』이다. 이 『사계장』은 남송 정강 원년(1126)에 호주로의 왕영종 형제가 자금을 대어 판각한 대장경이다.

『오흥지』에는 "원각선원은 사계에 있다. 선화 연간에 밀주관찰사 왕영종과 그의 아우 숭신군승선사 왕영석이 세운 것이다. 절에는 11층으로 된 탑과 장경 5,480권이 있으며 인경방도 있다"고 기록하고 있다. 당시 원각선원 내에는 대장경 인경방이 있어 대장경을 판각했을 뿐만 아니라 사원에서 대장경을 인쇄하기도 했던 것이다.

소흥 2년(1132)에 이르러 총 550함에 달하는 대장경 경판이 완간되었다. 일본 경도 남선사에 소장된 『사계장·장아함경』 22권과 『사계장·무상사진론』 권1에는 다음과 같은 왕영종의 발원제기가 있다.

大宋國兩浙路湖州歸安縣松亭鄕思村居住, 左武大夫密州觀察使致
仕王永從同妻恭人嚴氏, 弟忠翊郎永錫, 妻顧氏, 姪武功郎冲允, 妻卜

氏, 從義郎冲彦, 妻陳氏, 男迪功郎冲元, 妻莫氏, 保義郎冲和, 妻呂
氏, 与家眷等, 恭爲祝延今上皇帝聖躬萬歲, 利樂法界一切有情, 謹發
誠心, 捐捨家財, 開鏤大藏經板總伍伯五拾函, 永遠印造流通.

紹興二年(1132)四月日謹題.

백여 년의 세월이 흐른 뒤에, 사계 원각선원의 인경방은 작업을 못
한 지 오래 되었으며 사원도 황폐화되었다. 순우 연간(1241~1252)에
사원을 복구하고 훼손된 경판도 다시 새기게 되었다. 얼마 되지 않아
사계원각선원은 일약 법보자복선사로 승격되었으며 호주도 안길주
로 개명되었다.

하지만 『사계장』의 대장경판은 오래 보존되지 못했다. 남송 단종
경염 원년(1276), 자복선사는 백안이 이끄는 몽고군의 유린을 당해 사
원, 인경방 및 대장경판은 모두 불에 타 없어졌다. 명실상부한 "남송
판대장경" 『사계장』은 결국 소멸되고 말았다.

『사계장』의 판식은 복주장의 특징을 계승하였다. 즉 한 장[판]은 5
개의 반엽이며, 반엽에 6행씩, 한 행에 17자씩 배자되어 있으며 글자
체는 대부분이 안체이다.

『사계장』의 판본 문제에 관해서는 지금까지도 논쟁이 계속되고 있
다. 논쟁의 초점은 "사계원각장"과 "사계자복장"의 관계 즉 이 두 대
장경은 同一한 대장경인가 아니면 서로 다른 판본의 대장경인가 하
는데 있다. 현재 더 많은 자료들이 알려짐에 따라 많은 학자들은 이
두 대장경을 동일한 대장경으로 보고 있다. 즉 먼저 나온 『원각장』은
그 목록인 『호주사계원각선원신조장경률론등목록』에 의하면 "天"자
호의 경전으로부터 시작해서 "合"자호인 『남본대반열반경』까지 수록
된 것이다. 그리고 『자복장』은 원각선원이 자복선사로 승격된 뒤, 천

자문 자호 "合"자호 뒤인 "濟"자호부터 "最"자호까지 51개 함의 경전
이 보충된 대장인데, 『안길주사계법보자복선사대장경목록』이 바로
이 『자복장』의 목록인 것이다.

2.4.4 『조성장』

　이 대장경은 금나라 때 조조된 것이기에 『금장』이라 명명되었고,
조성현에 있는 광승사에서 발견되었기에 『趙城金藏』 또는 『趙城藏』
이라고 한다. 조성현은 중국 산서성 동남쪽에 위치하고 있는데 매우
동떨어진 곳이다. 광승사는 조성현에서 동남쪽으로 약 40리 쯤 떨어
진 곳에 자리 잡고 있는데 상사, 하사 두 곳으로 나누어져 있다.
　『조성장』은 천자문 자호 "天"자호부터 "幾"자호까지 모두 682함으
로 근 7천 권에 달하는 대장경이다. 장정의 형태는 권축장이며, 표지
는 황지로 꾸몄으며 권축은 주칠목축이다. 경전마다 권수에는 삽도인
한 폭의 석가모니설법도가 있으며, 이 삽도의 우측 상단에는 "趙城縣
廣勝寺" 6자가 표기되어 있다.
　『조성장』 대부분의 경전 권미에는 제기가 새겨져 있는데, 이 제기
는 매우 중요한 가치가 있다. 예를 들면 『조성장·대반야바라밀다경』
권82에는 다음과 같은 제기가 있다.

> 蒲州河津縣第四都西毌村, 施雕大藏般若經卷, 都維那毌戩, 維那
> 王行者, 助緣維那等毌慢, 薛謹, 毌弁, 毌簡……奉爲報答龍天八部, 四
> 恩三有, 法界衆生, 同成佛果. 皇統九年己巳歲(1149).

　또한 『조성장·불설대승지인경』 권5 권미의 간기에는 다음과 같이

적혀 있다.

大定十三年(1173)三月日藏經會下重雕造

학계에서는 이에 근거해 『조성장』은 황통 9년(1148)부터 대정 10년 (1173) 사이에 조조된 것으로 보고 있다.

「最初敕賜弘敎大師雕藏經板院記」[11]에 의하면, 『조성장』 조조의

11) 중국 국가도서관의 이제녕 선생은 1994년부터 1995년 사이, 중국 국가도서관에서 『적사장』을 정리할 때, 『대보적경』 제29권의 권미에서 명나라 영락 연간에 항주 사람이 기술한 긴 제발을 발견했다. 놀라운 것은 제발의 상당 부분이 유실된 지 오래된 「趙渢碑」의 내용이라는 것이다. 「조풍비」는 금나라 장종 명창 4년(1193년)에 비서승 겸 한림수찬인 조풍이 찬술하고 한림시강학사 당회영이 제액한 비문으로 최법진이 『조성장』을 조조한 사실을 적은 최초의 문헌이다. 그 제발의 원文을 소개하면 다음과 같다.
「最初敕賜弘敎大師雕藏經板院記」: 潞州長子縣崔進之女, 名法珍, 自幼好道. 年十三歳, 斷臂出家. 嘗發誓願, 雕造藏經. 大定十八年(1178), 始印經一藏進于朝. 奉敕旨, 令左右街十大寺僧, 香花迎經, 于大聖安寺安置. 旣而, 宣法珍見於宮中尼寺, 賜坐設齋, 法珍奏言, "臣所印藏經, 已蒙聖恩, 安置名刹. 所造經板, 亦願上進. 庶得流布聖敎, 仰報國恩." 奉詔許之, 乃命聖安寺爲法珍建壇, 落髮受具, 爲比丘尼. 仍賜錢千萬, 洎內閣賜五百萬, 起運經板. 至二十年(1181)進到京師. 其所進經板凡一十六萬八千一百一十三, 計陸千九百八十爲卷. 上命有司選通經沙門導遵等五人校正. 至二十三年(1183), 賜法珍紫衣, 號弘敎大師, 亦賜紫德號. 其同心協力雕經板楊惠溫等七十二人, 並給戒牒, 許禮弘敎大師爲師. 仍置經板于大昊天寺, 遂流通焉. 趨哉, 春遇之隆, 古未有也. 自昔釋迦如來爲一大事因緣出現于世, 靈山演法, 各隨衆生根器利鈍方便, 分別大小乘敎, 爲世津梁. 後人因之, 識心達本, 悟無爲法者, 不可以數計矣. 然敎法之興, 雖係于人, 亦由其時. 自漢明帝, 歷晉魏以來, 隨有釋氏經典, 所傳由未廣也. 其後, 玄奘, 義淨二大士跋涉嶺海, 至天竺國, 不憚艱苦, 磨以歲月, 得經敎焉. 自是震旦佛法備矣. 是以城邑山林精藍塔廟, 或建寶藏, 或爲轉輪, 安置經典, 爲世福田. 若緇若素, 書寫受持, 頂戴奉行者, 無處無之. 蓋如來本願, 慾使衆生見聞而獲福也. 然今弘敎大師備修苦刑, 以刊鏤藏板爲本願. 於是, 協力助緣劉法善等五十餘人, 亦皆斷臂燃臂燃指剜眼割肝, 至有捨家産, 鬻男女者, 助修經板勝事, 始終三十年之久, 方得成就.
嗚呼, 可謂難也哉. 已門人慧仁等, 具言刊經本末, 謁文于東平趙渢述記, 時歳次己丑(1409). 仙林講寺祇殿鮑善恢爲本寺藏典缺少, 嘗往磧砂, 妙嚴二刹印補, 見彼經板多有朽爛欠缺. 發心備板, 化募衆緣, 命工刊補, 幸獲完備. 今善恢自思, 刊補小緣, 經久歲月, 率難成就, 想當時弘敎大師自幼出家, 斷臂設誓, 刊刻藏板, 始終三十年方得成就, 實爲世間第一稀有功德, 而復遇金世宗皇帝敕賜錢及號記焉. 善哉, 得非有是道, 復有是人, 有是人, 復遇是時, 此其所以成難成之功, 庶不負如來付囑之意, 嗚呼, 前哲之功, 于斯盛矣. 懼未久而泯其所由, 無傳于世, 因而刊之, 使後賢觀其所由, 遂不昧弘敎大師之功也耶. 永樂九年歳次辛卯(1411)孟冬望日杭州仙林萬善戒壇祇殿善恢謹識題.
이 제발을 쓴 포선회는 명나라 초기에 항주에서 『적사장』을 보수했던 승려로서 다년간 시주를 모아 대장經을 보완했으나 별로 성과를 보지 못했다. 때문에 위의 제발을 빌어 대장경을 보완하는 일이 쉽지 않음을 한탄한 것이다. 제발의 앞부분에는 조풍의 비문이 인용되었다. 題目인 "最初敕賜弘敎大師雕藏經板院記"는 바로 원 비문의 제액이고, 이후 "於是, 協力助緣劉法善等五十人, 亦皆斷臂燃臂燃指剜眼割肝, 至有捨家産, 鬻男女者, 助修經板勝事, 始終三十年之久, 方得成就"까지가 모두 비문의 정문에 속한다.

발기자는 로주 장자현의 백성 최진의 딸 최법진이라고 한다. 최법진은 어렸을 때부터 불교를 좋아했다고 한다. 그래서 최법진은 13살 때, 공덕을 쌓기 위해 팔을 자르고 동냥을 해 불교대장경을 조조했다. 최법진은 모금과정 중 산서성 동남지역의 많은 신도들의 지지를 받았다고 한다. 일부 신도들은 가산을 처분하고 자식까지 팔아 모금활동을 지지하였으며, 심지어 일부 신도들은 성의를 보이기 위해 팔과 손가락을 잘라내고 눈과 간까지 파냈다고 한다. 이와 같은 30여 년의 노력을 거쳐 대장경을 판각하였던 것이다. 대장경을 판각한 곳은 금나라 해주의 천녕사였으며 개조대장경판회에서 조조에 관한 일을 주관했다.

대정 18년(1181) 최법진은 대장경을 조정에 바쳤다. 황제는 중도 좌우가의 10대 절에 영을 내려 '香花迎經'하게 했다. 최법진은 황제로부터 출가의 허락을 받아 스님이 되었다. 대정 21년(1184)에 이르러 최법진은 모든 경판, 즉 168,113판 6,980권을 모두 중도로 운송하였다. 대정 23년(1186) 최법진은 황제로부터 자의와 홍교대사라는 법호를 하사받았다.

『조성장』의 판식은 상하단변으로, 매 판 23행이며, 매 행 14자, 매 판 판수에는 소자로 경명의 약칭, 권차, 경판호, 천자문 자호를 새겨 넣었다. 일부 경소와 경록의 판식은 약간 달랐다. 일부 경권의 간기에서 알 수 있다시피 『조성장』의 판식은 『개보장』의 특징을 계승했다. 예를 들면, 『불설보우경』에는 "大宋開寶六年癸酉歲奉勅雕造"라는 간기가 있다. 『법원주림』 권1의 권미에는 "大宋咸平元年奉勅印, 編錄通慧大師賜紫沙門臣曇勝校勘, 內品監印經院臣陳景崇, 內侍殿頭高品勾當印經院臣鄭守爲"라는 제기가 있다. 제기에 개보, 함평, 천성, 소성 등 송대의 연호가 남아 있는 것으로부터 볼 때 『조성장』이 『개보장』을 복각했다는 점이 충분히 설명된다.

『조성장』의 전질에는 원대의 보판도 포함되어 있다. 원대에 수차례나 『조성장』의 경판을 수보했는데 그 유명한 삽도 석가모니설법도도 그때 새겨서 삽입된 것이다. 광승사의 승려들은 대도에 가서 경전을 인출한 후 조성현에 옮겨와 방가경방에서 삽도를 새겨 넣어 장정했는데 지금 우리가 볼 수 있는 『조성장』이다.

『조성장』에 수록된 경전은 7,000여 권인데 지금 남아 있는 것은 5,380여 권이다. 이 『조성장』은 현재 4종의 인본이 남아 있으며 『중화대장경』[12)에 그 주된 저본으로서 영인·수록되어 있다. 이 4종의 인본은 즉 산서성 조성현 광승사에서 발견된 광승사본 4,827권, 원래 연경의 대보집사에 수장되어 있다가 서장의 살가북사에서 발견된 대보집사본 540권, 그리고 광승사본에 섞여 있는 홍국원본과 천녕사본 등인데 모두 천녕사에서 초조된 인본이다.[13)

2.4.5 『적사장』

『磧砂藏』은 남송 평강부의 진호(지금의 강소성 오현)에 있는 적사연성사에서 조조한 사판 대장경이다. 원대의 승려 원지가 저술한 「平江府陳湖磧砂延聖院記」에 의하면, 진호는 장주에서 동쪽으로 사십리 떨어진 곳에 있었다. 송 건도 8년(1172) 적당선사는 진호에서 "磧

---

12) 『中華大藏經』은 중국의 중화서국이 1984년부터 1995년까지 연차적으로 간행한 것이다. 이 대장경은 기본적으로는 『조성장』을 대본으로 삼고, 『조성장』의 결본과 미입장된 것은 『고려재조대장경』과 여타의 대장경으로 보충한 것으로 총 106책에 달하는 거질의 대장경이다.

13) 中華書局編, 『中華大藏經』 別紙, "『中華大藏經』 內容簡介", 1984, pp.4~6.

砂"라고 불리는 모래로 된 벌판을 얻어 이곳에 "延聖院"이라는 건물을 지었다. 적당선사가 원적한 후 그의 제자들은 그의 부도를 세우고, 또 대장경을 판각하여 연성원의 북쪽 건물에 안치한 것으로 되어 있다.

일본의 나량에 있는 서대사에 소장된 『적사장·대반야바라밀다경』 권1의 제기에 의하면, 『적사장』의 조조가 시작된 시기는 남송 "嘉定九年丙子(1216)"이고, 그 주지자는 "干造比丘了懃"이었다.

일본에 소장된 『적사장·대반야파라밀다경』에 근거해 통계한 것을 보면 권1부터 권13까지 모두 요근의 주관 하에 간인된 것으로 그 시기는 가정 9년(1216)부터 소정 2년(1229)까지이다. 그 후 조안국 시기에 들어서 계속 경전을 조조하게 된다. 요근이 주관하던 시기, 경전의 조조 사업은 아주 간단했다. 비록 요근이 "干造比丘"로 있었지만 요근 자신이 발원하여 조조 사업을 시작한 것이기에 주관 기관이 없었으며 "大藏經局" 같은 기관도 없었다.

단평 원년(1234)쯤 되어 적사연성사 내에는 이미 대장경의 조조를 책임진 "磧砂延聖寺大藏經局"이 설치되었고, 약칭 또는 별칭으로 "磧砂延聖大藏經院", 또는 "大藏經坊", "磧砂延聖院刊雕大藏經板局" 등이라고 불리기도 했다.

조안국 시대에 이르러 적사연성사에서의 간경 활동은 매우 체계적으로 진행되었다. 단평 원년(1234)의 『平江府磧砂延聖院新雕藏經律論等目錄』 卷上의 제기에는 다음과 같이 기록되어 있다.

> 大宋國平江府長洲縣依仁鄕第十九都前戴墟庚王土地境界居住奉
> 三寶女弟子吳氏八娘情旨, 自身本命壬寅五十三歲, 九月二十一日建
> 生, 謹發誠心, 捐施己財伍拾一貫八百二十四文官會, 恭入陳湖心磧砂
> 延聖院大藏經坊, 就命工者刊造大藏經總目錄上卷印板. 永遠流通聖敎.

......端平元年四月自奉三寶女弟子吳氏八娘謹題.
干緣刊大藏經板僧善成, 可南, 法燈, 法如, 法升, 法超, 志圓同募
本院藏主法忠化到
小比丘善源書
勸緣大檀越成忠郎趙安國
都勸緣住持釋法音

"大藏經局" 내에서 "職銜"이 있는 자들은 모두 그에 따른 책임이 있었다. "干緣刊大藏經板"은 경판의 조조 사업을 책임진 사람이며, "藏主"는 대장경 목록을 관리하는 사람이며, "勸緣"과 "都勸緣"은 모연을 책임진 사람으로 모두 유력한 사람들이 담당했다.

보우 6년(1258), 적사연성사는 화재로 인해 참전과 적당화상의 사리탑 외의 대부분 건물이 불에 타 버렸다. 이 화재로 인해 대장경판의 조조·인쇄 사업은 큰 타격을 입었다. 심지어 일부 학자들은 오늘까지 보존된 남송 『적사장』의 원판인 『대반야바라밀다경』의 판목은 이 화재에 모두 소진되었으며 지금 볼 수 있는 『적사장』의 『대반야바라밀다경』은 모두가 원대의 묘연사판을 이용하여 보완한 것이라고 보고 있다.

함순(1265~1274) 초에 주지승 가추는 시주를 모아 사찰을 복구했으며, 따라서 간경 사업도 회복되었다. 1279년 남송은 몽고군에 의해 멸망되었다. 적사연성원의 대장경 조조 사업도 중단되었다. 그러다 대덕 원년(1297)에 이르러서 그 조조 사업이 점차 회복되기 시작했다. 대덕 5년(1301)부터 대덕 6년(1302)까지 간경을 책임진 사람은 주문청, 장문호이었다. 대덕 10년(1306) 즈음 적사연성사의 간경 활동은 관주팔의 활동으로 큰 발전을 이루었다. 관주팔이 세상을 뜬 후 승인 명료 등이 적사연성사를 관리했고, 이 시기 『적사장』에는 『종경록』 등

최후의 경전들이 보완되어 마침내『적사장』의 완간을 보게 되었다.

『적사장』은 현재 우리가 알고 있는 대장경 가운데서 삽도가 제일
많은 대장경이다. 섬서성에서 발견된 장경에는 여덟 가지에 달하는
삽도가 있기도 하다.

2.4.6 『보녕장』

『普寧藏』의 전칭은『杭州路餘杭縣南山大普寧寺大藏經』이다.『보
녕장』은 정부에서 지원하고 사원과 백성들이 시주를 모아 판각한 사
판 대장경이다.

일본의 증상사에 소장되어 있는『보녕장·대방광불화엄경입불사
의해탈경계보현행원품』권미의 다음과 같은 제기에는『보녕장』의 조
조에 관한 사실이 기록되어 있다.

> 道安濫厠僧倫, 嘮承祖裔, 雖見性修行, 因地果位未成, 非依經演唱
> 教乘, 佛恩莫報. 切見湖洲路思溪法寶大藏經板泯于兵火, 隻字不存,
> 累承杭州路大明慶寺寂堂思宗師, 會集諸山禪教師德, 同聲勸請, 謂此
> 一大因緣, 世鮮克擧. 若得老古山與白雲一宗協力, 開刊流通教法, 則
> 世出世間是眞續佛慧命. 道安蒙斯處囑, 復自念言, 如來一大藏經板,
> 實非小緣, 豈道安綿力之所堪任. 卽與庵院僧人, 優婆塞聚議, 咸皆快
> 然, 發佈希有心, 施財增益我願. 又蒙江淮諸路釋教都總攝所護念, 准
> 給文憑, 及轉呈檐入上師引見, 皇帝頒降聖旨, 護持宗門, 作成勝事.
> 興工之後, 唯願諸佛龍天善友知識, 加被于我, 使我從初至終, 成如是
> 緣心, 無退轉亦無障礙. 以此鴻因, 端爲祝延皇帝聖壽萬安, 皇后同年,
> 太子諸王千秋, 文物官僚升遷祿位. 仍讚大元帝師, 大元國師檐入上
> 師, 江淮諸路釋教都總攝扶宗弘教大師, 江淮諸路釋教都總攝永福大
> 師, 大闡宗乘, 同增福算. 更冀時和歲稔, 物阜民康, 四恩三有盡沾恩,
> 一切有請登彼岸.

宣授浙西道杭州等路白雲宗僧錄南普寧寺主持傳三乘教九世孫慧
照大師沙門道安護願. 時至元十六年己卯(1279)十二月吉日拜書.

원나라 초기에 백운종은 매우 융성했다. 당시 대명경사의 주지였던 적당사종은 『사계장』이 병화로 인해 소진되고 불교의 대장경이 아주 적은 것을 안타깝게 여겨 발심 서원하여 대장경을 조인하기로 했다. 그는 제자 도안을 불러 대장경판의 조조를 계획하게 했으며 강남의 각 지역 백운종 신도들한테 시주하게 했다. 많은 사람들의 지원 하에 대장경 조조에 필요한 자금을 모은 후 보녕사에서는 대장경의 편찬·조조 사업을 책임지는 대장경국을 설립했다. 대장경의 조조는 지원 14년(1277)에 시작되어 14년이란 시간 끝에 지원 27년(1290)에 완료되었다.

증상사에 소장되어 있는 『보녕장』에는 위에서 인용한 도안이 쓴 제기 이외에 다음과 같이 여지가 쓴 제기도 있는데 도안 이후의 조조 과정에 대해 상세하게 기술했을 뿐만 아니라 『보녕장』의 판각연대를 명확하게 기록했다.

> 各欽受聖旨, 護持宗教. 成就大緣. 始自丁丑(1277), 迄于庚寅(1290),
> 凡一十四載, 由先師本願力故, 得以圓成如來一大藏經版, 好事所集,
> 無量功德.

『보녕장』은 『사계장』을 저본으로 한 기초 위에 다른 대장경들로 교감·수정하여 판각한 것이다. 그 판식은 남방 계통 대장경의 판식을 이어받아 한 장이 다섯 개 반엽이며, 반엽마다 6행씩, 매 행에 17자씩 배자되어 있다. 전질은 모두 591함, 1532부, 5996권이다.

2.4.7 『원관장』

1984년 중국의 童瑋, 方廣錩, 金志良은 『文物』에 "元代官刻大藏經
的發現"이라는 논문을 발표하여 1979년 운남성도서관에서 발견된 원
나라 지원 2년(1336)에 조조된 대장경에 대한 연구 결과를 발표했다.
이 대장경은 이름을 알 수 없는 대장경이었다. 그러나 권미에 있는
원 혜종(순제) 태황태후의 시인원문으로부터 원대의 관판 대장경임을
알게 되었다. 따라서 중국의 학계에서는 이 대장경을 『元官藏』이라고
명명했다. 『원관장』의 장정 형태는 절첩장이고, 변란은 상하쌍변이
며, 한 장[판]은 여섯 개의 반엽인데, 매 반엽에 7행씩, 한 행에 17자
씩 배자되었다. 그리고 판의 중심 부근의 접히는 부분에 천자문 질호
를 새겼다. 중국의 연구자들은 『원관장』의 천자문 질호를 통해『원관
장』은 조조 당시 651함, 6,500여 권일 것이라고 추측했다.

2.4.8 『홍무남장』

『洪武南藏』은 명나라 최초의 대장경이다.『홍무남장』은 홍무 연간
남경의 대보은사에서 조인되었다. 당시 사람들은 모두 "天禧寺版大
藏經"이라고 불렀다. 학계에서는 이를 영락 연간 남경에서 조조된 대
장경과 구별하기 위해『홍무남장』혹은 『초각남장』이라 불렀으며 영
락 연간에 조조된 대장경을 『영락남장』이라 불렀다.

1372년 명 태조 주원장이 등극한 지 벌써 5년이 지났다. 바로 이 시
기 주원장은 천하에 영을 내려 전국 각지의 고승대덕들로 하여금 남
경의 장산사에 모여 대장경을 점검하게 했다. 한편『續傳燈錄序』권3

의 다음과 같은 기록에 의하면 『홍무남장』은 1401년경에 완간된 것
으로 추정된다.

> 洪武辛巳冬, 朝廷刊大藏經律論將畢, 敕僧錄司, 凡宗乘諸書, 其切
> 要者, 各依宗係編入.

위의 "洪武辛巳"년은 1401년으로 혜제 건문 3년이다. 학계의 연구
에 의하면, 홍무 말년에 완간된 대장경 경판은 경성의 남쪽에 있는
천희사에 옮겨 보관하게 했으며, 영락 원년(1403)에 대장경을 인쇄하
고 유통하게 했다. 영락 6년(1408) 본성이라는 승려는 사적인 분풀이
를 하기 위해 천희사를 불태워 버렸는데 그 안에 보관되어 있던 대장
경판도 모두 불에 타 소진되었다.

『홍무남장』은 모두 678함, 약 7,000권에 달하는데, 주된 체계는 『개
원석교록입장록』에 따라 편찬된 것이다. 뒷부분에는 송대에 새로 한
역한 경전을 순서대로 삽입해 넣었으며 마지막 부분에는 선종어록
등을 포함한 87함 80여 종 730여 권이 수록되었다. 판식은 남방계통
대장경의 판식을 이어받아 한 장[판] 이 다섯 개의 반엽이며 반엽에
6행씩, 한 행에 17자씩 배자되었다. 『홍무남장』은 판각된 시간이 짧
고 간행 횟수도 적었다. 일부 자료에 의하면 십여 부밖에 인출하지
못하고 소진되었기에 후세에 전해진 것이 극히 드물다.

2.4.9 『영락남장』

『永樂南藏』은 명나라 시기, 남경에서 개판된 관판대장경이다. 『영

락남장』의 판식은 송원시기 남방계통 대장경의 전통을 이어받았다. 즉 절첩장으로, 한 장이 다섯 개의 반엽으로 되어 있으며, 반엽에 6행씩, 한 행에 17자씩 배자되어 있다. 변란은 상하단변이며 권수제 아래 천자문 질호를 새기고 1판과 2판 사이에 경전 명칭의 약칭, 권차와 경판호를 새겼다. 또 경전 머리에는 보통 석가모니설법도를 삽입해 넣고, 권미에는 위타상을 함께 실었다.

　『영락남장』의 개판 연대는 미상이다. 영락 6년(1408), 천희사에서 판각된『홍무남장』은 "無籍僧人 本性"이 지른 불에 타 소진되었다. 그 후 한두 해가 지나 보은사에서『영락남장』의 雕造가 시작되었다. 학계의 고증에 의하면『영락남장』은 늦어도 영락 17년(1419) 이전에 완간되었는데 경판의 수가 무려 57,160판에 달한 것으로 추정되고 있다. 『영락남장』은 완간된 후 여전히 옛날의 장소 즉 남경성 취보문 밖의 보은사에 보존되었었다. 보은사는 옛날의 천희사로 영락 11년(1413)에 보은사라고 이름을 고친 것이다.

2.4.10 『영락북장』

　『永樂北藏』은 명 성조가 칙령을 내려 북경에서 판각한 대장경이다. 남경에서 판각된『영락남장』과 구분하기 위해『영락북장』이라고 한다. 영락 원년(1403) 명 성조는 북평을 북경이라 고친 다음 수도로 정했다. 영락황제는 남경에서 대장경을 판각하는 동시에 조상의 은혜에 보답하기 위해 북경에서 다른 대장경을 조조하기로 했다.『영락북장』의 조조는 永樂 18년(1421)에 시작되어 영종 정통 5년(1440)까지 20년 만에 完刊되었다.

『영락북장』의 행관은 『영락남장』과 많이 다르다. 『영락남장』은 『숭녕장』이래의 행관을 본떠 전대의 각 대장경과 같았다. 『영락북장』은 책의 크기가 매우 크며 반엽에 5행씩, 한 행에 17자씩 배자되었으며, 글자체도 수사한 해서체이며 권수에 기세가 웅장한 삽도가 있다.

『영락북장』의 경판은 완간된 후 사례감에서 관리하였으며 축숭사의 한경창에 보관되었다. 영종 때에 완간된 『영락북장』의 정장은 모두 637함, 1,615부, 6,361권이었다. 만력 12년(1584) 성모자성선문명숙황태후가 발원하여 『화엄현담회현기』부터 『제일희유대공덕경』까지 41함 41권을 판각하여 보완했는데 『영락북장』의 속장이었다. 그 후 『어제성모인시불장경서』와 『성모인시불장경찬』을 보충해 넣어 각지의 사원에 주어 대장경에 삽입해 넣게 했다. 이렇게 『영락북장』은 모두 678함, 6771권에 이르게 되었다.

2.4.11 『경산장』

『徑山藏』은 일명 『가흥장』이라고 한다. 절강성 여항 경산에 있는 홍성만수선사의 하원인 적조암과 화성사에서 경판을 보관하고 가흥 능엄사에서 인쇄를 담당했다. 즉 경판의 보존과 인쇄는 서로 다른 두 곳에서 담당했기에 대장경의 이름도 다르다. 이 대장경은 민간에서 자금을 모아 판각한 "사판" 대장경이다.

명나라 중엽에 이르러 송원 시대에 조조된 대장경 경판은 세월이 지난 탓으로 훼손되어 인출할 수 없게 되었다. 또한 명대에 조정에서 조조한 官版 대장경 『영락남장』, 『영락북장』은 한번 인출하기가 쉽지 않았다. 풍몽정은 『각대장연기』에서 새로운 대장경을 조조하게 된 경위를 아래와 같이 상세하게 설명했다.

自板刻行而流通浸廣矣. 宋元間除京板外, 如平江之磧砂, 吳興之
某寺, 越之某寺某寺等, 俱有藏版, 不啻七八副. 法道之盛, 以其一端.
迨國朝僅有兩京之板, 而諸方之板盡廢, 此北板稍精而藏于禁中, 請印
甚難. 今江南諸刹所有皆景泰間敕賜也. 南板印造雖易, 而訛謬頗多,
愈改愈甚, 幾不成讀.

즉 인출하기 어려운 두 관판 대장경은 불경에 대한 백성들의 요구
를 만족시키기에는 역부족이었다. 때문에 가정, 융경 사이에 원요범
등 여러 사람들이 민간의 지원을 얻어 대장경을 조조할 계획을 세우
게 된 것이다.

『경산장』은 만력 17년(1589)에 오대산에서 정식으로 판각되기 시작
해서, 만력 20년(1592) 혹은 만력 21년(1593) 한창 판각 중인 판목까지
모두 포함하여 그 경판은 모두 절강성 경산의 화성사와 적조암에 옮
겨졌고, 천계 3년(1623) 이후 대부분의 경판이 판각되었다. 숭정 15년
(1642) 이후에는 모진 등이 경판 조조 사업에 시주를 해 도왔다. 일차
적으로 대장경 전질이 완간된 것은 청 강희 46년(1707) 이후였다. 청
가경 7년(1802)에 『경산장』은 다시 보간되었다.

『경산장』은 명 만력 17년(1589)에 판각되기 시작해서 청 가경 7년
(1802)까지 2백여 년 동안 판각되는 대로 인쇄되었는데, 초기의 일부
경전들은 천자문 자호도 매기기 전에 벌써 유통에 들어갔다. 뿐만 아
니라 경판이 훼손되면 다시 보판했기 때문에 전후의 판본이 서로 다
르다. 『경산장』은 방책본으로서 반엽에 10행, 한 행에 20자씩 배자되
었다.

2.4.12 『청장』

　『淸藏』은『용장』으로도 불리는데 이 명칭은 관판 대장경을 일컫는 속칭이다. 청대의 관판 대장경인『청장』은 옹정 11년(1733)부터 그 판각이 시작되어 건륭 3년(1738)에 완간되었다. 때문에 이 청 대장경의 정식 명칭은『건륭판대장경』이다. 이 대장경이 刊行된 후『대청중각 용장회기』도 같이 반포되었기 때문에 습관적으로 "용장"이라고 부르게 되었다.

　『청장』의 판식은『영락북장』과 같다. 즉 한 장[판]을 다섯 개 반엽으로 접었고, 반엽에 5행 한 행에 17자씩 배자되었으며, 글자체는 수사한 해서체였다.『청장』은 정장과 속장 두 부분으로 구성되었는데, 총 724함, 7,240권으로 1,675부의 불전을 수록했다. 정장은『영락북장』의 구성에 의거했으며 모두 485함이고, 속장은 239함이다.『청장』의 경판은 원래 무영전에서 보관하고 내무부에서 그 인출 사무를 담당했다가, 후에 백림사로 옮겨졌고, 지금은 북경시 방산의 운거사에 보존되어 있다.

2.4.13 『거란장』

　『契丹藏』은 일명 "요장"이라고 하는데 오래 전에 소실되어 전해진 것이 없었다. 근대에 들어서 일본의 妻木直良, 塚本善隆, 중국의 週叔迦, 葉恭綽, 呂澂, 林元白 등 학자들은 모두『거란장』을 연구한 적이 있는데 주로 대장경의 조조 연대와 규모를 밝히는 데 역점을 두었다.

　종래 학계에서는 다음과 같은 「暘台山淸水院創造藏經記」와 「大金

國西京大華嚴寺崇修薄迦敎藏記」에 기록된 내용에 의거하여, 『거란장』의 전질은 579질이며 요 흥종 중희 연간(1032~1054)에 경판의 조조가 시작되어 함옹 4년(1068)에 판각이 완료된 것으로 추측하고 있다.

> 「暘台山淸水院創造藏經紀」: 暘台山者, 冀壤之名山, 淸水院者, 幽都之勝槪. 山之名傳諸前古, 院之興止于近代. 將構勝緣, 旋逢信士. 今優婆塞南陽鄧公從貴, 善根生得, 淨行日嚴. 咸雍四年(1068)三月, 捨錢三十萬, 葺諸僧舍, 又五十萬, 募同志印『大藏經』, 凡五百七十九帙, 創內外藏而龕挫之. 蔵事旣周, 求爲之記, 聊敍勝因, 俾信來裔(이 비문을 쓴 사람은 "燕京天王寺文英大德賜紫沙門誌延"이다. 이 비석은 지금도 북경의 서산대각사 내에 세워져 있는데 비문은 오랜 세월 비바람에 씻겨 이미 알아볼 수 없다. 비문은 또 『금석췌편』 권158에도 수록되어 있다).

> 「大金國西京大華嚴寺崇修薄迦敎藏記」: ……至大唐咸通間, 沙門從梵者集成『經源彔』以記敍之. 其卷帙品目首末次第, 若網在綱, 有條而不紊, 可使後人易爲簽閱爾. 及有遼重熙(1032~1054)間, 復加校正, 通制爲五百七十九帙……(이것은 단자경이 지은 것으로 『대동부지』 6권에 수록되어 있다).

그런데 1974년에는 『거란장』과 관련된 대발견이 중국에서 발생하였다. 그것은 이른바 "應縣木塔"에서 그동안 볼 수 없었던 『거란장』의 판본 12권이 발견된 것이다.[14]

---

14) 중국 산서성 응현의 불궁사에는 석가탑이라는 목조로 된 고탑이 있는데 일명 "應縣木塔"이라고 한다. 요나라 청녕 2년(1056)에 세워진 이 목탑은 오늘까지 9백여 년이나 존재하고 있다. 요나라는 거란족이 세운 나라이다. 916년 야율아보기가 거란국을 세웠으며, 947년에 국호를 요라고 고쳤다. 983년에 다시 국호를 거란으로 고쳤으며 1066년에 다시 국호를 요라고 개칭했다. 1125년에 금나라에 의해 멸망되기까지 요나라의 통치는 2백여 년간 지속되었다.
1974년 중국 국가문물국에서는 산서성의 유관 기관과 합동으로 응현목탑에 대해 전면적인 복원공사를 시행했다. 복원공사 도중 목탑 4층의 주불상을 고찰하던 수리공은 불상의 뒷면에 자그마한 구멍이 있는 것을 발견했다. 수리공은 호기심에 구멍에 긴 쇠갈고리를 넣어 보았다. 그런데 의외로 갈고리 끝에 두 개의 권자본이 걸려 나왔다. 펼쳐보니 한 폭은 채색으로 된 『채약도』였고, 한 폭은 『묘법련화경』이었다. 다시 구멍 아래로 내려다보니 아직도 적지 않은 권자본들이 있는 것 같았다. 그 안에 요나라 시기의 진귀한 문헌이 있을 것이라는 생각은 현장의 사람들을 흥분하게 했

응현목탑에서 발견된 『거란장』 12권은 우리들로 하여금 처음으로 『거란장』의 진면목을 볼 수 있게 했다. 이 12권의 경전은 다음과 같다.

1) 東晋 佛陀跋陀羅譯 60卷本 『大方廣佛華嚴經』 卷第47 "垂"字號
2) 唐 實叉難陀譯 80卷本 『大方廣佛華嚴經』 卷第24 "愛"字號
3) 唐 實叉難陀譯 80卷本 『大方廣佛華嚴經』 卷第26 "愛"字號
4) 唐 實叉難陀譯 80卷本 『大方廣佛華嚴經』 卷第51 "首"字號
5) 後秦 鳩摩羅什譯 8卷本 『妙法蓮華經』 卷第2 "在"字號
6) 唐 玄奘譯 『稱贊大乘功德經』 1卷 "女"字號
7) 隋 闍那崛多譯 『大法炬陀羅尼經』 卷第13 "靡"字號
8) 失譯 7卷本 『大方便佛報恩經』 卷第1 "欲"字號
9) 東晉 伽提婆譯 『中阿含經』 卷第36, "淸"字號
10) 唐 玄奘譯 『阿毗達磨發智論』 卷第13, "弟"字號
11) 宋 法天譯 『佛說大乘聖無量壽決定光明王如來陀羅尼經』 1卷, "刻"字號
12) 遼 德雲集 『一切佛菩薩名集』 卷第6, "勿"字號

『應縣木塔遼代秘藏』에서의 소개에 의하면 응현목탑에서 발견된 『거란장』은 다음과 같은 특징이 있다.

첫째, 응현목탑에서 발견된 경전 가운데 천자文 자호가 있는 것은 12건이다. 천자문 자호의 배열은 대장경을 판단하는 기본 요소 중의 하나이다. 그러나 응현목탑에서 발견된 경전의 천자文 자호의 배열은 중원계통의 『개보장』, 『조성장』과 달랐으며, 남방계통의 『숭녕장』, 『적

다. 흙으로 된 불상 뒷면의 일부분과 판을 떼어내자 불상 내에 세로로 세워진 나무판 안에는 층층이 쌓인 권자본이 드러났다. 위 부분에 놓인 경전들은 비교적 완전하게 보존되었지만 아래 부분에 놓인 경전들은 쥐들이 쏠아 일부분은 이미 흩어져 있었으며 심하게 파괴되었다.

1979년 중국 국가문물국에서는 "應縣木塔遼代文物整理組"를 구성하고 산서성문물국과 중국역사 박물관의 연구원들을 선발하여 응현목탑에서 발견된 요나라 시기의 문물들을 정리하게 했다. 그 결과 응현목탑에서 발견된 요나라의 문헌은 모두 92건이었다. 그중 간본 불경이 47건으로 『거란장』이라고 확인된 12권도 포함되어 있다. 또 다른 인쇄본이 8건, 사본 불경이 30건, 불상을 그린 불화가 7폭이었다. 1991년 중국의 문물출판사에서는 이들 문헌이 영인·수록된 『應縣木塔遼代秘藏』을 출간했다.

사장』과도 달랐는데,『개원석교록입장록』에 근거하여 편차한 가홍의
『신집장경음의수함록』과 같았다. 또한『거란장』의 일부 경전은 요·
금시기에 새긴 방산석경의 저본으로 사용되었는데 천자문 자호가 동
일하였다.

  둘째, 판식의 특징 또한 대장경을 판단하는 중요한 요소이다. 응현목
탑에서 나온『거란장』의 판식은 비교적 특이했다. 한 장의 폭은 27~30
㎝, 길이는 대체로 50~56㎝이며 장마다 길이가 조금씩 달랐다. 변란
은 상하단변이며 광곽의 폭은 22~24㎝, 한 판에 27행씩, 한 행에 17
자씩 배자 되었다. 각 권마다 권수제와 권미제 뒤에 경명의 약칭, 권
차, 경판호와 천자문 자호를 새겼다. 예컨대 "垂"자호『대방광불화엄
경』권47의 권수제와 권미제 뒤에는 모두 천자문 자호 "垂"가 새겨져
있으며 매 판의 판수에도 "華嚴四十七 ×× (經板號) 垂"라는 글이 새
겨져 있다. 이런 행관의 특징은『거란장』에서만 볼 수 있는 것이다.

  위에서 말한 12건의『거란장』중에는 비교적 특수한 판식으로 되어
있는 경전들도 있었다.『칭찬대승공덕경』과 8권본『묘법연화경』권제
2는 한 판에 28행으로 천자문 자호는 첫 판의 경제 뒤에 있을 뿐 다른
판에는 모두 없었다. 경판호도 판수에 새긴 것이 아니라 매 판의 첫
행과 두 번째 행 사이에 새겼다. 따라서 일부 학자들은 응현목탑에서
나온 것으로 천자문 자호가 있는 불경 가운데『거란장』에 속하는 것
은 이 두 권을 제외한 나머지 10권이라고 하고 있다. 그리고『칭찬대
승공덕경』과 8권본『묘법련화경』권 제2에 대해서는『거란장』이 아니
라 어떤 사본 대장경에 근거하여 판각된 단일 경전으로 보고 있다.

  또한 당 실차난타가 한역한 80권본『대방광불화엄경』세 권의 판
식도 기타 경전들과 다르다. 기타 경전들의 변란은 모두 상하단변이

고 행마다 17자씩 배자 되어 있고, 경명의 약칭과 경판호가 모두 판수에 새겨져 있다. 그러나 이 80권본 『대방광불화엄경』은 세 권 모두 변란이 상하쌍변이며, 한 행에 15자씩 배자되어 있으며 경명의 약칭과 경판호는 매 판의 첫 행과 두 번째 행 사이에 새겨져 있었다. 이에 비추어 일부 학자들은 권축장으로 된 『거란장』은 두 가지 계통이 있는 것으로 인식하고 있다. 다시 말해서 판식이 비교적 특이한 80권본 『대방광불화엄경』 세 권은 또 다른 판본의 『거란장』으로 이해되고 있는 것이다. 한편 "勿"자호 『일절불보살명집』 권6의 판식을 보면 한 판에 28행씩 수록되어 있다는 것 외에 모두 『거란장』과 같았다. 왜 28행인가 하는 문제는 아직도 그 원인이 밝혀지지 못했다.

셋째, 『거란장』은 판식이 대범하고 명랑하며 글자체가 단정하고 힘이 있어 魏碑의 풍이 농후했는데 요대의 전형적인 간본 대장경이다. 위에서 말한 『칭찬대승공덕경』과 8권본 『묘법연화경』 권 제2는 글자체가 예스럽고 돈후하며 침착했다. 가운데는 속체자, 이체자도 적지 않게 있었는데 옛날의 사본 경전에 근거하여 경판을 새길 때 인습된 "유풍"일 수도 있다. 그러나 실차난타가 한역한 80권본 『대방광불화엄경』 세 권의 글자체는 너무 수려했다. 이렇게 볼 때 『칭찬대승공덕경』과 『묘법연화경』은 『거란장』에 속하지 않는다고 하는 주장도 전혀 일리가 없는 것은 아니다.

넷째, 『거란장』의 인쇄에 사용된 종이는 아주 질긴 경황지이다. 즉 피지를 누렇게 물들이고 표면에 밀랍으로 힘껏 문질러 광택을 내어 지질이 질기고 매끄러웠다.

다섯째, 『거란장』은 요나라의 남경 민충사 즉 지금의 북경시 법원사에서 조조되었다. 응현목탑에서 발견된 경전들의 제기를 보면 당시 민충사에는 적지 않은 학승들이 모여 고대로부터 전해진 경전을 정리했다. 그 후 『거란장』을 판각할 때 민충사에 전해지던 경전을 저본으로 했으며, 바로 이곳에서 『거란장』이 조조 되었던 것이다.

여섯째, "女"자호 『칭찬대승공덕경』 권미에 있는 통화 21년(1003)의 제기에 근거하여 『거란장』의 조조 연대는 예전의 역사문헌에 기록된 중희 연간보다 앞선 통화 연간이라는 견해가 나오게 되었다. 일부 학자들은 이를 "統和藏"설이라고 했다. 그러나 이 설을 반대하는 학자들도 있었는데 그들은 "女"자호 『칭찬대승공덕경』은 통화 연간(983~1011)에 민간의 발원인이 모 사본 대장경에 근거하여 조조한 단일 경전이라고 주장하고 있다. 또한 자료에 의하면 요나라에는 사본 대장경도 있었는데 "통화장"이 바로 이 사본 대장경이라는 것이다. 따라서 간본 『거란장』은 흥종 중희 연간(1032~1054)에 새겨진 것이다.

한편 1987년 중국 하북성 풍윤에서 발견된 『거란장』은 또 다른 특징이 있다. 이 『거란장』은 "小字本" 호접장으로 사료에 등장하는 "紙薄字密"한 『거란장』의 실체를 입증해주는 것이다. 조선 시대에 편찬된 『동문선』 권112에는 다음과 같은 고려승 복암의 「丹本大藏慶贊疏」가 있는데 『거란장』에 일종의 소자본 계통이 있었음을 기록하고 있다.

> 「丹本大藏慶贊疏」: 龍樹誦傳於西竺, 法蘭馱入於中華, 雖九牛一毛, 尙千函而萬軸. 故難雕印, 莫廣流通, 間或得而經營, 例皆失於精巧. 念玆大寶, 來自異邦, 帙簡部輕, 函未盈于二百, 紙薄字密, 冊不滿于一千, 殆非人功所成, 似借神巧而就.

중국 하북성 풍윤의 천궁사탑에서 여타의 경전과 함께 소자본 호접장 『거란장』이 발견된 것은 1987년이었다. 천궁사탑에서 발견된 경전은 다음과 같다.

1) 『佛說大乘聖無量壽口定光明王如來陀羅尼經』 1卷 卷軸裝
2) 『佛說阿彌陀佛經』 1卷 卷軸裝
3) 『佛頂心觀世音經』 1卷 卷軸裝
4) 『梵漢合璧佛經』 散葉
5) 『金光明最勝王經』 1冊 抱背裝
6) 『金剛般若波羅蜜經』 1冊 蝴蝶裝
7) 『大乘本生心地觀經』 一函 3冊 蝴蝶裝
8) 『諸菩薩名集』 一函 六冊 蝴蝶裝
9) 『大方廣佛華嚴經』 一函 八冊 蝴蝶裝
10) 『大乘妙法蓮華經』 一函 八冊 蝴蝶裝
11) 『大乘中興三藏聖敎』 一冊 冊葉裝

이 가운데 중국의 학계에서 소자본 호접장 『거란장』(최소한 소자본 『거란장』의 복각본)으로 이해되고 있는 것은 『대승본생심지관경』과 『대방광불화엄경』이다. 『대승본생심지관경』은 천자문 자호가 "壁"자호인데, 방산석경 가운데 금나라 천회 15년(1137)에 새긴 석경의 천자문 자호와 같다. 그리고 『대방광불화엄경』 80권은 일함 8책이다. 천자문 자호는 "平～伏"인데 응현목탑에서 발견된 80권본 『대방광불화엄경』 권24, 권26, 권51과의 천자문 자호가 동일하다. 이들에 대해서 좀 더 자세히 살펴보면 다음과 같다.

1) 『대승본생심지관경』: 이 책의 크기는 세로 26.3cm, 가로 14.4cm이며, 광곽의 크기는 반곽이 세로 20.4cm, 가로 11cm이다. 행자수는 반엽 10행, 매 행 20자이다. 제일책은 63엽, 제이책은 43엽, 제삼책은 52엽이다. 삼책 모두 천자문 자호 "壁"이 있다. 제1책의 겉표지 내엽에는 다음과 같은 제기가 있다.

咸雍六年(1070)十一月奉宣雕印
殿主講經覺慧大德臣沙門行安
都勾當講經詮法大德沙門万矩
印經院判官朝散郎守太子中捨驍騎尉賜緋玉袋臣韓資睦
汝州團練使檢校太傅兼禦使中丞上柱國
隴西郡開國侯食邑一千戶實封壹佰戶提點官李存寅

　2)『대방광불화엄경』: 이 책의 크기는 세로 26.5cm, 가로 17.3cm이
며, 광곽의 크기는 반곽이 세로 23.6cm, 가로 14cm이다. 행자수는 반
엽 12행, 매 행 30자이다. 책은 모두 850엽이다. 책마다 천자문 자호
가 있는데 그 순서는 "平, 章, 愛, 育, 黎, 首, 臣, 伏"이다. 1, 2, 5, 6,
7책의 뒷부분에는 다음과 같은 제발이 있다.

　　大契丹國燕國長公主奉爲先皇御靈, 冥資景福, 太后聖壽, 永保遐
齡, 一人隆戴斗之尊, 正后葉齊天之算. 太弟公主, 更析脈于銀潢, 親
王諸妃, 長分蔭于玉葉. 次及有職, 后逮含情, 近奉慈尊, 遠成佛道. 特
施淨財, 敬心雕造字『大花嚴經』一部, 所冀流通, 悉同利樂. 時重熙十
一年歲次壬午(1042), 孟夏月甲戌朔雕印記.

2.4.14 『고려대장경』

　고려에서는 두 차례에 걸쳐 대장경이 조조되었는데 이른바『初雕藏』
(『초조대장경』)과『再雕藏』(『재조대장경』)이다. 현재 학계에서는 다
음과 같은 자료의 내용에 근거하여『초조장』은 고려 현종 2년(1011)
부터 선종 4년(1087)까지 조조된 것으로 보고 있다.

　　「大藏板刻君臣祈告文[丁酉年(1237)行]: ……達但之爲患也, 其殘忍
凶暴之性, 已不可勝言矣……於是, 符仁寺之所藏『大藏經』板本, 亦儘之

無遺矣……今與宰執文虎百僚等, 同發洪願, 已署置'句當官司', 俾之經
始. 因考厥初初創之端, 則昔顯宗二年(1011), 契丹主大擧兵來征, 顯祖
南行避難, 丹兵猶屯松岳城不退, 於是, 乃與羣臣發無上大願, 誓刻成『大
藏經』板本, 然後丹兵自退, 然則大藏一也, 先後雕鏤一也(이 기고문은
이규보가 지은 것으로『동국이상국집』권25에 수록되어 있다).

『高麗史・宣宗世家・四年(1087)條』: 二月…… 甲午, 幸開國寺, 慶
成『大藏經』.……三月 …… 己未, 王如興王寺, 慶成大藏殿. …… 夏四
月, ……庚子, 幸歸法寺, 慶成『大藏經』.

또한 다음과 같은 사료 및 초조장의 현존본에 의거하여 현종조
(1010~1031)에는『개원석교록』에 수록된『개보장』5,048권이 판각되
었고, 문종조(1047~1083) 및 선종조(1084~1094)에는『정원속개원석
교록』및『속정원석교록』에 수록된 경전과 송신역경론 등 약 1,000권
이 조조된 것으로 파악되고 있다.

「寄日本國諸法師求集敎藏疏」: 敬白諸善友緣本國崇奉佛敎日已久
矣, 其『開元釋敎錄』智昇所撰, 『貞元續開元釋敎錄』圓照所撰, 兩本所
收經律論等, 泊大宋新翻經律論總六千來卷, 并已雕鏤施行訖. 自古聖
□(이 소는 대각국사 의천이 지은 것으로『대각국사문집』권14에
수록되어 있다).

「代宣王諸宗敎藏雕印疏」: 顯祖(1010~1031)則雕五千軸之秘藏, 文
考(1047~1083)乃鏤千萬頌之契經. 正文雖布於近退, 章疏或幾乎墜失
(이 소는 대각국사 의천이 지은 것으로『대각국사문집』권15에 수
록되어 있다).

『초조장』의 경판은 위의『고려사』와「대장판각군신기고문」에 의하
면 원래 흥왕사의 "大藏殿"에 소장되어 있었으나, 어느 시기엔가 부인
사로 옮겨 보관되어 있던 중 1232년 몽고의 침입 때 소실되었다. 현재

『초조장』의 판본은 국내에 300여 권, 일본에 2,400여 권이 전해지고 있다. 『재조장』의 조조에 대해서는 아래와 같은 두 가지 사료가 주목된다.

『高麗史・高宗世家・三十八年(1251)條』: 九月 …… 壬午, 幸西城 門外'大藏經板堂', 率百官行香. 顯宗時板本燬於壬辰(1232)蒙兵. 王 與群臣更媛立'都監', 十六年(1251)而功畢.

「大藏板刻君臣祈告文[丁酉年(1237)行]」: ……今與宰執文虎百僚等, 同發洪願, 已署置'句當官司', 俾之經始.

위의 두 가지 사료를 통해서 고종 38년(1251)으로부터 16년 전인 고종 23년(1236)에 대장도감(위의 내용에서 "都監", "句當官司"는 『재조장』의 교감과 조인을 담당했던 이른바 "대장도감"을 지칭하는 것 이다)이 설치되어 『재조장』의 조조 사업이 시작되었고, 이후 16년이 지난 고종 38년(1251)에 『재조장』의 조조가 끝났다는 것을 알 수 있 다. 따라서 학계에서는 『재조장』이 고려 고종 23년(1236)부터 38년 (1251)까지 조조된 것으로 보고 있는 것이다. 참고로 『재조장』의 각 경전 권미에는 통상적으로 "×× 歲高麗國大藏都監奉勅雕造"라는 간 기가 새겨져 있다. 이러한 간기를 통해 보면 그 간년이 제일 이른 것 은 정유년(1237)이고 제일 늦은 것은 무신년(1248)이다.

『재조장』의 경판은 위의 『고려사・고종세가・38년(1251)조』의 기록 에 나오듯이 그 조조가 끝난 후 강화도성 서문 밖 "大藏經板堂"에 봉 안되어 있었다. 그리고 다음의 기록에 보이는 바와 같이, 그 이후 강화 선원사에 안치되어 있었다. 조선 태조 7년(1398)에 잠시 서울의 지천사 로 옮겼다가 다시 경상도 합천의 해인사로 옮겨 정종 원년(1399)에는 해인사에 보관되어 있었고, 이후 현재까지 이곳에 보관되고 있다.

『太祖實錄』卷14: 七年(1398)……, 七月五日丙午, 幸龍山江. 大藏
經板輸自江華禪源寺. 戊午雨. 令隊長, 隊副二千人, 輸經板于支天寺

『定宗實錄』卷1: 元年(1399)五月庚辰, 命慶尙道監司, 發印經僧徒于海
印寺, 太上王欲以私財, 印成大藏經, 納東北面所蓄菽粟五百四十石……

『재조장』은 천자문 자호 1번째인 天함부터 639번째인 洞함에 이르
기까지 모두 639함으로 이루어졌으며, 총 1,574부 6,547권이다. 이러
한 『재조장』의 구성을 소개하면 다음과 같다.

<표 2> 『재조장』의 구성

① 天(1)函~英(480)函: 『開元錄』藏 經典 480帙
② 杜(481)函~歡(510)函: "宋新譯經" A
③ 振(511)函~侈(515)函: 『新集藏經音義隨函錄』30冊 5帙
④ 富(516)函~輕(520)函: "宋 太宗 御製"
⑤ 策(521)函~實(524)函: 『新譯大方廣佛華嚴經』40卷 4帙
⑥ 勒(525)函~銘(528)函: 『新華嚴經論』40卷 4帙
⑦ 磻(529)函~合(548)函: "『貞元錄』藏" 經典
⑧ 濟(549)函~綺(553)函: 『開元錄』에 遺漏된 經典
⑨ 廻(554)函・漢(555)函: 『大宗地玄文論』20卷 ・『釋摩訶衍論』10卷
⑩-㉮ 惠(556)函: 『續開元錄』3卷
⑩-㉯ 惠(556)函: 『續貞元錄』1卷・『釋法琳別傳』3卷
⑪ 說(557)函~丁(560)函: 『貞元錄』30卷
⑫ 俊(561)函~密(563)函: 『校正別錄』30卷
⑬ 勿(564)函~寔(567)函: 『大般涅槃經』36卷
⑭ 寧(568)函~楚(570)函: 『佛名經』30卷
⑮ 更(571)函: 『大藏目錄』3卷
⑯ 覇(572)函~何(585)函: 『法苑珠林』100卷
⑰ 遵(586)函~精(600)函: "宋新譯經" B-1
⑱ 宣(601)函~禹(611)函: "宋新譯經" B-2
⑲ 跡(612)函~嶽(617)函: "宋新譯經" B-3
⑳ 宗(618)函~塞(628)函: "宋新譯經" B-4
㉑ 鷄(629)函: 『續一切經音義』10卷
㉒ 田(630)函~洞(639)函: 『一切經音義』100卷

한편 『재조장』은 『재조장』의 "俊, 乂, 密"함에 수록되어 있는 『고

려국신조대장경교정별록』 30권의 교감 내용과 각 권수에 적혀 있는 "沙門 守其等 奉勅校勘"이라는 저자명에서 알 수 있듯이, 『재조장』은 『개보장』, 『거란장』, 『초조장』과의 엄밀한 교감 작업을 거쳐서 조조된 것이다. 때문에 『재조장』에 있어서 그 본문의 정확성은 후대의 어느 대장경보다 우수한 것으로 세계적으로 정평이 나 있는 것이다. 그래서 일본에서는 명치 연간에 『축쇄장경』을 간행할 때, 그리고 대정연간에 『대정신수대장경』을 편찬할 때 모두 『재조장』을 그 저본으로 삼았던 것이다.

이러한 고려 『초조장』과 『재조장』에 관해 특히 이들의 저본과 판각에 대해서 그간 국내외 학계에서는 이론이 분분하였다.

일찍이 일본의 소야현묘는 『불서해설대사전』에서 "北宋官版覆刻 『高麗大藏經』 目錄"이란 제목 하에 아래와 같이 기술하여, 『초조장』을 『개보장』의 복각본으로 주장하였다.

"신조(필자 주: 『재조장』을 지칭하는 것임)에 있어서는 국전본·국후본, 송본, 단본 등으로 교정하고, 동시에 재삼 보충도 하고, 또 대체도 하고 있다. …… 나는 새로 발견된 남선사대장 가운데 초조본 영본인 『대집경』을 보니 그것은 바로 북송관판의 복각이었다. 자힐, 행수, 판심의 높이까지 모두 동일할 뿐 아니라, 자체의 기운까지 그것과 방불한 것이었다. 그러나 이것은 당연한 것이다. 이때에 있어서는 조판대장으로서는 단지 북송관판 일장밖에 없었기 때문에 복각되었다고 하면 그것의 저본이 되었음에 이상함은 없다."

중국의 『중화대장경』 편집국은 『中華大藏經』 「內容簡介」에서 "『고려장』(필자 주: 『재조장』을 지칭하는 것임)은 『조성장』과 같이 『개보장』 계통의 복각본으로 판식이 완전히 일치한다. 『고려장』으로 『조성장』을 보충하면 '天衣無縫'이라 할 만하다"고 하여, 『재조장』을 『개보장』의 복각본으로 인식하고 있다.

한국에서는 이기영이 『고려대장경, 그 역사와 의의』에서 아래와 같이 기술하여 『초조장』(현종조에 조조된 것)은 『개보장』의 복각본으로 생각하였다. 그리고 『재조장』에 대해서는 아래의 인용문에 보이듯이 수기법사가 『개보장』, 『거란장』, 『초조장』을 대교하여 수정한 다음 새로 등재본을 만들어 판각한 것으로 기술하고 있다.

> "북송의 관판대장경이 성립하자 제일 먼저 그 뒤를 이어 대장경 조조를 발원하고 이를 추진, 두 번째로 완벽한 대장경을 낸 것이 고려의 현종(1010~1031)이었다. 우리는 이것을 『고려대장경』 초조본이라고 부른다. … 이 초조 『고려대장경』은 대체로 송의 관판대장경의 내용과 체제를 토대로 그것을 복각한 것으로 생각되나 고려인들은 이에 만족하지 않고 보다 완벽한 대장경을 만들려는 원대한 뜻을 품고 그 사업을 계속해 갔다. 그리하여 이 초조본의 보완작업은 현종 이후에도 계속되었다.…… 개태사의 승통 수기는 북송관판과 거란본 및 우리의 초조본을 널리 대교하여 오류를 정정하는 경문교감의 임무를 성공적으로 수행하였다. ……『고려대장경』을 누가 썼는지, 한 사람이 썼는지 또는 여러 사람이 썼는지도 분명치는 않다. 그러나 본 영인본에서 보는 바와 같이 그 필치는 웅경하며 단정하여 시종일관 흐트러진 일이 없는 것이 특징이다."

한편 천혜봉은 『호림박물관 소장 초조대장경 조사연구』에서 다음과 같이 언급하여, 『초조장』은 『개보장』, 『거란장』, 정원입장제경론, 송신역경론, 국내전본 등을 수용하였으되 등재본을 마련하여 판각한 것으로 인식하였고, 『재조장』은 대부분 『초조장』의 본문을 수정한 다음 이를 복각한 것으로 주장하였다.

　　"『초조대장경』은 북송개보칙판대장경 거란대장경 정원입장제경
론 송신역경론 및 국내전본을 판각수용하였다 함은 이미 위에서
언급하였거니와, 그 개판에 있어서는 북송개보칙판의 매행 14자형
식에 준거, 판하서를 마련하여 새겨냈는데, 그 판각기법이 아주 정
한 편이어서 자체가 정연하고 자획에 주경방정한 필력을 잘 살리
고 있다. 물론 기술이 서투른 각수가 새긴 것도 부분적으로 섞여
있지만, 대체적으로 그 기법이 능숙하다. 특히 각행 17자의 거란본
과 국내 전본에 의거하여 새긴 판본을 볼 때 그 기법이 뛰어나고
있음을 첫눈으로 깨달을 수 있다. 아닌 게 아니라 그 판각의 정교
도는 송본에 비해 결코 손색이 없다. 한편 재조대장경은 저본의 본
문 보족이 많거나 그 저본에 결락이 생긴 것 등은 새로 보사 또는
판하서를 작성하여 새기기도 했지만, 대부분은 『초조대장경』 본문
의 오탈을 바로 잡은 다음, 뒤집어 붙이고 거듭 새겨낸 것이기 때
문에 판각의 정교도는 초조본보다 훨씬 떨어진다."

　　또한 채상식은 『한글대장경 고려국신조대장교정별록』의 「해제」에
서 아래와 같이 기술하여 『초조장』은 국내에 전하던 불경들과 상호
교감하거나, 부분적으로 고려에만 잔존하던 불경들을 새로이 입장하
여 완성한 것이라는 새로운 견해를 내기도 하였다.

　　"종래에 일본 측 학자들은 명확한 이론적 근거도 없이 초조장경
은 단지 북송의 개보칙판장경의 복각에 불과하다는 주장을 한 바
있다. 그러나 『교정별록』의 내용을 분석해 보면 초조장경은 국내
에 전해오던 많은 사본과 대비했을 뿐만 아니라 경우에 따라서는
고려에만 잔존하던 경전을 입장했다는 사실을 알 수 있다. … 어떻
든 『교정별록』에 의해 초조장경은 단순히 북송의 장경을 복각한
것이 아니라 근 70여 년에 걸쳐 국내에 전하던 불경들과 상호 교감
하거나, 부분적으로 고려에만 잔존하던 불경들을 새로이 입장하여
완성한 것임을 알 수 있다."

　　필자 또한 이에 관한 연구를 진행하였는데, 필자는 "『고려대장경』

의 저본과 판각에 관한 연구"(『한국도서관정보학회지』제32권 제3호, 2001)에서 『개보장』의 복각본인 『조성장』을 중심으로 호림박물관에 수장된 『초조장』 및 동국대학교에서 영인한 『재조장』과의 대조, 그리고 수기법사가 편찬한 『교정별록』의 교감기와 이 교감기에서 언급되었던 『재조장』과 『조성장』의 대조를 통해 『고려대장경』의 저본과 판각의 성격을 고찰하였다.

그 결과 첫째, 『조성장』을 중심으로 호림박물관에 수장된 『초조장』, 그리고 『재조장』과의 대조 분석을 통해서 호림박물관에 수장된 총 77권의 『초조장』 가운데 세 판본과의 대조가 가능했던 총 51권의 『초조장』과 이에 해당되는 『재조장』은 『개보장』의 복각본 또는 수정복각본인 것으로 추정하였다. 둘째, 『교정별록』의 교감기와 이 교감기에서 언급되었던 『재조장』과 『조성장』의 대조 분석을 통해서 수기법사가 『재조장』을 교감하여 조조할 때에 이용한 저본과 대교본에 대해 그 대략적인 것을 도출하였다. 즉 수기법사는 "국본"(『초조장』)·"단본"(『거란장』)·"송본"(『개보장』) 가운데 대부분 "송본"(『개보장』)을 제1차적인 저본으로 삼은 다음 이 "송본"(『개보장』)을 국본(『초조장』)·"단본"(『거란장』)과 대교하고, "국본"(『초조장』)·"단본"(『거란장』) 등에 의거해서 "송본"(『개보장』)을 교감하여 수정하였다. 아울러 이 수정된 "송본"(『개보장』)은 바로 『재조장』을 간행함에 있어 그 판각의 저본 즉 등재본으로 사용되었다. 그리고 "송본"(『개보장』)에 없거나 중대한 결함이 있는 경전은 "국본"(『초조장』)이나 "단본"(『거란장』) 등을 제2차적인 저본으로 삼아 이를 수정하여 등재본으로 삼아 판각을 하거나, 새로 등재본을 마련해서 판각한 다음 『재조장』에 편입시키거나 대체시켰던 것으로 파악하였다.

3
한문대장경의
문자이동

한문대장경의
문자이동

    본 장에서는 한문대장경 가운데 대교가 가능한 경전을 중심으로 하여 각 대장경과 대교하고, 그 대교의 결과를 유형별로 정리하여 대장경의 "유형별 문자이동 대교표"를 작성하고자 한다. 대장경의 대교에 있어서, 이미 『중화대장경』[15)]에는 『조성장』을 대본으로 삼고 여러 대장경과 대교하여 각 경전의 후미에 첨부해 놓은 "校勘記"가 있다.

    따라서 본 연구에서는 『중화대장경』에 작성되어 있는 "교감기"를 토대로 활용하고자 한다. 그런 다음 『중화대장경』에서 이루어진 대교 작업에 활용되지 못한 "돈황사본", "신라사본" 및 『개보장』, 『숭녕장』, 『거란장』, 고려 『초조장』 등의 잔본을 추가하여 대교하고자 한다. 그리하여 최종적으로 그 대교의 결과를 새롭게 유형별로 정리하여 "유형별 문자이동 대교표"로 작성한 다음 각 대장경에 나타난 문자이동

---

15) 『중화대장경』은 중국의 중화서국에서 1984년부터 1995년까지 연차적으로 간행된 것이다. 이 대장경은 기본적으로는 『조성장』을 저본으로 하고, 『조성장』의 결본과 미입장된 것은 『고려재조대장경』과 여타의 대장경으로 보충한 것으로 총 106책이다.

을 그 유형별로 분석·고찰하고자 한다.

　　본 연구의 "유형별 문자이동 대교표"에 사용된 여러 대장경 및 기타 경전의 약칭을 설명하면 다음과 같다.

<대장경 및 기타 경전의 약칭>
1) 『開寶』:『개보장』
2) 『趙城』:『조성장』
3) 『房山』:『방산석경』(요대에 각성된 석경)
4) 『崇寧』:『숭녕장』
5) 『資福』:『자복장』
6) 『磧砂』:『적사장』
7) 『普寧』:『보녕장』
8) 『永南』:『영락남장』
9) 『徑山』:『경산장』
10) 『淸藏』:『청장』(『용장』)
11) 『應縣』:『거란장』권축장 대자본
12) 『豊潤』:『거란장』호접장 소자본
13) 『初雕』:『초조장』
14) 『再雕』:『재조장』
15) 『敦煌』:"돈황사본"
16) 『新羅』: 신라시대의 사본인 80권본 『대방광불화엄경』
17) 『無垢』: 1966년 한국의 석가탑에서 발견된 『무구정광대다라니경』

3.1 "돈황사본"을 중심으로 살펴본 대장경의 문자이동

　　본 절에서는 "돈황사본" 가운데 여러 대장경과의 대교가 가능한 경전 총 7권을 중심으로 하여 각 대장경과 대교하고, 그 대교의 결과를 유형별로 정리하여 대장경의 "유형별 문자이동 대교표"를 작성한 다음 각 대장경에 나타난 문자이동의 유형을 분석·고찰하고자 한다.

먼저 여기에서 활용된 "돈황사본" 및 신라시대의 사본인 80권본 『대방광불화엄경』[16]과 1966년 한국의 경주 석가탑에서 발견된 『무구정광대다라니경』을 소개하면 다음과 같다.

<"돈황사본" 및 기타 경전의 소개>
1) 『妙法蓮華經』 卷第二는 중국 국가도서관소장본이다(소장번호: <敦煌遺書 0022>). 이 사본의 권미에는 다음과 같은 내용이 주필로 기재되어 있다. "西天取經僧繼從 乾德六年(924 ?, 968 ?)二月日科記" 그리고 전권에는 주필로 구두가 찍혀 있다.
2) 『妙法蓮華經』 卷第七은 중국 국가도서관소장본이다(소장번호: <敦煌遺書 0011>).
3) 『大法炬陀羅尼經』 卷第十三은 중국 국가도서관 소장본이다 (도서번호: <北 7528>, 『敦煌大藏經』, 58冊, pp.595~603).
4) 『大方便佛報恩經』 卷第一은 중국 국가도서관 소장본이다(도서번호: <北444>, <北445>, 『敦煌大藏經』, 59冊, pp.262~289). 이 <北444>, <北445> 두 사본의 문자이동은 완전히 일치하고 있다.
5) 『佛本行集經』 卷第十九는 중국 국가도서관소장본이다(소장번호: <敦煌遺書 0321>). 이 사본의 권미에는 "淨土寺藏經"이란 소장인기가 날인되어 있다.
6) 『無垢淨光大陀羅尼經』은 영국 대영박물관소장본이다(도서번호: <伯3916號>와 <斯1634號>, 『敦煌寶藏』 第105 · 106冊). 이들 <伯3916號>와 <斯1634號>의 문자이동은 완전히 일치하고 있다.
7) 신라시대의 사본인 80권본 『大方廣佛華嚴經』은 한국 호암미술관소장본이다. 80권 가운데 권 제1~10과 권 제44~50까지 모두 17권이 남아 있는데, 754년 황룡사의 연기법사의 발원에 의해 사성된 사본이다.
8) "『無垢』"로 약칭된 『無垢淨光大陀羅尼經』은 1966년 한국의 경주 석가탑에서 발견된 것으로서 한국에서는 일반적으로 경주 불국사의 석가탑이 건립된 751년경의 간본으로 인식되고 있는 것이다. 모두 12장으로 이루어졌는데, 제1장의 11行까지

---

16) 이 신라 사본의 문자이동은 돈황사본의 잔편{<散916> · <斯949> · <北38>(『敦煌大藏經』, 21冊, pp.546 · 562 · 558)}과 대교해 본 바 거의 일치하고 있다.

가 결락되었고 전체적으로 군데군데 훼손된 상태이다. 다음으로 "유형별 문자이동 대교표"에서 사용된 몇 가지 용어와 기호에 대한 설명을 하면 다음과 같다.

<"유형별 문자이동 대교표"의 설명>
1) 項次: 문자이동의 일련 순번으로서 필자가 "문자이동 대교표"를 작성하면서 그 순서대로 부여된 번호인데, 대교표가 유형별로 정리되면서 그 선후가 혼잡해진 상태이다.
2) 類型: 제본 사이에 나타난 문자이동의 유형
3) 冊·面·行·字:『중화대장경』의 책, 면, 행, 자수
4) ○: 해당 문자가 공란이 없이 없는 것
5) □: 해당 문자가 공란으로 되어 있는 것
6) ?: 해당 문자의 대교가 이루어지지 못한 것

1-1)『妙法蓮華經』卷第二 類型別 文字異同 對校表 1

項次	8	13	21	10	18	23	9	11	14
類型	B-1	B-1	B-1	B-4	B-8	B-8	C-1	C-1	C-1
冊 面 行 字	15 523 中17 9	15 523 下19	15 525 中12 14	15 523 中22 5	15 524 下1 4	15 525 下3 8	15 523 上19 5	15 523 下1 7	15 523 下23
敦煌	鵄	舍宅	阿鞞跋致	䶩	瓔	說	独	鱸	周憧
應縣	鵄	舍宅	阿鞞跋致	䶩	瓔	說	貄	鱸	周憧
房山	鵄	舍宅	阿鞞跋致	䶩	瓔	說	貄	才虘	周憧
趙城	鵄	舍宅	阿鞞跋致	䶩	瓔	說	貄	才虘	周憧
再雕	鵄	舍宅	阿鞞跋致	䶩	瓔	說	狄	齒查	周章
資福	鷗	宅舍	阿惟越致	䶩	瓔	說	貄	才虘	周憧
磧砂	鷗	宅舍	阿惟越致	嚌	瓔	說	貄	才虘	周憧
普寧	鷗	宅舍	阿惟越致	嚌	瓔	說	豸冗	才虘	周憧
永南	鷗	宅舍	阿惟越致	嚌	瓔	說	貄	才虘	周憧
徑山	鷗	宅舍	阿惟越致	嚌	纓	法	豸冗	才虘	周憧
清藏	鷗	宅舍	阿惟越致	嚌	纓	法	貄	才虘	e周憧

1-2) 『妙法蓮華經』 卷第二 類型別 文字異同 對校表 1

項次	24	26	12	7	17	3	4	5	6
類型	C-5	C-6	C-7	C-8	D-2	D-3	D-7	D-7	D-7
冊	15	15	15	15	15	15	15	15	15
面	525	526	523	523	524	522	522	523	523
行	下21	上1	下1	中15	中23	下12	下13	中5	中8
字	1	3	11	3	4	2	7	11	5
敦煌	宛	攣	嗥	貌	絡	勿	汝	導	生
應縣	宛	攣	嘖	陁	絡	勿	汝	導	生
房山	婉	攣	嗥	陁	絡	勿	汝等	誘	○
趙城	婉	攣	嗥	陁	絡	勿	汝	導	生
再雕	宛	攣	嘖	裩	絡	勿	汝	導	生
資福	踠	攣	嗥	裩	絡	勿	汝	導	生
磧砂	宛	攣	嗥	陁	珞	勿	汝	導	生
普寧	宛	攣	嗥	陁	絡	人	汝	導	生
永南	宛	攣	嗥	陁	絡	勿	汝	導	生
徑山	宛	攣	嗥	陁	絡	勿	汝	導	生
清藏	宛	攣	嗥	陁	絡	勿	汝	導	生

1-3) 『妙法蓮華經』 卷第二 文字異同 對校表 3

項次	15	16	19	20	22	1	2	25	27
類型	D-7	D-7	D-7	D-7	D-7	D-8	Z	Z	Z
冊	15	15	15	15	15	15	15	15	15
面	524	524	525	525	525	522	522	525	526
行	上5	上18	上3	上19	中15	中8	中16	下21	上9
字		4		3	2	7	4	11	6
敦煌	四面充塞	鬼	清淨	愛	爲	利	怨	嗳	羅
應縣	四面充塞	鬼	清淨	愛	爲	利	怨	咘	羅
房山	○	等	淨清	受	當	利	怨	嗳	羅
趙城	四面充塞	鬼	清淨	愛	爲	相	怨	嗳	羅
再雕	四面充塞	鬼	清淨	愛	爲	利	怨	嗳	羅
資福	四面充塞	鬼	清淨	愛	爲	利	怨	咘	羅
磧砂	四面充塞	鬼	清淨	愛	爲	利	冤	咘	羅
普寧	四面充塞	鬼	清淨	愛	爲	利	冤	咘	羅
永南	四面充塞	鬼	清淨	愛	爲	利	怨	咘	羅
徑山	四面充塞	鬼	清淨	愛	爲	利	冤	咘	羅
清藏	四面充塞	鬼	清淨	愛	爲	利	冤	咘	羅

2–1)『妙法蓮華經』卷第七 類型別 文字異同 對校表 1

項次	11	12	5	13	19	8	10	4	18	2
類型	B-1	B-1	B-①	B-①	B-①	B-①	B-4	C-1	C-1	C-5
冊 面 行 字	15 592 上23 11	15 592 中19 1	15 591 下16 12	15 592 下15 10	15 595 中22 11	15 592 上8 1	15 592 上9 1	15 589 下8 7	15 595 中7 10	15 587 上22 14
敦煌	梨	踊	若	華	○	蘇	瞻	神	亦	相
房山	梨	踊	乃	羅	有	酥	瞻	神	亦	根
開寶	?	?	?	?	有	?	?	?	亦	?
趙城	梨	踊	乃	羅	有	酥	瞻	神	亦	根
再雕	梨	踊	乃	羅	有	酥	瞻	身	亦復	相
資福	離	涌	若	華	○	蘇	瞻	神	亦	相
磧砂	離	涌	若	華	○	蘇	薝	神	亦	相
普寧	離	涌	若	華	○	酥	薝	神	亦	相
永南	離	涌	若	華	○	蘇	薝	神	亦	相
徑山	離	涌	若	華	○	蘇	薝	神	亦	相
淸藏	離	涌	若	華	○	蘇	薝	神	亦	相

2–2)『妙法蓮華經』卷第七 類型別 文字異同 對校表 2

項次	6	7	1	9	14	15	16	17	3
類型	C-5	C-5	C-6	C-6	D-7	D-7	D-7	F-1	Z
冊 面 行 字	15 591 中21 13	15 592 上7 1	15 586 中5 14	15 592 上8 9	15 594 上17 1	15 594 上18 3	15 594 下22 13,14	15 595 上11 10	15 588 下17 3
敦煌	壓	末	百八	蘇	當	衆	命終	力故	怨
房山	肰 土	粖	八白	酥	必	諸	人令	力故	怨
開寶	?	?	?	?	當	衆	命終	力故	?
趙城	肰 土	粖	八白	酥	當	衆	命終	力□	怨
再雕	壓	末	百八	蘇	當	衆	命終	力故	怨
資福	壓	末	八白	酥	當	衆	命終	力故	怨
磧砂	壓	抹	八白	酥	當	衆	命終	力故	寃
普寧	壓	末	八白	蘇	當	衆	命終	力故	寃
永南	壓	末	八白	酥	當	衆	命終	力故	寃
徑山	壓	末	八白	酥	當	衆	命終	力故	怨
淸藏	肰 土	末	八白	酥	當	衆	命終	力故	寃

3-1)『大法炬陀羅尼經』 卷第十三 類型別 文字異同 對校表 1

項次	1	3	19	20	24	28	30	15	16	11
類型	B-1	B-1	B-1	B-1	B-1	B-1	B-1	B-①	B-①	B-①
冊 面 行 字	21 570 中8 5	21 570 下13 7	21 575 下1	21 575 上4 5	21 576 中19 9	21 577 上20	21 577 中17 3	21 574 下8 11	21 575 上12 14	21 573 上2 9
敦煌	?	?	今我	乏	想	滿腹	蔭	○	愚	彼
應縣	諮	後	今我	乏	想	滿腹	蔭	河	遇	從
房山	諮	後	今我	乏	想	滿腹	蔭	河	遇	從
趙城	諮	後	今我	乏	想	滿腹	蔭	河	遇	從
再雕	諮	後	今我	乏	想	滿腹	蔭	河	遇	從
資福	語	彼	我今	之	相	腹滿	陰	○	愚	彼
磧砂	語	彼	我今	之	相	腹滿	陰	○	愚	彼
普寧	語	彼	我今	之	相	腹滿	陰	○	愚	彼
永南	語	彼	我今	之	相	腹滿	陰	○	愚	彼
徑山	語	彼	我今	之	相	腹滿	陰	○	愚	彼
淸藏	語	彼	我今	之	相	腹滿	陰	○	愚	彼

3-2)『大法炬陀羅尼經』 卷第十三　類型別 文字異同 對校表 2

項次	14	5	6	7	12	13	25	26	21	22
類型	B-12	B-13)	B-13)	B-13)	B-13)	B-13)	B-13)	B-13)	B-16	C-5
冊 面 行 字	21 574 中22	21 571 上10 2	21 571 上10 7	21 571 中3 4	21 573 下6 9	21 574 上3 12	21 576 下6	21 576 下17	21 575 下20 6	21 576 上9 13
敦煌	勿令	?	?	楱	斂	被	隋言	隋言	五	恣
應縣	勿令	旬	旬	軆	斂	被	隋言	隋言	六	恣
房山	勿令	旬	旬	軆	斂	被	隋言	隋言	六	恣
趙城	勿令	句	句	脞	斂	彼	隨言	隨言	五	悉
再雕	勿令	句	句	脞	斂	彼	隨言	隨言	五	恣
資福	勿令	旬	旬	揩	斂	被	隋言	隋言	五	悉
磧砂	分令	旬	旬	楱	斂	被	隋言	隋言	五	悉
普寧	分令	旬	旬	楱	斂	被	隋言	隋言	五	悉
永南	分勿	旬	旬	楱	斂	被	隋言	隋言	五	悉
徑山	分勿	旬	旬	楱	斂	被	次言	次言	五	悉
淸藏	分勿	旬	旬	楱	斂	被	次言	次言	五	悉

3-3)『大法炬陀羅尼經』卷第十三　類型別 文字異同 對校表 3

項次	2	17	23	29	4	18	27	10	8	9
類型	C-5	C-5	C-5	C-5	D-7	D-7	D-7	D-9	Z	Z
冊面行字	21 570 下8 13	21 575 上14 5	21 576 上23 11	21 577 中9 14	21 571 上9 5	21 575 中3 2	21 576 下17 5	21 572 中7 9	21 571 中12 5	21 572 上21 3
敦煌	?	應	智	三	?	我	作	咸	侮	掊
應縣	佛言	應	智	三	選	我	作	減	武	掊
房山	佛言	應	智	三	撰	受	○	減	武	掊
趙城	言	遇	知	二	選	我	作	減	侮	鉋
再雕	佛言	應	智	三	選	我	作	減	侮	鉋
資福	佛言	應	智	三	選	我	作	減	武	鉋
磧砂	佛言	應	智	三	選	我	作	減	侮	掊
普寧	佛言	應	智	三	選	我	作	減	侮	掊
永南	佛言	應	智	三	選	我	作	減	侮	掊
徑山	佛言	應	智	三	選	我	作	減	侮	掊
清藏	佛言	應	智	三	選	我	作	減	侮	掊

4-1)『大方便佛報恩經』卷第一　類型別 文字異同 對校表 1

項次	5	16	19	25	28	23	37	39
類型	B-1	B-1	B-1	B-1	B-1	B-1	B-1	B-1
冊面行字	22 576 下2 6	22 577 下2	22 578 上17 8	22 578 下1 4	22 578 下18 2	22 578 中14 9	22 579 中21 8	22 579 下3 13
敦煌	者	怨家來至	身	髓	有	願	羅	猶
應縣	者	怨家來至	身	髓	有	願	羅	猶
房山	者	怨家來至	身	髓	有	願	羅	猶
再雕	者	怨家來至	身	髓	有	願	羅	猶
資福	者著	○	聲	體	有諸	願願莫見違	○	今
磧砂	者著	○	聲	體	有諸	願願莫見違	○	今
永南	者著	○	聲	體	有諸	願願莫見違	○	今
徑山	者著	○	聲	體	有諸	願願莫見違	○	今
清藏	者著	○	聲	體	有諸	願願莫見違	○	今

4-2)『大方便佛報恩經』 卷第一 類型別 文字異同 對校表 2

項次	3	4	10	26	27	32	34	40	41	43
類型	B-①	B-①	B-①	B-①	B-①	B-①	B-①	B-①	B-①	B-①
冊 面 行 字	22 576 中10 2	22 576 下1 14	22 576 下14 12	22 578 下10 13	22 578 下17	22 579 上17 12	22 579 中7	22 579 下8 5	22 579 下13 11	22 580 上1 3
敦煌	集	○	○	割	○	骨	○	悅	○	供給
應縣	習	異	王	刮	當時	血	身體	輸	億	供養
房山	習	異	王	刮	當時	血	身體	輸	億	供養
再雕	習	異	王	刮	當時	血	身體	輸	億	供養
資福	集	○	○	割	○	骨	○	悅	○	供給
磧砂	集	○	○	割	○	骨	○	悅	○	供給
永南	集	○	○	割	○	骨	○	悅	○	供給
徑山	集	○	○	割	○	骨	○	悅	○	供給
清藏	集	○	○	割	○	骨	○	悅	○	供給

4-3)『大方便佛報恩經』 卷第一 類型別 文字異同 對校表 3

項次	42	30	7	9	21	24	29	31
類型	B-3	B-12	B-16	B-16	B-16	B-16	B-16	B-16
冊 面 行 字	22 579 下16 11	22 579 上10 10	22 576 下3	22 576 下8 2	22 578 中12	22 578 中22 4	22 579 上8 5	22 579 上14
敦煌	心	咆	本誓	於	父母言父母	分	時	天王
應縣	心	咆	發本誓願	○	父王曰父母	分以奉	尒時	天帝
房山	心	咆	發本誓願	○	父王曰父母	分以奉	尒時	天帝
再雕	心	咆	本誓	於	父王曰父王	分	時	天王
資福	○	咆	本誓	於	父母言父母	分	時	天王
磧砂	○	咆	本誓	於	父母言父母	分	時	天王
永南	心	跑	本誓	於	父母言父母	分	時	天帝
徑山	心	跑	本誓	於	父母言父母	分	時	天帝
清藏	心	跑	本誓	於	父母言父母	分	時	天帝

4-4) 『大方便佛報恩經』 卷第一 類型別 文字異同 對校表 4

項次	2	8	20	1	18	38	13
類型	B-17	B-17	B-17	C-1	C-1	C-1	C-(1)
冊 面 行 字	22 576 中6 14	22 576 下7	22 578 中2	22 576 中 14	22 578 上7 13	22 579 中22 7	22 577 中10 夾註
敦煌	之	乘權	取其血肉以續活我身幷汝命	寶	受	○	○
應縣	緣	乘機	取其血肉以活我身幷續汝命	寶	受	○	○
房山	緣	乘機	取其血肉以活我身幷續汝命	寶	受	○	○
再雕	緣	乘機	取其血肉以活我身幷續汝命	珎	更	至	闍鄉本闕
資福	○	垂權	取其血肉以續汝命	寶	受	○	○
磧砂	○	垂權	取其血肉以續汝命	寶	受	○	○
永南	○	垂權	取其血肉以活我身幷續汝命	寶	受	○	○
徑山	○	垂權	取其血肉以活我身以續汝命	寶	受	○	○
清藏	○	垂權	取其血肉以活我身以續汝命	寶	受	○	○

4-5) 『大方便佛報恩經』 卷第一 類型別 文字異同 對校表 5

項次	36	6	17	11	14	12	15	33	22	35
類型	C-4	D-1	D-2	Z	Z	Z	Z	Z	Z	Z
冊 面 行 字	22 579 中7 9	22 576 下2 11	22 577 下14 14	22 576 下17 10	22 577 中15 5	22 577 上4	22 577 中23	22 579 中1 7	22 578 中13 9	22 579 中7 6
敦煌	變	已	相	應	四	○	我以是	汝	堪	本
應縣	變	已	相	應	四	○	以是	汝	得	故
房山	變	已	相	應	四	善德	以是之	汝	得	故
再雕	反	已	相	應	四	善德	以是之	汝	堪	本
資福	反	令	相	得	軍	善德	我以是	汝今	得	故
磧砂	反	已	想	應	四	○	我以是	汝	得	故
永南	反	已	相	得	軍	善德	我以是	汝今	得	故
徑山	反	已	相	應	四	善德	我以是	汝今	得	故
清藏	反	已	相	應	四	善德	我以是	汝今	得	故

5-1) 『佛本行集經』 卷第十九 類型別 文字異同 對校表 1

項次	2	6	10	14	31	36	47	50
類型	B-1	B-1	B-1	B-1	B-1	B-1	B-1	B-1
冊 面 行 字	35 738 中18 2	35 738 下16 3	35 739 上13	35 739 中23	35 741 下18 11	35 743 上5 4	35 744 下1	35 745 中1
敦煌	戰	拍	蚊虻	妃子	汝	挺	淨飯王	出入山林閒
開寶	戰	拍	蚊虻	妃子	汝	挺	淨飯王	出入山林閒
趙城	戰	拍	蚊虻	妃子	汝	挺	淨飯王	出入山林閒
再雕	戰	拍	蚊虻	妃子	汝	挺	淨飯王	出入山林閒
磧砂	顫	指	蚊蟻	太子	法	鋌	淨飯三	○
普寧	顫	指	蚊蟻	太子	法	鋌	淨飯三	○
永南	顫	指	蚊蟻	太子	法	鋌	淨飯三	○
徑山	顫	指	蚊蟻	太子	法	鋌	淨飯三	○
清藏	顫	指	蚊蟻	太子	法	鋌	淨飯三	○

5-2) 『佛本行集經』 卷第十九 類型別 文字異同 對校表 2

項次	4	21	22	25	26	27	34
類型	B-12	B-(13)	B-(13)	B-(13)	B-(13)	B-(13)	B-(13)
冊 面 行 字	35 738 下4	35 741 上8 6	35 741 上11 10	35 741 上20 1	35 741 中5 14	35 741 中10 5	35 742 上10 6
敦煌	國大	狗廬奢	妃妃	惑	之	彼	去
開寶	國大	狗廬舍	妃	迷	乏	尒	日
趙城	國大	狗廬舍	妃	迷	乏	尒	日
再雕	國大	狗廬舍	妃	迷	乏	尒	日
磧砂	國大	狗廬奢	妃妃	惑	之	彼	去
普寧	國大	狗廬奢	妃妃	惑	之	彼	去
永南	國太	狗廬奢	妃妃	惑	之	彼	去
徑山	國太	狗廬奢	妃妃	惑	之	彼	去
清藏	國太	狗廬奢	妃妃	惑	之	彼	去

5-3) 『佛本行集經』 卷第十九 類型別 文字異同 對校表 3

項次	18	19	20	37	40	45	3	32
類型	B-(13)	B-(13)	B-(13)	B-(13)	B-(13)	B-(13)	B-⑬	B-18
冊 面 行 字	35 741 上1 9	35 741 上2 1	35 741 上2 9	35 743 上6 9	35 744 上2 1	35 744 上22 1	35 738 中23 9	35 741 下19 7
敦煌	姓	姓	姓	圓	且	啼	特	鞭
開寶	某	某	某	團	但	大	特	靰
趙城	某	某	某	團	但	大	持	靰
再雕	某	某	某	團	但	大	持	靰
磧砂	姓	姓	姓	圓	且	啼	特	硬
普寧	姓	姓	姓	圓	且	啼	特	硬
永南	姓	姓	姓	圓	且	啼	特	硬
徑山	姓	姓	姓	圓	且	啼	特	硬
清藏	姓	姓	姓	圓	且	啼	特	硬

5-4) 『佛本行集經』 卷第十九 類型別 文字異同 對校表 4

項次	12	23	38	13	5	8	28	39
類型	C-1	C-(1)	C-1	C-4	C-5	C-5	C-5	C-5
冊 面 行 字	35 739 中12	35 741 上12 1	35 743 上18 4	35 739 中13 6	35 738 下12 10	35 739 下2 8	35 741 下9 11	35 743 中11 4
敦煌	膞脛	以	許	別	根本	○	○	令
開寶	膞脛	以	許	別	大	而	等	今
趙城	膞脛	以	許	別	大	而	等	今
再雕	踹脛	○	討	明	根本	○	○	令
磧砂	腨脛	以	諸	明	根本	○	○	令
普寧	腨脛	以	諸	別	根本	○	○	令
永南	腨脛	以	諸	別	根本	○	○	令
徑山	腨脛	以	諸	別	根本	○	○	令
清藏	腨脛	以	諸	別	根本	○	○	令

5-5) 『佛本行集經』卷第十九 類型別 文字異同 對校表 5

項次	42	49	15	44	9	11	17	29	30
類型	C-5	C-5	C-6	C-6	D-2	D-2	D-2	D-2	D-2
冊 面 行 字	35 744 上10 5	35 745 上9	35 739 下17 7	35 744 上21 12	35 739 上4 1	35 739 中4 2	35 740 中22 8	35 741 下15	35 742 中21
敦煌	決	棄捨而	若	呼	息	地	子	玉女	玉女
開寶	快	棄捨	如	响	息	地	子	玉女	玉女
趙城	快	棄而	如	响	息	地	子	玉女	玉女
再雕	決	棄捨而	若	呼	息	地	子	玉女	玉女
磧砂	決	棄捨而	如	响	怠	此	主	五女	五女
普寧	快	棄捨而	如	响	息	地	子	玉女	玉女
永南	快	棄捨而	如	响	息	地	子	玉女	玉女
徑山	決	棄捨而	如	响	息	地	子	玉女	玉女
清藏	決	棄捨而	如	响	息	地	子	玉女	玉女

5-6) 『佛本行集經』卷第十九 類型別 文字異同 對校表 6

項次	33	35	41	46	16	48	1	24	43
類型	D-2	D-2	D-2	D-2	D-5	D-5	Z	Z	Z
冊 面 行 字	35 741 下21 14	35 742 下22 1	35 744 上9 5	35 744 中3 14	35 740 上22 12	35 744 下10 14	35 738 中10	35 741 上12 14	35 744 上13 12
敦煌	之	名	卽	折	得	者	國大	測	閣
開寶	之	名	卽	折	得	者	國大	測	閣
趙城	之	名	卽	折	得	者	國太	測	閣
再雕	之	名	卽	折	得	者	國大	測	閣
磧砂	大	右	那	引	得	者	國大	則	門
普寧	之	名	卽	折	得	者	國太	則	閣
永南	之	名	卽	折	得	者	國大	測	門
徑山	之	名	卽	折	德	著	國太	測	閣
清藏	之	名	卽	折	得	者	國太	測	閣

6-1) 『無垢淨光大陀羅尼經』 類型別 文字異同 對校表 1

項次	5	13	17	21	23	25	27	29
類型	B-1	B-1	B-1	B-1	B-1	B-1	B-1	B-1
面 行 字	77中 7 5	78中 9 左1	80上 4 7	80下 21 8	81中 2 2-4	81下 5 5,6	81下 22 13-14	82上 14 3-5
敦煌	病	花	羅	誦	夾註	一切	悉皆	所有諸毒不能爲害
房山	病	花	羅	誦	夾註	一切	悉皆	所有諸毒不能爲害
趙城	病	花	羅	誦	夾註	一切	悉皆	所有諸毒不能爲害
再雕	病	花	羅	誦	夾註	一切	悉皆	所有諸毒不能爲害
無垢	疾	花花	○	○	正文	○	俱時	而於彼人毒不能害
資福	疾	華華	○	○	正文	○	俱時	而於彼人毒不能害
磧砂	疾	華華	○	○	正文	○	俱時	而於彼人毒不能害
永南	疾	華華	○	○	正文	○	俱時	而於彼人毒不能害
徑山	疾	華華	○	○	正文	○	俱時	而於彼人毒不能害
清藏	疾	華華	○	○	正文	○	俱時	而於彼人毒不能害

6-2) 『無垢淨光大陀羅尼經』 類型別 文字異同 對校表 2

項次	3	4	6	9	10	20	21	22	35
類型	B-①	B-①	B-①	B-①	B-①	B-①	B-①	B-①	B-①
面 行 字	77上 8 4	77上 19 9	77下 3 6	77下 10 1-3	77下 20 12	80下 13 11	80下 22 5	81上 16 10	82中 9 8
敦煌	慧	惱	○	向佛白言	普	○	○	○	○
房山	意	怖	泥	白佛言	遍	就	誦	河	天
趙城	意	怖	泥	白佛言	遍	就	誦	河	天
再雕	意	怖	泥	白佛言	遍	就	誦	河	天
無垢	?	?	○	向佛白言	普	○	○	○	○
資福	慧	惱	○	向佛白言	普	○	○	○	○
磧砂	慧	惱	○	向佛白言	普	○	○	○	○
永南	慧	惱	○	向佛白言	普	○	○	○	○
徑山	慧	惱	○	向佛白言	普	○	○	○	○
清藏	慧	惱	○	向佛白言	普	○	○	○	○

(본 對校表의 面. 行. 字는 『高麗大藏經』(東國大學校 影印. 1976) 제12책의 面. 行. 字임)

6-3) 『無垢淨光大陀羅尼經』 類型別 文字異同 對校表 3

項次	11	24	30	31	33	7
類型	B-4	B-13)	B-13)	B-13)	B-13)	B-17
面 行 字	78中 8,9 夾註	81中 22 7	82上 20 7	82上 21 13	82中 4 4	77下 4 11-14
敦煌	夾註	其	○	趣	衛	命將欲盡者
房山	夾註	其	○	趣	衛	命將盡者
趙城	夾註	此)	生	道	護	命將盡者
再雕	夾註	此)	生	道	護	命將盡者
無垢	夾註	其	○	趣	衛	？
資福	夾註	其	○	趣	衛	將盡之命
磧砂	正文	其	○	趣	衛	將盡之命
永南	正文	其	○	趣	衛	將盡之命
徑山	正文	其	○	趣	衛	將盡之命
清藏	正文	其	○	趣	衛	將盡之命

6-4) 『無垢淨光大陀羅尼經』 類型別 文字異同 對校表 4

項次	18	19	26	8	14	15	32
類型	B-19	B-19	B-19	C-5	C-5	C-5	C-5
面 行 字	80上 17 11	80上 20 12	81下 22 4-8	77下 6 7	78下 8 4	79中 20 10	82上 22 4
敦煌	莊	說	法而受持者	尙	○	○	常
房山	莊	說	法而受持者	常	一	○	常
趙城	莊	說	法而受持者	常	一	而	當
再雕	莊	說	法而受持者	尙	○	○	常
無垢	所	以	作已	尙	？	○	常
資福	所	以	作已	尙	○	○	常
磧砂	莊	說	法而受持者	尙	○	○	常
永南	莊	說	法而受持者	尙	○	○	常
徑山	莊	說	法而受持者	尙	○	○	常
清藏	莊	說	法而受持者	尙	○	○	常

6-5) 『無垢淨光大陀羅尼經』 類型別 文字異同 對校表 5

項次	16	34	2	1	12	28
類型	D-4	D-4	D-5	Z (B-3, B-12)	Z	Z
面 行 字	79下 6 7	82中 7 1-2	77上 6 12	77上 2 譯者	78中 8 左4	82上 3 5
敦煌	界	無閒	主	?	月	大
房山	界	無閒	主	唐天竺三藏彌陀山奉詔譯	月	大
趙城	界	無閒	主	唐天竺三藏彌陀山奉詔譯	月	大
再雕	界	無閒	主	唐天竺三藏彌陀山奉詔譯	月	大
無垢	界	無閒	?	?	?	大
資福	界	無閒	主	大唐天竺沙門彌陀山等譯	田	大
磧砂	界	無閒	主	大唐天竺沙門彌陀山等譯	卍	人
永南	世界	無間業	主	唐天竺沙門彌陀山等譯	卍	人
徑山	界	無閒	王	唐天竺沙門彌陀山等譯	卍	大
清藏	界	無閒	主	唐天竺沙門彌陀山等譯	卍	大

7-1) 80卷本 『大方廣佛華嚴經』 文字異同 類型別 對校表 1

項次	1	14	27	41	101	68	11	72	100	4
類型	A-4	A-4	A-4	A-4	A-4	A-4	A-5	A-5	A-5	B-1
卷 冊 面 行 字	2 12 639 上17 11	2 12 645 上2 14	3 12 652 下16 13	5 12 670 中9 12	49 13 157 中20	7 12 688 上11 1	2 12 644 中3 7	8 12 694 上4 8	49 13 155 下5 12	2 12 641 上7 2
新羅	寂靜	日	辨	令	泊乎	見	○	○	○	神
豊潤	寂	言	辦	今	暨乎	現	勝	十	樂	神
趙城	寂	言	辦	今	暨乎	現	勝	十	樂	神
再雕	寂靜	日	辨	令	泊乎	見	○	○	○	神
資福	寂	言	辨	今	泊乎	見	○	○	○	威
磧砂	寂靜	言	辨	今	泊乎	見	○	○	○	威
普寧	寂靜	言	辨	今	泊乎	見	○	○	○	威
永南	寂靜	言	辦	今	泊於	見	○	十	○	威
徑山	寂靜	言	辦	今	泊於	見	○	十	○	威
清藏	寂靜	言	辦	今	泊於	見	○	十	○	威

7-2) 80卷本 『大方廣佛華嚴經』 文字異同 類型別 對校表 2

項次	5	12	13	26	30	31	39	56	85
類型	B-1	B-1	B-1	B-1	B-1	B-1	B-1	B-1	B-1
卷 冊 面 行 字	2 12 641 中21	2 12 644 中7 7	2 12 645 上1 12	3 12 652 下12 10	5 12 666 上9 6	5 12 666 上10 6	5 12 670 上4 5	6 16 679 下9 1	8 12 698 上16
新羅	神遍	遍	神	怨	門	得	深	威力	空
豊潤	神遍	遍	神	怨	門	得	深	威力	空
趙城	神遍	遍	神	怨	門	得	深	威力	空
再雕	神遍	遍	神	怨	門	得	深	威力	空
資福	力普	普	威	寃	門…門	得…得	心	威神	空雲
磧砂	力普	普	威	寃	門…門	得…得	心	威神	空雲
普寧	力普	普	威	寃	門…門	得…得	心	威神	空雲
永南	力普	普	威	寃	門…門	得…得	心	威神	空雲
徑山	力普	普	威	寃	門…門	得…得	心	威神	空雲
清藏	力普	普	威	寃	門…門	得…得	心	威神	空雲

7-3) 80卷本 『大方廣佛華嚴經』 文字異同 類型別 對校表 3

項次	63	71	83	2	9	19	28	7	18
類型	B-3	B-3	B-3	B-4	B-4	B-4	B-4	B-8	B-8
卷 冊 面 行 字	7 12 685 中12 1	8 12 693 上18 2	8 12 696 上18	2 12 639 下18 3	2 12 643 中13 6	3 12 648 中16 7	3 12 653 上16 10	2 12 641 下19 9	3 12 647 下15
新羅	汝	頌	藏寶	門	?	門	往	主	妙音如是觀於佛
豊潤	汝	頌	藏寶	門	如	門	往	主	妙音如是觀於佛
趙城	汝	頌	藏寶	門	如	門	往	主	妙音如是觀於佛
再雕	汝	頌	藏寶	門	如	門	往	主	妙音如是觀於佛
資福	法	偈	寶藏	門	如	門	往	主	妙音如是觀於佛
磧砂	法	偈	寶藏	門…門	大	門…門	住	主	妙音如是觀於佛
普寧	汝	頌	藏寶	門…門	大	門…門	住	主	妙音如是觀於佛
永南	汝	頌	藏寶	門…門	大	門…門	住	主	妙音如是觀於佛
徑山	汝	頌	藏寶	門…門	大	門…門	住	妙	普放寶光如是見
清藏	汝	頌	藏寶	門…門	大	門…門	住	妙	普放寶光如是見

7-4) 80卷本 『大方廣佛華嚴經』 文字異同 類型別 對校表 4

項次	25	49	78	88	93	44	45	46	82
類型	B-8	B-8	B-8	B-8	B-8	B-12	B-12	B-12	B-12
卷 冊 面 行 字	3 12 650 下13	6 12 677 下17 5	8 12 695 中7 12	10 12 713 中22 9	46 13 133 上14 9	6 12 672 中8 7	6 12 672 中15 14	6 12 674 上23 12	8 12 696 上11 7
新羅	佛光大不思智慧	住	花	能	一	昧	海	種	有
豊潤	能竭衆生煩惱海	住	花	能	一	昧	海	種	有
趙城	能竭衆生煩惱海	住	花	能	一	昧	海	種	有
再雕	能竭衆生煩惱海	住	花	能	一	昧	海	種	有
資福	能竭衆生煩惱海	住	花	能	一	昧	海	種	有
磧砂	能竭衆生煩惱海	住	花	能	一	昧	海	種	有
普寧	能竭衆生煩惱海	住	花	能	一	昧	海	種	有
永南	能竭衆生煩惱海	住	花	能	一	昧…在	海…海	種衆寶	有十
徑山	入佛行廣大智慧海	坐	莘	佛	所謂一	昧…在	海…海	種衆寶	有十
清藏	入佛行廣大智慧海	坐	莘	佛	所謂一	昧…在	海…海	種衆寶	有十

7-5) 80卷本 『大方廣佛華嚴經』 文字異同 類型別 對校表 5

項次	6	21	37	40	43	50	52	66	67
類型	C-①	C-①	C-①	C-①	C-①	C-①	C-①	C-①	C-①
卷 冊 面 行 字	2 12 641 下7 11	3 12 648 下14 1	5 12 669 上5 14	5 12 670 上16	5 12 670 下17 8	6 12 677 下18 14	6 12 678 上9 7	7 12 686 下22 14	7 12 687 上17 1
新羅	天	除滅	現	衆會海已	踊	滯	坐	旋	住
豊潤	天	除滅	現	衆會海已	踊	疑	坐	旋	住
趙城	天	除滅	現	衆會海已	踊	疑	坐	旋	住
再雕	大	滅除	睹	道場衆會海已	涌	凝	立	漩	主
資福	天	除滅	現	道場衆會	踊	疑	坐	旋	住
磧砂	天	除滅	現	道場衆會	踊	疑	坐	旋	住
普寧	天	除滅	現	道場衆會	踊	疑	坐	旋	住
永南	天	除滅	現	道場衆會	踊	疑	坐	旋	住
徑山	天	除滅	現	道場衆會	踊	疑	坐	旋	住
清藏	天	除滅	現	道場衆會	踊	疑	坐	旋	住

7-6) 80卷本 『大方廣佛華嚴經』 文字異同 類型別 對校表 6

項次	77	87	91	94	99	17	47	29	32	33
類型	C-①	C-①	C-①	C-①	C-①	C-3)	C-3)	C-④	C-④	C-④
卷	8	10	46	48	48	3	6	5	5	5
冊	12	12	13	13	13	12	12	12	12	12
面	695	708	131	147	154	647	676	666	667	667
行	中3	下6	下10	下22	上21	下7	中17	上2	中21	下11
字		13	3	7	11	10	8	9	10	3
新羅	一一	光	辯	号	許	花	加	福	已	莊
豊潤	一一	光	辦	号	許	光	跙	福	已	莊
趙城	一一	光	辨	号	許	花	加	福	已	莊
再雕	一切	光明	辨	嗯	諸	光	跙	福德	海	嚴
資福	一一	光	辨	齶号	許	花	加	福德	海	嚴
磧砂	一一	光	辨	齶号	許	花	加	福德	海	嚴
普寧	一一	光	辨	齶号	許	花	跙	福德	海	嚴
永南	一一	光	辨	齶号	許	花	加	福德	海	嚴
徑山	一一	光	辨	齶号	許	花	跙	福德	海	嚴
清藏	一一	光	辨	齶号	許	花	跙	福德	海	嚴

7-7) 80卷本 『大方廣佛華嚴經』 文字異同 類型別 對校表 7

項次	34	36	38	42	104	92	98	54	57
類型	C-④	C-④	C-④	C-④	C-④	C-④	C-④	C-④	C-④
卷	5	5	5	5	49	46	48	6	6
冊	12	12	12	12	13	13	3	12	12
面	667	668	669	670	158	132	153	679	679
行	下20	下23	下15	下16	中15	中8	下22	上22	下10
字		2		5	14	3	7		
新羅	而說	歧	○	種	別	一一	種	神力	言
豊潤	而說	歧	○	種	別	一一	種	神力	言
趙城	而說	歧	○	種	別	一一	種	神力	言
再雕	卽說	枝	道場	種十八相	刹	一切	種一	威神	日
資福	卽說	枝	道場	種十八相	刹	一切	種一	威神	日
磧砂	卽說	枝	道場	種十八相	刹	一切	種一	威神	日
普寧	卽說	枝	道場	種十八相	刹	一切	種一	威神	日
永南	卽說	枝	道場	種十八相	刹	一切	種一	威神	日
徑山	卽說	枝	道場	種十八相	刹	一切	種一	威神	日
清藏	卽說	枝	道場	種十八相	刹	一切	種一	威神	日

7-8) 80卷本『大方廣佛華嚴經』文字異同 類型別 對校表 8

項次	59	60	69	70	73	75	80	90	103
類型	C-④	C-④	C-④	C-④	C-④	C-④	C-④	C-④	C-④
卷 冊 面 行 字	6 12 680 中13	6 12 680 中19 10	7 12 688 中8	8 12 692 中9 10	8 12 694 上23	8 12 694 下12	8 12 695 下8 7	46 13 129 中20 8	49 13 157 下8 2
新羅	威力	內	普觀	花	說此	威神	威力	勤	見
豊潤	威力	內	普觀	花	說此	威神	威力	勤	見
趙城	威力	內	普觀	花	說此	威神	威力	勤	見
再雕	威神	中	觀察	華	而說	神力	神力	進	是
資福	威神	中	觀察	華	而說	神力	神力	進	是
磧砂	威神	中	觀察	華	而說	神力	神力	進	是
普寧	威神	中	觀察	華	而說	神力	神力	進	是
永南	威神	中	觀察	華	而說	神力	神力	進	是
徑山	威神	中	觀察	華	而說	神力	神力	進	是
清藏	威神	中	觀察	華	而說	神力	神力	進	是

7-9) 80卷本『大方廣佛華嚴經』文字異同 類型別 對校表 9

項次	84	97	79	64	10	35	23	62	3	15
類型	C-5	C-5	D-1	D-2	D-4	D-4	D-6	D-6	D-8	D-8
卷 冊 面 行 字	8 12 696 上20 12	48 13 153 中14 14	8 12 695 下2 7	7 12 686 上7 7	2 12 643 下7 6	5 12 668 中19 4	3 12 649 中16 14	7 12 684 下1 10	2 12 640 上2 2	2 12 645 上12
新羅	旋	善	刹	相	俾	睟	力	輪	量	○
豊潤	旋	善	刹	相	俾	睟	力	輪	量	○
趙城	旋	善	刹	相	俾	睟	力	輪	邊	如…有
再雕	漩	業	刹	相	俾	睟	力	輪	量	○
資福	旋	善	別	相	俾	睟	力	輪	量	○
磧砂	漩	業	刹	生	俾	睟	力	輪	量	○
普寧	漩	業	刹	相	俾	睟	力	輪	量	○
永南	漩	業	刹	相	解	睟	力	輪	量	○
徑山	漩	業	刹	相	俾	睟	力	輪	量	○
清藏	漩	業	刹	相	俾	睟	方	輪海	量	○

7-10) "80卷本 『大方廣佛華嚴經』 文字異同 類型別 對校表 10

項次	55	58	86	95	96	102	105	8	16	20
類型	D-8	D-8	D-8	D-8	D-8	D-8	D-8	Z	Z	Z
卷 冊 面 行 字	6 12 679 中11 10	6 12 679 下22 10	10 12 708 中18 5	48 13 148 中18 8	48 13 149 中12 1	49 13 157 下3 14	49 13 158 中22 13	2 12 643 上10 7	2 12 645 上13 9	3 12 648 下4 1
新羅	地	願	說佛刹	○	美	言	說	就	目光	卽
豊潤	地	願	說佛刹	○	美	言	說	熟	目光	卽
趙城	海	行	說	檀	羨	日	諸	就	目光	卽
再雕	地	願	說佛刹	○	美	言	說	熟	目光	卽
資福	地	願	說佛刹	○	美	言	說	熟	目光	卽
磧砂	地	願	說佛刹	○	美	言	說	熟	月光	而
普寧	地	願	說佛刹	○	美	言	說	熟	目光	卽
永南	地	願	說佛刹	○	美	言	說	熟	月光	而
徑山	地	願	說佛刹	○	美	言	說	熟	目光	而
淸藏	地	願	說佛刹	○	美	言	說	熟	目光	而

7-11) 80卷本 『大方廣佛華嚴經』 文字異同 類型別 對校表 11

項次	22	24	48	51	53	65	74	76	81	89
類型	Z	Z	Z	Z	Z	Z	Z	Z	Z	Z
卷 冊 面 行 字	3 12 649 中1 13	3 12 650 下12 	6 12 677 下7 12	6 12 678 上2 9	6 12 678 中1 13	7 12 686 中18 4	8 12 694 下3 1	8 12 694 下19 	8 12 696 上9 2	46 13 129 中3 12
新羅	主	大…問	塋	曰	威神	變	旋	廻復	十	上
豊潤	王	大…問	塋	曰	威神	變	旋	廻渡	此十	一
趙城	主	大…問	塋	言	威神	變	旋	廻復	十	一
再雕	主	○	塋	曰	威神	通	漩	廻渡	十	一
資福	王	○	嚴	言	威力	變	旋	廻復	十	上
磧砂	王	大…問	塋	言	威力	通	漩	廻渡	十	上
普寧	王	大…問	塋	曰	威神	通	旋	廻渡	十	上
永南	王	大…問	嚴	曰	威力	變	漩	廻渡	此十	一
徑山	王	大…問	嚴	曰	威神	變	旋	廻渡	此十	一
淸藏	王	大…問	嚴	曰	威神	變	漩	廻渡	此十	一

지금까지 "돈황사본" 가운데 여러 대장경과의 대교가 가능한 경전
으로서 『妙法蓮華經』 卷第二, 『妙法蓮華經』 卷第七, 『大法炬陀羅尼
經』 卷第十三, 『大方便佛報恩經』 卷第一, 『佛本行集經』 卷第十九, 『無
垢淨光大陀羅尼經』 및 신라시대의 사본인 80권본 『大方廣佛華嚴經』
(80권본 『대방광불화엄경』은 권제1∼10과 권제44∼50까지 총 17권의
잔본임) 등 총 6종 23권을 중심으로 하여 여러 대장경과 대교한 바,
제본에 나타난 문자이동은 총 310건이었다. 그리하여 이 310건의 문
자이동을 유형별로 정리하여 대장경의 "유형별 문자이동 대교표"를
작성하여 앞에 제시하였다.

이제부터는 제본에 나타난 문자이동의 유형을 분석 · 고찰하고자 한다.

제본(『돈황』 · 『신라』 · 『응현』 · 『풍윤』 · 『방산』 · 『개보』 · 『조성』 ·
『재조』 · 『자복』 · 『적사』 · 『보녕』 · 『영남』 · 『경산』 · 『청장』 · 『무구』)
에 나타난 310건의 문자이동을 종합하여 유형별로 분석하면 다음과
같다.

〈표 3〉 제본에 나타난 문자이동의 유형별 분석

1) 유형 "1[17]-A": 『조성』과 "북방계통"(『풍윤』, 또는 『방산』)이 동일하게 나타나는 문자이
동(9건)
   (1) 유형 "1-A-4": 『조성』 · 『풍윤』이 동일(6건)
   (2) 유형 "1-A-5": 『조성』에서 첨입되어 『풍윤』과 동일(3건)

2) 유형 "1-B": 유관한 계통별로 발생된 문자이동(139건)
   (1) 유형 "1-B-1": 『자복』 · 『적사』 · 『보녕』 · 『영남』 · 『경산』 · 『청장』이 동일(80건)
   (2) 유형 "1-B-①": 『돈황』 · 『자복』 · 『적사』 · 『보녕』 · 『영남』 · 『경산』 · 『청장』이 동일
(26건)
   (3) 유형 "1-B-3": 『자복』 · 『적사』가 동일(5건)
   (4) 유형 "1-B-4": 『적사』 · 『보녕』 · 『영남』 · 『경산』 · 『청장』이 동일(7건)

---

17) "유형 1-A"에서의 "1"은 제3장의 제1절을 뜻하는 것으로서 제3장 제1절인 "돈황사본"을 중심으로
살펴 본 대장경의 문자이동에서 나타난 문자이동을 의미한다. 이러한 형식의 숫자 "2, 3, 4……"는

(5) 유형 "1-B-8": 『경산』·『청장』이 동일(9건)

(6) 유형 "1-B-12": 『영남』·『경산』·『청장』이 동일(8건)

(7) 유형 "1-B-13)": 『조성』·『재조』가 동일(11건)

(8) 유형 "1-B-(13)": 『개보』·『조성』·『재조』가 동일하고, 또한 『돈황』·『적사』·『보녕』· 『영남』·『경산』·『청장』이 동일(12건)

(9) 유형 "1-B-⑬": 『조성』·『재조』가 동일하고, 『돈황』·『개보』·『적사』·『보녕』·『영남』·『경산』·『청장』이 동일(1건)

(10) 유형 "1-B-16": 『응현』·『방산』이 동일(7건)

(11) 유형 "1-B-17": 『돈황』이 하나의 계통을 이루고, 『재조』·『응현』·『방산』(또는 『재조』·『조성』·『방산』)이 다른 하나의 계통을 이루며, 『자복』·『적사』·『영남』·『경산』·『청장』이 또 다른 하나의 계통을 형성하고 있는 문자이동(4건)

(12) 유형 "1-B-18": 『돈황』이 하나의 계통을 이루고, 『개보』·『조성』·『재조』가 다른 하나의 계통을 이루며, 『적사』·『보녕』·『영남』·『경산』·『청장』이 또 다른 하나의 계통을 형성하고 있는 문자이동(1건)

(13) 유형 "1-B-19": 『무구』·『자복』이 동일(3건)

3) 유형 "1-C": 『재조』에서 발생된 문자이동(79건)

(1) 유형 "1-C-1": 『재조』만의 수정(10건)[18]

(2) 유형 "1-C-(1)": 『재조』만의 수정(2건)[19]

(3) 유형 "1-C-①": 『재조』만의 수정(14건)[20]

(4) 유형 "1-C-3)": 『재조』·『풍윤』이 동일(2건)

(5) 유형 "1-C-4": 『재조』·"남방계통"[21]이 동일(2건)

(6) 유형 "1-C-④": 『재조』·"남방계통"이 동일(22건)[22]

(7) 유형 "1-C-5": 『재조』·"여타의 본"이 동일(21건)

(8) 유형 "1-C-6": 『재조』·『돈황』이 동일(5건)

(9) 유형 "1-C-7": 『재조』·『응현』이 동일(1건)

(10) 유형 "1-C-8": 『재조』·『자복』이 동일(1건)

4) 유형 "1-D": 특정 판본에만 나타나는 문자이동(49건)

(1) 유형 "1-D-1": 『자복』만 다름(2건)

(2) 유형 "1-D-2": 『적사』만 다름(12건)

(3) 유형 "1-D-3": 『보녕』만 다름(1건)

(4) 유형 "1-D-4": 『영남』만 다름(4건)

(5) 유형 "1-D-5": 『경산』만 다름(3건)

(6) 유형 "1-D-6": 『청장』만 다름(2건)

(7) 유형 "1-D-7": 『방산』만 다름(14건)

(8) 유형 "1-D-8": 『조성』만 다름(10건)

(9) 유형 "1-D-9": 『돈황』만 다름(1건)

5) 유형 "1-F-1": 『조성』에서만 발생(수정)된 문자이동(1건)[23]

6) 유형 "1-Z": 일정한 유형을 정하지 못한 문자이동(32건)

제1절 이하의 제2절, 제3절 등의 내용에서도 同一하다.

　　제본에서 나타난 총 310건의 문자이동에 대해서 이상과 같이 정리된 문자이동의 유형[24]은 우연의 일치로 형성된 것도 있겠지만, 반드시 저본이나 유관한 계통 등의 이유로 인해 형성된 경우가 다수 존재한다. 따라서 앞에서 제시된 제본에 나타난 문자이동의 유형을 토대로 하고, 동일한 문자이동의 유형에 근거하여 유관한 계통의 판본을 분석하여 18개의 계통으로 정리하면 다음과 같다.

---

18) 유형 "1-C-1"은 『재조』에서만 독특하게 윤문 · 수정된 문자이동이다. 한편 이 문자이동에는 『재조』에서 독특하게 윤문 · 수정된 것이 아니라, 『재조』의 저본인 『개보』의 문자가 그대로 수용되어 있는 경우도 상당수 있는 것으로 판단된다.

19) 유형 "1-C-(1)"은 "1-C-1"과 같이 『재조』만의 독특한 문자이동인데, 그 문자이동의 원인이 다음과 같이 구체적으로 구명된 문자이동이다. 즉 이 유형 "1-C-(1)"은 『재조』에서 독자적으로 첨입되거나 삭제된 문자이동이다. 참고로 『재조』에서 1개의 글자가 첨입된 경우 그 행은 한 행의 표준자수인 14자보다 1자가 많은 15자로 되어 있고, 1개의 글자가 삭제된 경우에는 1행의 표준자수인 14자보다 1자가 적은 13자로 되어 있다.

20) 유형 "1-C-①"의 『재조』에서만 독특하게 윤문 · 수정된 문자이동에서의 『재조』(80권본 『대방광불화엄경』)는 『개보』를 저본으로 해서 복각된 14자본 판본이 아니라 고려의 사간본을 저본으로 해서 복각된 17자본이다. 때문에 유형 "1-C-①"의 『재조』에 나타나는 문자이동은 유형 "1-C-1"과 외면적인 명칭은 같지만 문자이동의 성격 및 원인이 상이하다. 따라서 여기에서 이 문자이동의 유형을 유형 "1-C-①"로 설정하였다.

21) 여기에서 말하는 "남방계통"은 『자복』 · 『적사』 · 『보녕』 · 『영남』 · 『경산』 · 『청장』 등의 제본을 말한다.

22) 유형 "1-C-④"의 『재조』 · "남방계통"이 동일한 문자이동에서의 『재조』(80권본 『대방광불화엄경』)는 고려의 사간본인 17자본을 저본으로 해서 복각된 판본이기 때문에 유형 "1-C-4"와 외면적인 명칭은 같지만 문자이동의 성격 및 원인이 상이하다. 따라서 여기에서 이 문자이동의 유형을 유형 "1-C-④"로 설정하였다.

23) 유형 "1-F-1"은 외형적인 면에서 유형 "1-D-8"과 동일한 유형이다. 다시 말해서 유형 "1-F-1"과 "1-D-8"은 『조성』만 다르게 나타나는 문자이동인데, 유형 "1-D-8"의 경우는 그 문자이동의 원인이 구명되지 못한 것이고, 유형 "1-F-1"은 그 문자이동의 원인이 다음과 같이 究明된 것이다.
즉 유형 "1-F-1"의 문자이동 원인은 본래 『조성』의 저본인 『개보 · 수정본』에서 이루어진 수정(첨입 · 삭제) 때문인데, 이것이 그대로 『조성』에 복각된 것이다. 『妙法蓮華經』 卷第七에서 발생된 것은 『개보 · 수정본』에서 이루어진 삭제 · 수정(삭제된 부분은 공란으로 되어 있음)이 『조성』에 그대로 복각되어 있는 것이다.

24) 본 연구에서 설정된 문자이동의 유형은 각 경전마다 대교본이 일정하지 못하고, 특정 판본과 판본의 계통 등 여러 가지 면을 참작하여 복합적으로 설정되었기 때문에 다소 일관성이 부족한 상태임을 밝혀둔다.

〈표 4〉 문자이동의 유형에 의거하여 설정된 유관한 계통의 판본

1) 『청장』·『경산』·『영남』·『보녕』·『적사』·『자복』·『재조』·『조성』·『개보』·『방산』·『풍윤』·『응현』
2) 『재조』·『조성』·『개보』·『방산』·『풍윤』·『응현』·『돈황』
3) 『재조』·『조성』·『개보』·『방산』·『풍윤』·『응현』
4) 『재조』·『조성』·『개보』
5) 『재조』·『조성』
6) 『재조』·『방산』·『응현』
7) 『방산』·『풍윤』·『응현』
8) 『청장』·『경산』·『영남』·『보녕』·『적사』·『자복』·『재조』
9) 『청장』·『경산』·『영남』·『보녕』·『적사』·『자복』
10) 『청장』·『경산』·『영남』·『보녕』·『적사』
11) 『청장』·『경산』·『영남』
12) 『청장』·『경산』
13) 『청장』·『경산』·『영남』·『보녕』·『적사』·『재조』
14) 『재조』·『조성』·『풍윤』·『신라』
15) 『청장』·『경산』·『영남』·『보녕』·『적사』·『자복』·『무구』
16) 『자복』·『무구』
17) 『재조』·『돈황』
18) 『조성』·『풍윤』

지금부터는 앞에서 살펴본 바와 같이 18개의 계통으로 정리된 유관한 계통의 판본에 대한 분석을 통해서 다음과 같은 사실을 도출해 보고자 한다.

첫째, "간본 대장경"에는 문자이동에 있어서 "돈황사본"(『돈황』)과 다른 계통의 요소가 일부 존재한다.[25]

둘째, 『재조』·『조성』·『개보』·『방산』·『풍윤』·『응현』은 문자이동에 있어서 유관한 계통이다.[26]

셋째, 『재조』·『조성』·『개보』는 문자이동에 있어서 유관한 계통이다.[27] 이른바 "중원계통"에 해당된다.

---

25) 〈표 4〉의 제1)항 및 문자이동의 유형 "1-B-17", "1-B-18", "1-D-9" 참조.

26) 〈표 4〉의 제3)항 및 문자이동의 유형 "1-B-1", "1-B-①" 참조.

27) 〈표 4〉의 제4)항 및 문자이동의 유형 "1-B-13)", "1-B-(13)" 참조.

넷째, 『방산』·『풍윤』·『응현』은 문자이동에 있어서 유관한 계통이다.[28] 이른바 "북방계통"에 해당된다.

다섯째, 『청장』·『경산』·『영남』·『보녕』·『적사』·『자복』은 문자이동에 있어서 유관한 계통이다.[29] 이른바 "남방계통"에 해당된다.

여섯째, 『돈황』("돈황사본")·『신라』(신라시대의 사본 80권본 『대방광불화엄경』)는 문자이동에 있어서 이른바 "중원·북방계통"과 유관한 계통이다.[30]

일곱째, 『무구』(1966年 한국의 경주 석가탑에서 발견된 『무구정광대다라니경』)는 문자이동에 있어서 이른바 "남방계통"과 유관한 계통이며, 특히 『자복』과 밀접한 계통이다.[31]

여덟째, 『재조』의 문자이동은 이른바 "중원계통"과 가장 밀접하다.[32] 그리고 『재조』의 문자이동에는 이른바 "중원계통", "북방계통", "남방계통"뿐만 아니라 "돈황사본"의 요소까지 모두 포함되어 있다.[33] 또한 『재조』의 독자적인 요소(문자이동)도 상당히 존재하고 있다.[34]

따라서 대장경의 문자이동에 있어서 『재조』의 계통을 논하자면, 『재조』는 기본적으로는 "중원계통"이지만 "북방계통"과 "남방계통"의 요소를 흡수 통합하였고,[35] 뿐만 아니라 "돈황사본"의 요소까지 내포하고 있으며,[36] 또한 『재조』만의 독특하고 발전된 문자이동을

---

28) <표 4>의 제7)항 및 문자이동의 유형 "1-B-16" 참조.

29) <표 4>의 제9)항 및 문자이동의 유형 "1-B-1" 참조.

30) <표 4>의 제2)·14항 및 문자이동의 유형 "1-B-1" 참조.

31) <표 4>의 제15)·16)항 및 『무구』의 문자이동 유형 "1-B-1", "1-B-19" 참조.

32) <표 4>의 제4)·5)항 및 문자이동의 유형 "1-B-13)", "1-B-(13)" 참조.

33) <표 4>의 제4)·6)·8)·17)항 및 문자이동의 유형 "1-C-3, 4, 6, 7" 참조.

34) 문자이동의 유형 "1-C-1", "1-C-(1)" 참조.

35) 문자이동의 유형 "1-B-13)", "1-B-17", "1-C-3)", "1-C-4)", "1-C-7" 참조.

지니고 있는 하나의 독자적인 계통으로 보아야 할 것이다.

3.2 『개보장』 잔본을 중심으로 살펴본 대장경의 문자이동

본 절에서는 『개보장』 잔본 가운데 여러 대장경과의 대교가 가능
한 경전총 8종 9권을 중심으로 하여 각 대장경과 대교하고, 그 대교
의 결과를 유형별로 정리하여 대장경의 "유형별 문자이동 대교표"를
작성한 다음 각 대장경에 나타난 문자이동의 유형을 분석·고찰할
것이다. 특히 『大雲經請雨品』 第六十四·『大方等大集經』 卷第四十
三, 『十誦律』 卷第四十六에 있어서는 『개보장』과 『재조장』의 구체적
인 판본 관계까지 살펴보고자 한다. 아울러 『개보장』, 『조성장』, 『재
조장』을 대조하여 대조표를 작성하여 제시하고자 한다. 이 대조표는
"중원계통"의 대장경인 『개보장』, 『조성장』, 『재조장』의 관계를 이해
하는 데 결정적인 단서가 될 것이다.

먼저 여기에서 활용된 『개보장』 잔본을 소개하면 다음과 같다.

<『개보장』 잔본의 소개>
1) 『妙法蓮華經』 卷第七(중국 고평현박물관소장)
2) 『大般若波羅蜜多經』 卷第二百六(중국 산서성박물관소장)
3) 『大雲經請雨品』 第六十四(중국 고평현박물관소장)
4) 『佛說阿惟越致遮經』 卷上(중국 국가도서관소장)
5) 『雜阿含經』 卷第三十(중국 국가도서관소장)
6) 『雜阿含經』 卷第三十九(중국 국가도서관소장)
7) 『大方等大集經』 卷第四十三(중국 상해도서관소장)
8) 『佛本行集經』 卷第十九(일본 남선사소장)
9) 『十誦律』 卷第四十六(일본 서도박물관소장)

---

36) 문자이동의 유형 "1-C-6" 참조.

위의『개보장』잔본에 대해서 아래와 같이 ①부터 ⑦까지의 항목으로 나누어 소개하면 다음과 같다.

①은『개보장』잔본 각 경전의 천자문 자호(질호), ②는 조판년, ③은 중인목기, ④는 인경공의 성명, ⑤는 각 경전 전권의 장수, ⑥은 매장(판)의 행자수, ⑦은 잔존되고 있는 장수.

1)『妙法蓮華經』卷第七

① 없음　　　　　　　　② 開寶四年(971)

③ 熙寧四年(1071)·大觀二年(1108)　　④ 周安印

⑤ 29張　　　　　　　　⑥ 23行 14字

⑦ 10張(20～29)

위의 ③에서 기술된 熙寧 四年(1071)과 大觀 二年(1108) 印記의 내용은 다음과 같다.

　　熙寧四年　印記:　熙寧辛亥(1071)歲仲秋初十日，　中書箚子奉聖旨，賜大藏經板于顯聖寺聖壽禪院印造, 提轄管勾印經院事, 演梵大師　慧敏等.

　　大觀二年 印記: 盖聞施經妙善獲三乘之惠因, 讚誦眞詮超五趣之業果, 然願普窮法界, 廣及無邊, 水陸群生, 同登覺岸. 時皇宋大觀二年歲次戊子十月 日畢. 庄主僧　福滋, 管居養院僧　福海, 庫頭僧　福深, 供養主僧　福住, 都化緣報願住持沙門　鑒巒.

2)『大般若波羅蜜多經』卷第二百六

① "秋"　　　　　　　　② 開寶五年(972)

③ 元符三年(1100)　　　　④ 陸永印

⑤ 25張　　　　　　　　⑥ 23行 14字

⑦ 15張(10~25)

위의 ③에서 기술된 元符三年(1100) 印記의 내용은 다음과 같다.

元符三年 印記: 盖聞施經妙善獲三乘之惠因, 護誦眞詮超五趣之業
果, 然願普窮法界, 廣及無邊, 水陸群生, 同登覺岸. 時皇宋元符三
(1100)年歲次庚辰八月 日慶瓚記. 庫頭僧 鑒智, 供養主僧 鑒招, 印經
當講僧 法憲, 都化緣報願住持僧 鑒巒.

3) 『大雲經請雨品』 第六十四

　① "大"　　　　　　　　　　② 開寶六年(973)

　③ 없음　　　　　　　　　　④ 隨菩

　⑤ 31張　　　　　　　　　　⑥ 23行 14字

　⑦ 27張(5~31)

4) 『佛說阿惟越致遮經』 卷上

　① "草"　　　　　　　　　　② 開寶六年(973)

　③ 熙寧四年(1071)·大觀二年(1108)　　④ 陸永

　⑤ 35張　　　　　　　　　　⑥ 23行 14字

　⑦ 35張(1~35), 제1張은 끝의 2行만이 殘存한다.

위의 ③에서 기술된 熙寧四年(1071) 印記의 내용은 앞의 『妙法蓮華
經』 卷第七의 그것과 완전히 일치한다. 그리고 大觀 二年 印記 역시
앞의 『妙法蓮華經』 卷第七의 그것과 완전히 일치한다.

5) 『雜阿含經』 卷第三十

　① "盛"　　　　　　　　　　② 開寶七年(974)

③ ?

④ ?

⑤ 27張

⑥ 23行 14字

⑦ 10張

『雜阿含經』 卷第三十에 대해서 <北京圖書館古籍善本國家標準目錄單>에는 "殘存10个殘板, 各長 10, 46.5, 30, 20, 18, 13, 20, 25, 45.7 厘米"라는 간단한 해제가 소개되어 있다. 필자의 조사에 따르면 『雜阿含經』 卷第三十은 잔권으로서 모두 10장인데, 단지 제1~3장만이 『雜阿含經』 卷第三十의 잔편이고, 제10장은 간기{"大宋開寶七年甲戌歲奉(以下缺)"}에 해당되며, 나머지 6장은 卷第三十이 아닌 다른 권차의 잔편이다.

6) 『雜阿含經』 卷第三十九

① "川"

② 開寶七年(974)

③ ?

④ ?

⑤ 28張

⑥ 23行 14字

⑦ 5張

이 『雜阿含經』 卷第三十九에 대해서 <北京圖書館古籍善本國家標準目錄單>에는 "存三板半, 各長 44, 46.5, 60, 24.5厘米"라는 해제가 알려져 있다. 그러나 필자의 조사에 의하면 실제로 남아 있는 것은 모두 5장이며, 이 5장도 단지 제1장만이 『雜阿含經』 卷第三十九의 잔편이고, 나머지 제2장~제5장은 卷第三十九가 아닌 다른 권차의 잔편이다. 이들 각 장에 대해서 자세히 기술하면 다음과 같다.

제1장은 『雜阿含經』 卷第三十九 제1장의 내용

제2장은 『雜阿含經』 卷第三十 제8장의 내용

제3장은 『雜阿含經』 卷第二十一 제2장 제1행~제13행의 내용

제4장은 『雜阿含經』 卷第四十四 제5장 제4행~제21行의 내용

제5장은 『雜阿含經』 卷第四十四 제4장 제3행~제15행의 내용

7) 『大方等大集經』 卷第四十三

    ① "有"　　　　　　　　　② 없음

    ③ 大觀二年(1108)　　　　④ 없음

    ⑤ 29張　　　　　　　　　⑥ 23行 14字

    ⑦ 首尾完整

위의 ③에서 기술된 大觀二年(1108) 印記는 앞의 『妙法蓮華經』 卷第七의 그것과 완전히 일치한다.

8) 『佛本行集經』 卷第十九

    ① "令"　　　　　　　　　② 開寶七年(974)

    ③ 熙寧四年(1071)　　　　④ 孫淸

    ⑤ 22張　　　　　　　　　⑥ 23行 14字

    ⑦ 22張, 제1張에 殘缺된 부분이 있음

위의 ③에서 기술된 熙寧四年(1071) 印記의 내용은 다음과 같은데, 앞의 『妙法蓮華經』 卷第七의 그것과는 약간의 차이를 보이고 있다.

熙寧四(1071)年印記: 熙寧辛亥(1071)歲仲秋初十日, 中書箚子奉聖
旨, 賜大藏經板于顯聖寺聖壽禪院印造, 提轄管勾印經院事, 智悟大師

9) 『十誦律』卷第四十六

① "存"　　　　　　　　② 開寶七年(974)

③ 大觀二年(1108)　　　④ 陸永

⑤ 46張　　　　　　　　⑥ 23行 14字

⑦ 首尾完整

위 ③에서 기술된 大觀二年(1108) 印記는 앞의 『妙法蓮華經』 卷第七의 그것과 완전히 일치한다.

위와 같은 『개보장』 잔본 가운데 『妙法蓮華經』 卷第七과 『佛本行集經』 卷第十九에 대한 유형별 문자이동 분석은 이미 앞의 제1절에서 진행되었기 때문에 본 절에서 이들 경전에 대한 문자이동 유형의 분석은 제외하고자 한다.

다음으로 "유형별 문자이동 대교표"에서 사용된 몇 가지 용어와 기호에 대한 설명을 하면 다음과 같다.

<"유형별 문자이동 대교표"의 설명>
1) 項次: 문자이동의 일련 순번으로서 필자가 "문자이동 대교표"
　　를 작성하면서 그 순서대로 부여된 번호인데, 대교표가 유형
　　별로 정리되면서 그 선후가 혼잡해진 상태이다.
2) 類型: 제본 사이에 나타난 문자이동의 유형
3) 冊·面·行·字: 『중화대장경』의 책, 면, 행, 자수
4) ○: 해당 문자가 공란이 없이 없는 것
5) □: 해당 문자가 공란으로 되어 있는 것
6) ?: 해당 문자의 대교가 이루어지지 못한 것

1) 『大般若波羅蜜多經』 第二百六 文字異同 對校表

『大般若波羅蜜多經』 第二百六에는 제본 사이에서
발생된 문자이동이 하나도 없는 상태이다.

2-1) 『大雲經請雨品』 第六十四 類型別 文字異同 對校表 1

項次	2	3	4	5	7	12	18	19	20	15
類型	B-4	B-4	B-4	B-4	B-4	B-4	B-4	B-4	B-4	B-20
冊 面 行 字	18 60 上19	18 60 中6 6	18 60 中16 12	18 60 中17 1	18 60 中23 4	18 62 中23 6	18 63 下10 14	18 63 下18 2	18 68 上19 9	18 62 下23 1
開寶	帳惟	耀	旆	枝	藏	姓	請	龍	畫	雷
趙城	帳惟	耀	旆	枝	藏	姓	請	龍	畫	深
再雕	帳惟	耀	旆	枝	藏	姓	請	龍	畫	雷
磧砂	惟帳	曜	栴	杪	○	性	說	諸	盡	深雷
普寧	惟帳	曜	栴	杪	○	性	說	龍	盡	深雷
永南	惟帳	曜	栴	杪	○	性	說	龍	盡	深雷
徑山	惟帳	曜	栴	杪	○	性	說	龍	盡	深雷
清藏	惟帳	曜	栴	杪	○	性	說	龍	盡	深雷

2-2) 『大雲經請雨品』 第六十四 類型別 文字異同 對校表 2

項次	14	8	17	1	6	9	10	11	16	13
類型	B-20	C-1	C-1	C-5	C-5	C-5	C-5	C-5	C-5	D-6
冊 面 行 字	18 62 下9	18 61 上5	18 63 下8 14	18 59 下6 2	18 60 中19 12	18 61 上16 3	18 61 上18 6	18 61 下13	18 63 中21 13	18 62 下4 12
開寶	奮迅	塵光	主	方	雲	雲	不	婆伽	帝	大
趙城	一切奮迅	坐光	主	方	雲	雲	不	婆伽	帝	大
再雕	奮迅	麗香	王	亦	海雲	雷	示	娑伽	章	大
磧砂	一切奮	塵光	主	亦	海雲	雷	示	娑伽	章	大
普寧	一切奮	塵光	主	亦	海雲	雷	示	娑伽	章	大
永南	一切奮	塵光	主	亦	海雲	雷	示	娑伽	章	大
徑山	一切奮	塵光	王	亦	海雲	雷	示	娑伽	章	大
清藏	一切奮	塵光	王	亦	海雲	雷	示	娑伽	章	入

項次	4	8	5	1
類型	A-1	B-15	C-1	C-5
卷	三十	四十四	三十	二十一
冊	32	33	32	32
面	991	170	991	875
行	上9	下12	下8	下3
字	10	10	2-9	2
開寶	種	非	攝持衣鉢人間遊行	勇
趙城	禪	無	攝持衣鉢人間遊行	勇
房山	禪	無	著衣持鉢餘方遊行	踊
再雕	種	無	著衣持鉢人間遊行	涌
資福	種	非	著衣持鉢餘方遊行	勇
磧砂	種	非	著衣持鉢餘方遊行	涌
普寧	種	非	著衣持鉢餘方遊行	涌
永南	種	非	著衣持鉢餘方遊行	涌
徑山	種	非	著衣持鉢餘方遊行	涌
清藏	種	非	著衣持鉢餘方遊行	涌

項次	3	7	9	2	6
類型	C-5	C-5	C-5	D-7	D-7
卷	二十一	四十四	四十四	二十一	三十
冊	32	33	33	32	32
面	875	170	170	875	992
行	下12	下11	下18	下9	下1
字	4·5	12	1·5	8	14
開寶	說記	荒	黃眼赤髮	住	不
趙城	說記	荒	黃眼赤髮	住	不
房山	記說	葉	赤眼黃髮	在	不得
再雕	記說	葉	赤眼黃髮	住	不
資福	記說	荒	黃眼赤髮	住	不
磧砂	記說	葉	赤眼黃髮	住	不
普寧	記說	葉	赤眼黃髮	住	不
永南	記說	葉	赤眼黃髮	住	不
徑山	記說	葉	赤眼黃髮	住	不
清藏	記說	葉	赤眼黃髮	住	不

4-1) 佛說阿惟越致遮經卷上 類型別 文字異同 對校表 1

項次	9	10	14	15	16	17	18	19	20	21
類型	B-1	B-1	B-1	B-1	B-1	B-1	B-1	B-1	B-1	B-1
冊	16	16	16	16	16	16	16	16	16	16
面	712	712	713	713	713	713	713	713	713	714
行	中1	中12	上12	中4	中8	下4	下10	下12	下23	上8
字	2	7	14	13	5	1	10	2	1	4
開寶	起	○不	昌	道	猶	着	覺	又○	供	幻○
再雕	起	○不	昌	道	猶	着	覺	又○	供	幻○
資福	超	逮不	唱	導	獨	著等	學	又及	恭	幻化
磧砂	超	逮不	唱	導	獨	著等	學	又及	恭	幻化
普寧	超	逮不	唱	導	獨	著等	學	又及	恭	幻化
永南	超	逮不	唱	導	獨	著等	學	又及	恭	幻化
徑山	超	逮不	唱	導	獨	著等	學	又及	恭	幻化
清藏	超	逮不	唱	導	獨	著等	學	又及	恭	幻化

4-2) 『佛說阿惟越致遮經』 卷上 類型別 文字異同 對校表 2

項次	22	24	25	26	29	30	32	33	34	35
類型	B-1	B-1	B-1	B-1	B-1	B-1	B-1	B-1	B-1	B-1
冊	16	16	16	16	16	16	16	16	16	16
面	714	714	714	714	715	715	715	715	715	715
行	中1	中10	中21	下2	上1	上11	上21	中11	中14	中19
字	14	5	5	9	12	11	13	13	11	8
開寶	敬	觀	○大	意	之	○幡	心	甚	起	想
再雕	敬	觀	○大	意	之	○幡	心	甚	起	想
資福	然	視	此大	音	○	幢幡	○	其	超	相
磧砂	然	視	此大	音	○	幢幡	○	其	超	相
普寧	然	視	此大	音	○	幢幡	○	其	超	相
永南	然	視	此大	音	○	幢幡	○	其	超	相
徑山	然	視	此大	音	○	幢幡	○	其	超	相
清藏	然	視	此大	音	○	幢幡	○	其	超	相

4-3) 『佛說阿惟越致遮經』 卷上 類型別 文字異同 對校表 3

項次	36	37	38	39	40	41	43	44	45	47
類型	B-1	B-1	B-1	B-1	B-1	B-1	B-1	B-1	B-1	B-1
冊 面 行 字	16 715 下6 6	16 715 下7 2	16 715 下8 4	16 716 上13 7-9	16 716 上21 13·14	16 716 中7 11	16 716 中11 8	16 716 下20 10·11	16 716 下23 14	16 717 上14 10
開寶	佛	城	命	有未嘗	敬恭	志	讚	說設	聞	想
再雕	佛	城	命	有未嘗	敬恭	志	讚	說設	聞	想
資福	佛法	成	令	未曾有	恭肅	悉	講	設說	問	相
磧砂	佛法	成	令	未曾有	恭肅	悉	講	設說	問	相
普寧	佛法	成	令	未曾有	恭肅	悉	講	設說	問	相
永南	佛法	成	令	未曾有	恭肅	悉	講	設說	問	相
徑山	佛法	成	令	未曾有	恭肅	悉	講	設說	問	相
淸藏	佛法	成	令	未曾有	恭肅	悉	講	設說	問	相

4-4) 『佛說阿惟越致遮經』 卷上 類型別 文字異同 對校表 4

項次	49	50	51	53	56	59	61	62	64	65
類型	B-1	B-1	B-1	B-1	B-1	B-1	B-1	B-1	B-1	B-1
冊 面 行 字	16 717 上17 6·7	16 717 中4 2	16 717 中6 1	16 717 中17 11	16 717 下7 14	16 718 上8 8	16 718 中17 11	16 718 中19 10	16 718 下12 7	16 718 下16 12
開寶	法深	道	其	故	此	今	有	禁	嘗	興
再雕	法深	道	其	故	此	今	有	禁	嘗	興
資福	深法	導	是	何故	是	令	又	業	曾	與
磧砂	深法	導	是	何故	是	令	又	業	曾	與
普寧	深法	導	是	何故	是	令	又	業	曾	與
永南	深法	導	是	何故	是	令	又	業	曾	與
徑山	深法	導	是	何故	是	令	又	業	曾	與
淸藏	深法	導	是	何故	是	令	又	業	曾	與

4-5) 『佛說阿惟越致遮經』卷上 類型別 文字異同 對校表 5

項次	66	67	69	72	73	74	78	79	82
類型	B-1	B-1	B-1	B-1	B-1	B-1	B-1	B-1	B-1
冊 面 行 字	16 718 下2 14	16 719 上4 1	16 719 下20 1-6	16 719 中14 6	16 719 中22 10	16 719 下10 10	16 720 下1 6	16 720 下1 10·11	16 721 上5 4
開寶	如	若	阿惟越致遮經	現	姓	行	非	瞋恚	元
再雕	如	若	阿惟越致遮經	現	姓	行	非	瞋恚	元
資福	好	苦	○	見	性	演	悲	恚心	○
磧砂	好	苦	○	見	性	演	悲	恚心	○
普寧	好	苦	○	見	性	演	悲	恚心	○
永南	好	苦	○	見	性	演	悲	恚心	○
徑山	好	苦	○	見	性	演	悲	恚心	○
淸藏	好	苦	○	見	性	演	悲	恚心	○

4-6) 『佛說阿惟越致遮經』卷上 類型別 文字異同 類型別 對校表 6

項次	83	84	85	90	91	95	97	98	100
類型	B-1	B-1	B-1	B-1	B-1	B-1	B-1	B-1	B-1
冊 面 行 字	16 721 上11 12	16 721 上3 10	16 721 上4 14	16 721 下13 4	16 721 下15 8	16 722 中4 6	16 722 中21 12·13	16 722 中23 4	16 722 下14 5
開寶	相	著	身	隘	滅	矇	脫門	常	求
再雕	相	著	身	隘	滅	矇	脫門	常	求
資福	想	者	耳	厄	義	朦	三解脫門定意	當	○
磧砂	想	者	耳	厄	義	朦	三解脫門定意	當	○
普寧	想	者	耳	厄	義	朦	三解脫門定意	當	○
永南	想	者	耳	厄	義	朦	三解脫門定意	當	○
徑山	想	者	耳	厄	義	朦	三解脫門定意	當	○
淸藏	想	者	耳	厄	義	朦	三解脫門定意	當	○

4-7)『佛說阿惟越致遮經』卷上 類型別 文字異同 對校表 7

項次	31	23	58	60	75	76	77	87	101
類型	B-4	B-4	B-4	B-4	B-4	B-4	B-4	B-4	B-4
冊 面 行 字	16 715 上13 14	16 714 中5 11	16 717 下20 6	16 718 中3 9	16 719 下18 14	16 720 中8 7	16 720 中22 5·6	16 721 中19 7	16 722 下17 5
開寶	籠	方	常	其	无	超	道邊	流	返
再雕	籠	方	常	其	无	超	道邊	流	返
資福	籠	方	常	○	无	超	邊	流	返
磧砂	權	方諸佛	嘗	是	非	起	道	法	來
普寧	權	方諸佛	嘗	是	非	起	道	法	來
永南	權	方諸佛	嘗	是	非	起	道	法	來
徑山	權	方諸佛	嘗	是	非	起	道	法	來
淸藏	權	方諸佛	嘗	是	非	起	道	法	來

4-8)『佛說阿惟越致遮經』卷上 類型別 文字異同 對校表 8

項次	103	55	13	28	52	12	63
類型	B-4	B-6	B-8	B-8	B-8	C-(1)	C-(1)
冊 面 行 字	16 723 上11 14	16 717 下5 8	16 713 上9 14	16 714 下19 2	16 717 中9 1-6	16 712 下21 3·4	16 718 下1 10
開寶	思	少	于	踊	阿惟越致遮經	以	○
再雕	思	少	于	踊	阿惟越致遮經	以斯	謂
資福	思	少	于	踊	阿惟越致遮經	此以	則
磧砂	可	小	于	踊	阿惟越致遮經	此以	則
普寧	可	小	于	踊	阿惟越致遮經	此以	則
永南	可	小	于	踊	阿惟越致遮經	此以	則
徑山	可	少	子	涌	○	此以	則
淸藏	可	少	子	涌	○	此以	則

4-9) 『佛說阿惟越致遮經』 卷上 類型別 文字異同 對校表 9

項次	89	11	27	46	68	88	92	93	94
類型	C-(1)	C-1	C-1	C-1	C-1	C-1	C-1	C-1	C-1
冊 面 行 字	16 721 下7 2	16 712 中23 7	16 714 下15 11	16 717 上10 10	16 719 上18 11	16 721 中23 1	16 721 下20 5	16 721 下20 14	16 722 上15 11
開寶	○	狂	特	者	現	尊	將	生	所
再雕	不	枉	持	音	視	遵	持	想	不
資福	弗	狂	特	者	現	尊	將	相	所
磧砂	弗	抵	特	者	現	尊	將	相	所
普寧	弗	抵	特	者	現	尊	將	相	所
永南	弗	抵	特	者	現	尊	將	相	所
徑山	弗	抵	特	者	現	尊	將	相	所
淸藏	弗	抵	特	者	現	尊	將	相	所

4-10) 『佛說阿惟越致遮經』 卷上 類型別 文字異同 類型別 對校表 10

項次	99	102	104	105	70	86
類型	C-1	C-1	C-1	C-1	C-8	C-8
冊 面 行 字	16 722 下5 8	16 722 下23 13	16 723 上17 3	16 723 上22 15	16 719 中6 5	16 721 中9 1-10
開寶	心	勸	如	等	衍說	是謂爲八等 不着一切響
再雕	上	動	而	德	演說	不着一切響 是謂爲八等
資福	心	勸	如	等	演說	不着一切響 是謂爲八等
磧砂	心	勸	如	等	演○	是謂爲八等 不着一切響
普寧	心	勸	如	等	演○	是謂爲八等 不着一切響
永南	心	勸	如	等	演○	是謂爲八等 不着一切響
徑山	心	勸	如	等	演○	是謂爲八等 不着一切響
淸藏	心	勸	如	等	演○	是謂爲八等 不着一切響

4-11) 『佛說阿惟越致遮經』 卷上 類型別 文字異同 對校表 11

項次	71	81	48	96	80	54	106	42
類型	C-8	C-8	D-1	D-2	D-4	D-5	H	Z
冊	16	16	16	16	16	16	16	16
面	719	720	717	722	720	717	723	716
行	中10	下23	上15	中8	下3	中23	中3	中8
字	1·2	6	14	14	7	9	2	11·12
開寶	善住	往	往	明	刀	所	"分卷"	元元
再雕	菩薩	住	往	明	刀	所	"分卷"	元元
資福	菩薩	住	法	明	刀	所	"不分卷"	無量
磧砂	善住	往	往	開	刀	所	"不分卷"	元元
普寧	善住	往	往	明	刀	所	"不分卷"	元元
永南	善住	往	往	明	刃	所	"不分卷"	元元
徑山	善住	往	往	明	刀	以	"不分卷"	無量
清藏	善住	往	往	明	刀	所	"不分卷"	無量

5-1) 『大方等大集經』 卷第四十三 類型別 文字異同 對校表 1

項次	13	1	4	5	7	8	9	11	12
類型	B-20	C-1	C-1	C-1	C-1	C-1	C-1	C-1	C-1
冊	10	10	10	10	10	10	10	10	10
面	521	516	517	519	521	521	521	521	523
行	中9	中7	下8	上19	上10	上15	上19	中16	中10
字	7	6	11	14	4		12	5	9
開寶	遍○	王	家	共	持	日日	禪	德	觀
趙城	遍滿	王	家	共	持	日日	禪	福得	觀
再雕	遍○	主	寂	歸	於	習	種	福德	親

5-2) 『大方等大集經』 卷第四十三 類型別 文字異同 對校表 2

項次	2	3	6	10
類型	C-5	C-5	C-5	C-5
冊	10	10	10	10
面	516	516	520	521
行	中9	下10	上8	中10
字	13	1	10	14
開寶	護	守○	皆	○空
趙城	諸	守護	不	虛空
再雕	諸	守護	不	虛空

『開寶』・『趙城』・『再雕』의 『大方等大集經』 卷第四十三이 『房山』・『資福』・『磧砂』・『普寧』・『永南』・『徑山』・『清藏』 등에서는 『大集日藏經』에 속해 있어 대교가 불가능한 상태이다(『中華大藏經』 10冊, p.442).

6-1)『十誦律』卷第四十六 類型別 文字異同 對校表 1

項次	97	4	7	8	10	18	21	22
類型	B-12	B-20)	B-20)	B-20)	B-20)	B-20)	B-20)	B-20)
冊 面 行 字	37 868 中12	37 858 中2 2	37 858 中19 6	37 858 下22 夾註	37 859 中1 4	37 860 中13-14	37 860 下5 5	37 860 下14 2
開寶	遠去	來	好	竟	諸	此衣…敎言	屬[正字]	作
再雕	遠去	來	好	竟	諸	此衣…敎言	屬[俗字]	作
資福	遠去	○	○	○	○	○	○	○
磧砂	遠去	○	○	○	○	○	○	○
普寧	遠去	○	○	○	○	○	○	○
永南	速去	○	○	○	○	○	○	○
徑山	速去	○	○	○	○	○	○	○
淸藏	速去	○	○	○	○	○	○	○

6-2)『十誦律』卷第四十六 類型別 文字異同 對校表 2

項次	49	50	42	43	44	45
類型	B-20)	B-20)	B-20)	B-20)	B-20)	B-20)
冊 面 行 字	37 862 上3-4	37 862 上21	37 861 下20	37 862 中4	37 862 下10	37 863 上21
開寶	某甲名某甲		和上尼名甲某			
再雕	某甲名某甲		和上尼名甲某			
資福	○		和上尼○甲某			
磧砂	○	左同	和尙尼○甲某	左同	左同	左同
普寧	○		和上尼○甲某			
永南	○		和上尼○甲某			
徑山	○		和上尼○甲某			
淸藏	○		和上尼○甲某			

6-3) 『十誦律』 卷第四十六 類型別 文字異同 對校表 3

項次	51	52	54	55
類型	B-20)	B-20)	B-20)	B-20)
冊 面 行 字	37 862 上5 3	37 862 中1	37 862 上6	37 862 上23
開寶	乞屬和上尼		諸比丘尼僧忍	
再雕	乞屬和上尼		諸比丘尼僧忍	
資福	○屬和上尼	左同	諸○○尼僧忍	左同
磧砂	○屬和尙尼		諸○○尼僧忍	
普寧	○屬和上尼		諸○○尼僧忍	
永南	○屬和上尼		諸○○尼僧忍	
徑山	○屬和上尼		諸○○尼僧忍	
清藏	○屬和上尼		諸○○尼僧忍	

6-4) 『十誦律』 卷第四十六 類型別 文字異同 對校表 4

項次	60	63	64	67	68
類型	B-20)	B-20)	B-20)	B-20)	B-20)
冊 面 行 字	37 862 上14	37 862 中5 夾註右14	37 862 中5 夾註左3	37 862 下17	37 863 上14
開寶	某甲是中誰	如	作	今從衆僧中乞	
再雕	某甲是中誰	如	作	今從衆僧中乞	
資福	某甲○○誰	○	○	今從○僧○乞	
磧砂	某甲○○誰	○	○	今從○僧○乞	
普寧	某甲○○誰	○	○	今從○僧○乞	左同
永南	某甲○○誰	○	○	今從○僧○乞	
徑山	某甲○○誰	○	○	今從○僧○乞	
藏	某甲○○誰	○	○	今從○僧○乞	

6-5) 『十誦律』卷第四十六 類型別 文字異同 對校表 5

項次	74	90	91	95	102	113	115
類型	B-20)	B-20)	B-20)	B-20)	B-20)	B-20)	B-20)
冊 面 行 字	37 863 下15	37 862 中10	37 866 中16 8	37 868 上13 12	37 868 中8 1	37 872 上3 1	37 872 中13 5
開寶	底	呵責已	諸比丘	作	隨隨	是	不求三事
再雕	底	呵責已	諸比丘	作	隨隨	是	不求三事
資福	○	呵○已	○比丘	○	○隨	○	不求○事
磧砂	○	呵○已	○比丘	○	○隨	○	不求○事
普寧	○	呵○已	○比丘	○	○隨	○	不求○事
永南	○	呵○已	○比丘	○	○隨	○	不求○事
徑山	○	呵○已	○比丘	○	○隨	○	不求○事
清藏	○	呵○已	○比丘	○	○隨	○	不求○事

6-6) 『十誦律』卷第四十六 類型別 文字異同 對校表 6

項次	5	23	27	30	73	75
類型	B-20)	B-20)	B-20)	B-20)	B-20)	B-20)
冊 面 行 字	37 858 中6	37 861 上10 夾註	37 861 上14	37 861 上16 14	37 863 下15	37 863 下7
開寶	鉢衣	問言	汝是女不是人不	不	和提	腐葉
再雕	鉢衣	問言	汝是女不是人不	不	和提	腐葉
資福	衣鉢	問也	汝是人不是女不	非	波提	腐爛
磧砂	衣鉢	問也	汝是人不是女不	非	波提	腐爛
普寧	衣鉢	問也	汝是人不是女不	非	波提	腐爛
永南	衣鉢	問也	汝是人不是女不	非	波提	腐爛
徑山	衣鉢	問也	汝是人不是女不	非	波提	腐爛
清藏	衣鉢	問也	汝是人不是女不	非	波提	腐爛

6-7)『十誦律』卷第四十六 類型別 文字異同 對校表 7

項次	79	84	85	92	96	104	106
類型	B-20)	B-20)	B-20)	B-20)	B-20)	B-20)	B-20)
冊 面 行 字	37 864 上1 9	37 865 上17	37 865 中6 6	37 867 上1	37 868 上15	37 869 上7	37 870 上7
開寶	一葆縷	具戒	婢	故處	遠去	誦讀	弊惡
再雕	一葆縷	具戒	婢	故處	遠去	誦讀	蔽惡
資福	一條線	具足	婦	處故	速去	讀誦	弊惡
磧砂	一條線	具足	婦	處故	速去	讀誦	弊惡
普寧	一條線	具足	婦	處故	速去	讀誦	弊惡
永南	一條線	具足	婦	處故	速去	讀誦	弊惡
徑山	一條線	具足	婦	處故	速去	讀誦	弊惡
清藏	一條線	具足	婦	處故	速去	讀誦	弊惡

6-8)『十誦律』卷第四十六 類型別 文字異同 對校表 8

項次	69	76
類型	B-20)	B-20)
冊 面 行 字	37 863 中5	37 863 下9
開寶	多陁阿竭阿羅阿三耶三佛○	多陁阿竭阿羅阿三耶三佛○
再雕	多陁阿竭阿羅阿三耶三佛○	多陁阿竭阿羅阿三耶三佛○
資福	多陁阿伽度阿羅阿三耶三佛陁	多陁阿伽度阿羅阿三藐三佛陁
磧砂	多陁阿伽度阿羅阿三藐三佛陁	多陁阿伽度阿羅阿三藐三佛陁
普寧	多陁阿伽度阿羅阿三藐三佛陁	多陁阿伽度阿羅阿三藐三佛陁
永南	多陁阿伽度阿羅阿三藐三佛陁	多陁阿伽度阿羅阿三藐三佛陁
徑山	多陁阿伽度阿羅阿三藐三佛陁	多陁阿伽度阿羅阿三藐三佛陁
清藏	多陁阿伽度阿羅阿三藐三佛陁	多陁阿伽度阿羅阿三藐三佛陁

6-9) 『十誦律』 卷第四十六 類型別 文字異同 對校表 9

項次	6	11	15	28	33
類型	B-20)	B-20)	B-20)	B-20)	B-20)
冊 面 行 字	37 858 中12 夾註	37 859 下4	37 860 上18	37 861 上15 9	37 861 上20 7
開寶	○	○○度二者不犯	敎○人人	女○不	破○得
再雕	○	○○度二者不犯	敎○人人	女○不	破○得
資福	竟	二歲度一者不犯	敎令人人	女人不	破壞得
磧砂	竟	二歲度一者不犯	敎令人人	女人不	破壞得
普寧	竟	二歲度一者不犯	敎令人人	女人不	破壞得
永南	竟	二歲度一者不犯	敎令人人	女人不	破壞得
徑山	竟	二歲度一者不犯	敎令人人	女人不	破壞得
淸藏	竟	二歲度一者不犯	敎令人人	女人不	破壞得

6-10) 『十誦律』 卷第四十六 類型別 文字異同 對校表 10

項次	65	71	89	99	109
類型	B-20)	B-20)	B-20)	B-20)	B-20)
冊 面 行 字	37 862 中6 夾註左3	37 863 中13 3	37 866 中4 5	37 868 中3	37 870 下12 13
開寶	戒○	汝○	○肩	呵○巳語	具○
再雕	戒○	汝○	○肩	呵○巳語	具○
資福	戒也	汝能	右肩	呵責巳語	具足
磧砂	戒也	汝能	右肩	呵責巳語	具足
普寧	戒也	汝能	右肩	呵責巳語	具足
永南	戒也	汝能	右肩	呵責巳語	具足
徑山	戒也	汝能	右肩	呵責巳語	具足
淸藏	戒也	汝能	右肩	呵責巳語	具足

6-11) 『十誦律』卷第四十六 類型別 文字異同 對校表 11

項次	59	70	77	103
類型	B-(20)	B-(20)	B-(20)	B-(20)
冊 面 行 字	37 862 上15 9	37 863 中7 15	37 863 下10 14,15	37 869 上1 10
開寶	乞屬和上尼	受戒行比丘尼法	比丘尼得三衣止八墮法	墮不囑他墮
再雕	乞屬和上尼	受戒行比丘尼法	比丘尼得三衣止八墮法	墮不囑他墮
資福	?	受戒○比丘尼法	比丘尼○○衣止八墮法	墮不囑○墮
磧砂	○屬和尙尼	受戒○比丘尼法	比丘尼○○衣止八墮法	墮不囑○墮
普寧	?	受戒○比丘尼法	比丘尼○○衣止八墮法	墮不囑○墮
永南	?	受戒○比丘尼法	比丘尼○○衣止八墮法	墮不囑○墮
徑山	?	受戒○比丘尼法	比丘尼○○衣止八墮法	墮不囑○墮
淸藏	?	受戒○比丘尼法	比丘尼○○衣止八墮法	墮不囑○墮

6-12) 『十誦律』卷第四十六 類型別 文字異同 對校表 12

項次	9	29	31	37	72	78	93	100	101
類型	C-1	C-1	C-1	C-1	C-1	C-1	C-1	C-1	C-1
冊 面 行 字	37 859 上13	37 861 上16 8	37 861 下3 14	37 861 下15 4	37 863 中16 1	37 863 下20 2	37 867 上22 6	37 868 中5 10	37 868 中5 13
開寶	教我	帶下病	非	默然	根	相	停	波逸提	
再雕	語我	癖下病	不	嘿然	相	想	厚	波夜提	左同 以後 數十 餘次 重出 不錄
資福	教我	帶下病	非	默然	根	相	停	?	
磧砂	教我	帶下病	非	默然	根	相	停	波逸提	
普寧	教我	帶下病	非	默然	根	相	停	?	
永南	教我	帶下病	非	默然	根	相	停	?	
徑山	教我	帶下病	非	默然	根	相	停	?	
淸藏	教我	帶下病	非	默然	根	相	停	?	

6–13) 『十誦律』 卷第四十六 類型別 文字異同 對校表 13

項次	25	46
類型	C-(1)	C-1
冊 面 行 字	37 861 上12 7,8	37 861　　862 下23 - 上1
開寶	○	欲從某甲和上尼受具足戒
再雕	我今	欲從和上尼某甲受具足戒
資福	○	從和上尼某甲欲受具○戒
磧砂	○	從和尙尼某甲欲受具○戒
普寧	○	從和上尼某甲欲受具○戒
永南	○	從和上尼某甲欲受具○戒
徑山	○	從和上尼某甲欲受具○戒
清藏	○	從和上尼某甲欲受具○戒

6–14) 『十誦律』 卷第四十六 類型別 文字異同 對校表 14

項次	47	48	66
類型	C-1	C-1	C-1
冊 面 行 字	37 862 上9-10	37 862 上18-19	37 862 中16 1-4
開寶	欲從某甲和上尼欲受具足戒	欲從某甲和上尼受具足戒	今○僧中乞
再雕	欲從和上尼某甲受具足戒	欲從和上尼某甲受具足戒	今從僧○乞
資福	從和上尼某甲欲受具足戒	從和上尼某甲欲受具足戒	今從僧中乞
磧砂	從和尙尼某甲欲受具足戒	從和尙尼某甲欲受具足戒	今從僧中乞
普寧	從和上尼某甲欲受具足戒	從和上尼某甲欲受具足戒	今從僧中乞
永南	從和上尼某甲欲受具足戒	從和上尼某甲欲受具足戒	今從僧中乞
徑山	從和上尼某甲欲受具足戒	從和上尼某甲欲受具足戒	今從僧中乞
清藏	從和上尼某甲欲受具足戒	從和上尼某甲欲受具足戒	今從僧中乞

6-15) 『十誦律』卷第四十六 類型別 文字異同 對校表 15

項次	13
類型	C-1)
冊 面 行 字	37 859 下17 11
開寶	食已〔還到祇洹／林僧坊〕持戶鉤
再雕	食已○到祇洹持戶鉤
資福	食已還到祇洹持戶鉤
磧砂	食已還到祇洹持戶鉤
普寧	食已還到祇洹持戶鉤
永南	食已還到祇洹持戶鉤
徑山	食已還到祇洹持戶鉤
淸藏	食已還到祇洹持戶鉤

6-16) 『十誦律』卷第四十六 類型別 文字異同 對校表 16

項次	19
類型	C-1)
冊 面 行 字	37 860 中13-15
開寶	問言此衣覆肩衣受〔是汝有不答言是應敎言此／衣覆肩衣受長四肘廣一肘〕半
再雕	敎言此衣覆肩衣受是是汝有不答言是應敎言此衣覆肩衣受長四肘廣二肘半
資福	敎言此衣覆肩衣受長四肘廣二肘半
磧砂	敎言此衣覆肩衣受長四肘廣二肘半
普寧	敎言此衣覆肩衣受長四肘廣二肘半
永南	敎言此衣覆肩衣受長四肘廣二肘半
徑山	敎言此衣覆肩衣受長四肘廣二肘半
淸藏	敎言此衣覆肩衣受長四肘廣二肘半

6-17) 『十誦律』 卷第四十六 類型別 文字異同 對校表 17

項次	24
類型	C-1)
冊 面 行 字	37 861 上11-12
開寶	實語時後尼僧中亦如是□□問汝
再雕	實語時後尼僧中亦如是我今問汝
資福	?
磧砂	實語時後尼僧中亦如是○○問汝
普寧	?
永南	?
徑山	?
清藏	?

6-18) 『十誦律』 卷第四十六 類型別 文字異同 對校表 18

項次	26
類型	C-1)
冊 面 行 字	37 861 上13-14
開寶	當言不實我今問汝汝是女不是人不
再雕	當言不實我今問汝汝是女不是人不
資福	當言不實我今問汝汝是人不是女不
磧砂	當言不實我今問汝汝是人不是女不
普寧	當言不實我今問汝汝是人不是女不
永南	當言不實我今問汝汝是人不是女不
徑山	當言不實我今問汝汝是人不是女不
清	當言不實我今問汝汝是人不是女不

6-19)『十誦律』卷第四十六 類型別 文字異同 對校表 19

項次	98
類型	C-1)
冊 面 行 字	37 868 中1-3
開寶	世尊佛 以種種因緣阿責言云何名比丘 尼僧分衣不隨順種種因緣阿巳語
再雕	世尊佛以種種因緣呵責言云何名比丘尼僧分衣不隨順種種因緣呵〇巳語
資福	?
磧砂	世尊佛以種種因緣呵責言云何名比丘尼僧分衣不隨順種種因緣呵責巳語
普寧	?
永南	?
徑山	?
清藏	?

6-20)『十誦律』卷第四十六 類型別 文字異同 對校表 20

項次	110
類型	C-1)
冊 面 行 字	37 871 下13-15
開寶	世尊佛 以種種因緣阿責言云何名比丘尼 捉盖入白衣家舍種種因緣阿巳 語
再雕	世尊佛以種種因緣呵責言云何名比丘尼捉盖入白衣家舍種種因緣呵巳語
資福	世尊佛以種種因緣呵巳語
磧砂	世尊佛以種種因緣呵巳語
普寧	世尊佛以種種因緣呵巳語
永南	世尊佛以種種因緣呵巳語
徑山	世尊佛以種種因緣呵巳語
清藏	世尊佛以種種因緣呵巳語

6-21) 『十誦律』卷第四十六 類型別 文字異同 對校表 21

項次	32	34	39	40	41	56	57	58
類型	C-(1)	C-(1)	C-(1)	C-(1)	C-(1)	C-(1)	C-(1)	C-(1)
冊 面 行 字	37 861 上18 15	37 861 下7 7	37 861 下20	37 862 下13	37 862 下15	37 862 上8 2	37 863 上2 6	37 863 上12 1
開寶	○	破壞得	○			便說		
再雕	有	破○得	名某甲			○說		
資福	○	破壞得	○			便說		
磧砂	○	破壞得	○	左同	左同	便說	左同	左同
普寧	○	破壞得	○			便說		
永南	○	破壞得	○			便說		
徑山	○	破壞得	○			便說		
淸藏	○	破壞得	○			便說		

6-22) 『十誦律』卷第四十六 類型別 文字異同 對校表 22

項次	61	62	80	81	83	94	107	112
類型	C-(1)	C-(1)	C-(1)	C-(1)	C-(1)	C-(1)	C-(1)	C-(1)
冊 面 行 字	37 862 上17 4	37 862 中3 1	37 864 下22 3,4	37 865 上6 9	37 865 上14 5	37 867 上23 7	37 870 中19 3	37 872 上1 7
開寶	說竟		○	○	○	○	○	○
再雕	○竟		不捨	道	等	還	輒	知
資福	說竟		○	○	○	○	○	○
磧砂	說竟	左同	○	○	○	○	○	○
普寧	說竟		○	○	○	○	○	○
永南	說竟		○	○	○	○	○	○
徑山	說竟		○	○	○	○	○	○
淸藏	說竟		○	○	○	○	○	○

6-23) 『十誦律』卷第四十六 類型別 文字異同 對校表 23

項次	14	16
類型	C-4	C-4
冊 面 行 字	37 860 上16-17	37 860 中11-12
開寶	受佛言受具足法者比丘尼初來	僧縵是鬱多羅僧縵依受持
再雕	受佛言受具足法者比丘尼初來	僧縵是鬱多羅僧縵衣受持
資福	?	?
磧砂	受佛言受具足法者比丘尼初來	僧縵是鬱多羅僧縵衣受持
普寧	?	?
永南	?	?
徑山	?	?
清藏	?	?

6-24) 『十誦律』卷第四十六 類型別 文字異同 對校表 24

項次	36
類型	C-4
冊 面 行 字	37 861 中11-12
開寶	和上尼羯磨和上尼某甲僧當與我作乞屬和上尼羯磨和上尼某甲憐愍
再雕	和上尼羯磨和上尼甲某僧當與我作乞屬和上尼羯磨和上尼某甲憐愍
資福	?
磧砂	和上尼羯磨和尚尼甲某僧當與我作乞屬和上尼羯磨和上尼某甲憐愍
普寧	?
永南	?
徑山	?
清藏	?

6-25) 『十誦律』 卷第四十六 類型別 文字異同 對校表 25

項次	38	82
類型	C-4	C-4
冊 面 行 字	37 861 下15	37 865 上6 13-14
開寶	應^{默然卽}語彼□ 言	白蓮華 在水中日日增 長
再雕	應嘿然卽語言	白蓮華在水中日日增長
資福	?	?
磧砂	應嘿然卽語言	白蓮華在水中日日增長
普寧	?	?
永南	?	?
徑山	?	?
淸藏	?	?

6-26) 『十誦律』 卷第四十六 類型別 文字異同 對校表 26

項次	105	17	53	114
類型	C-4	C-4	C-4	C-4
冊 面 行 字	37 869 中9	37 860 中13 4,5	37 862 上6 1,2	37 872 中13 2
開寶	阿毗曇 敎白衣讀誦種 種呪術	問言	某甲是中誰	○
再雕	阿毗曇敎白衣讀誦種種呪術	敎言	某甲○○誰	隨
資福	阿毗曇敎白衣讀誦種種呪術	敎言	?	?
磧砂	阿毗曇敎白衣讀誦種種呪術	敎言	某甲○○誰	隨
普寧	阿毗曇敎白衣讀誦種種呪術	敎言	?	?
永南	阿毗曇敎白衣讀誦種種呪術	敎言	?	?
徑山	阿毗曇敎白衣讀誦種種呪術	敎言	?	?
淸藏	阿毗曇敎白衣讀誦種種呪術	敎言	?	?

6-27) 『十誦律』卷第四十六 類型別 文字異同 對校表 27

項次	20	35	86	87	108	111
類型	C-5	C-5	C-5	C-5	D-1	D-1
冊 面 行 字	37 860 中15	37 861 上22	37 865 下2 8	37 865 下2 12	37 870 下8 夾註	37 871 下21 夾註
開寶	一肘	消盡病	足桀 手		竟	一百四十八事竟
再雕	二肘	痟盡病	攃手		竟	一百四十八事竟
資福	一肘	消盡病	足桀 手		○	一百四十八○竟
磧砂	二肘	痟盡病	礦手	左同	竟	一百四十八事竟
普寧	一肘	痟盡病	礦手		竟	一百四十八事竟
永南	二肘	痟盡病	礦手		竟	一百四十八事竟
徑山	二肘	痟盡病	礦手		竟	一百四十八事竟
清藏	二肘	痟盡病	礦手		竟	一百四十八事竟

6-28) 『十誦律』卷第四十六 類型別 文字異同 對校表 28

項次	1	3	2
類型	H	H	H
冊 面 行 字	37 858 上1	37 858 上3	37 858 上2
開寶	十誦律卷第四十六	尼律第五 七誦之五	(譯者名)
再雕	十誦律卷第四十六 第七誦之五	百七十八單提法之三	(譯者名)
資福	十誦律卷第四十五	第七誦之四	(譯者名)
磧砂	○(未換卷)	○	(○)
普寧	○(未換卷)	○	(○)
永南	○(未換卷)	○	(○)
徑山	○(未換卷)	○	(○)
清藏	○(未換卷)	○	(○)

6-29) 『十誦律』 卷第四十六 類型別 文字異同 對校表 29

項次	12	88	116
類型	H	H	H
冊 面 行 字	37 859 下4	37 866 上17行과 18行 사이	37 872 下25
開寶	○(未換卷)	○(未換卷)	十誦律卷第四十六
再雕	○(未換卷)	○(未換卷)	十誦律卷第四十六
資福	○(未換卷)	○(未換卷)	十誦律卷第四十五
磧砂	第四十五 第七誦之四	○(未換卷)	十誦律卷第四十五
普寧	第四十五 第七誦之四	○(未換卷)	十誦律卷第四十五
永南	第四十五 第七誦之四	○(未換卷)	十誦律卷第四十五
徑山	第四十八 第七誦之四	卷第四十八終(換卷)卷第四十九始	十誦律卷第四十九
清藏	第四十八 第七誦之四	卷第四十八終(換卷)卷第四十九始	十誦律卷第四十九

지금까지 『개보장』 잔본 가운데 여러 대장경과의 대교가 가능한 경전으로서 『大般若波羅蜜多經』 卷第二百六, 『大雲經請雨品』 第六十四, 『佛說阿惟越致遮經』 卷上, 『雜阿含經』 卷第三十, 『雜阿含經』 卷第三十九, 『大方等大集經』 卷第四十三, 『十誦律』 卷第四十六 등 총 8종 9권을 중심으로 하여 여러 대장경과 대교한 바, 제본에서 나타난 문자이동은 총 257건이었다. 그리하여 이 257건의 문자이동을 유형별로 정리하여 대장경의 "유형별 문자이동 대교표"를 작성하여 앞에 제시하였다.

이제부터는 제본에 나타난 문자이동의 유형을 분석·고찰하고자 한다.

제본(『개보』·『조성』·『방산』·『재조』·『자복』·『적사』·『보녕』·
『영남』·『경산』·『청장』)에 나타난 257건의 문자이동을 종합하여 유
형별로 분석하면 다음과 같다.

<표 5> 제본에 나타난 문자이동의 유형별 분석

1) 유형 "2[37])-A-1": 『조성』에서 윤문되어 『방산』과 동일(1건)
2) 유형 "2-B": 유관한 계통별로 발생된 문자이동(145건)
   (1) 유형 "2-B-1": 『자복』·『적사』·『보녕』·『영남』·『경산』·『청장』이 동일(59건)
   (2) 유형 "2-B-4": 『적사』·『보녕』·『영남』·『경산』·『청장』이 동일(19건)
   (3) 유형 "2-B-6": 『적사』·『보녕』·『영남』이 동일(1건)
   (4) 유형 "2-B-8": 『경산』·『청장』이 동일(3건)
   (5) 유형 "2-B-12": 『영남』·『경산』·『청장』이 동일(1건)
   (6) 유형 "2-B-15": 『조성』·『방山』·『재조』가 동일(1건)
   (7) 유형 "2-B-20": 『재조』·『개보·초본』이 동일(3건)[38]
   (8) 유형 "2-B-20)": 『재조』·『개보』가 동일(54건)[39]
   (9) 유형 "2-B-(20)": 『재조』·『개보·수정본』이 동일(4건)[40]
3) 유형 "2-C": 『재조』에서 발생된 문자이동(93건)
   (1) 유형 "2-C-1": 『재조』만의 독특한 문자이동(36건)
   (2) 유형 "2-C-1)": 『재조』만의 독특한 문자이동(6건)[41]
   (3) 유형 "2-C-(1)": 『재조』만의 독특한 문자이동(20건)[42]
   (4) 유형 "2-C-4": 『재조』·『자복』·『적사』·『보녕』·『영남』·『경산』·『청장』이 동일(9건)
   (5) 유형 "2-C-5": 『재조』·"여타의 본"이 동일(18건)
   (6) 유형 "2-C-8": 『재조』·『자복』이 동일(4건)
4) 유형 "2-D": 특정 판본에만 나타나는 문자이동(10건)
   (1) 유형 "2-D-1": 『자복』만 다름(4건)
   (2) 유형 "2-D-2": 『적사』만 다름(1건)
   (3) 유형 "2-D-4": 『영남』만 다름(1건)
   (4) 유형 "2-D-5": 『경산』만 다름(1건)
   (5) 유형 "2-D-6": 『청장』만 다름(1건)
   (6) 유형 "2-D-7": 『방산』만 다름(2건)
5) 유형 "2-H": 계통과 저본의 상이함으로 인한 편제의 이동(7건)
6) 유형 "2-Z": 일정한 유형을 정하지 못한 문자이동(1건)

---

37) "유형 2"에서의 "2"는 제3장의 제2절을 의미한다.

38) 유형 "2-B-20"은 『개보』, 『조성』, 『재조』 가운데 『개보』·『재조』가 동일한 문자이동으로서 『大雲
經請雨品』 第六十四와 『大方等大集經』 卷第四十三에서 발생된 것이다. 주지하듯이 『조성』은 이른
바 『개보장』 수정본의 복각본이다. 그런데 이 유형 "2-B-20"은 『조성』의 문자이동이 『개보』·『재
조』와 다른 경우이다. 다시 말해서 『大雲經請雨品』 第六十四와 『大方等大集經』 卷第四十三에서 『
조성』의 문자이동이 『개보』와 다른 것은 이 『개보』가 『조성』의 저본인 『개보장』 수정본이 아니라

앞에서 제시된 총 257건의 문자이동에 대한 문자이동의 유형을 토대로 한 다음 동일한 문자이동의 유형에 근거하여 유관한 계통의 판본을 분석하여 15개의 계통으로 정리하면 다음과 같다.

그 초본인『개보·초본』이기 때문에 나타난 현상이다. 따라서 이『大雲經請雨品』第六十四와『大方等大集經』卷第四十三에서의『개보』는『개보·초본』이 되는 셈이다.

한편 이들 경전에서의 문자이동이『재조』와『개보』가 동일한 경우가 있는 것은 이『大雲經請雨品』第六十四와『大方等大集經』卷第四十三에서『재조』의 저본이『개보·초본』이었음을 말해주는 것이다.

39) 유형 "2-B-20)"은 "남방계통"(『자복』·『적사』·『보녕』·『영남』·『경산』·『청장』)과 "중원계통"(『개보』·『조성』·『재조』) 가운데『조성』이 제외된 상황에서『개보』·『재조』가 동일한 문자이동이다. 이것은『개보』혹은『자복』에서 이루어진 윤문·수정의 결과로 발생된 문자이동이거나,『개보』("중원계통")의 저본과『자복』("남방계통")의 저본 사이에서 이미 존재했던 문자이동으로 추정된다.

40) 유형 "2-B-(20)"은 "남방계통"과 "중원계통" 가운데『조성』이 제외된 상황에서『개보』·『재조』가 동일한 문자이동인 점에 있어서는 앞의 유형 "2-B-20)"과 같으나 그 문자이동의 원인이 상이하게 다른 유형이다.

이 점에 대해서 자세히 살펴보면, 이 문자이동은『十誦律』卷第四十六에서 발생된 것으로서 "남방계통"(『자복』이하의 제본)에는 없는 문자가『개보』·『재조』에는 들어 있는 문자이동인데, 이 문자는 "남방계통"에는 원래 없는 문자이고『개보·초본』에도 없었던 문자로서『개보·초본』이 임시방편적으로 수정(첨입·보각)되어 인출된『개보·수정본』에서 발생된 문자이동으로 추정되는 것이다. 이『개보』(즉『개보·수정본』인『十誦律』卷第四十六)에는 수정될 때 임시방편적으로 첨입·보각된 흔적이 보이고 있다. 즉 첨입·보각자로 추정되는 문자의 해당 행이 15자 또는 16자로 되어 있으며 인위적으로 첨입·보각된 흔적이 뚜렷하게 보인다. 따라서 이『十誦律』卷第四十六의『개보』는『개보·초본』이 아니라『개보·수정본』이 분명한 것으로 판단된다.

그리고『재조』에는『개보』(즉『개보·수정본』)에서 임시방편적으로 수정(첨입·보각)된 문자들이 그대로 복각되어 있는 것이 아니라 대부분 보사·판각되어 반영되어 있다. 반면 어떤 경우에는 보사·판각되지 못하고 임시방편적으로 수정(첨입·보각)된 모양 그대로 복각되어 있는 사례도 있다. 이와 같은 사실에 비추어 볼 때,『十誦律』卷第四十六에 있어서『재조』는『개보·수정본』을 저본으로 해서 수정·복각된 것으로 판단된다.

41) 유형 "2-C-1)"은 "2-C-1"과 같이『재조』만의 독특한 문자이동인데, 그 문자이동의 원인이 다음과 같이 구체적으로 구명된 문자이동이다. 즉 유형 "2-C-1)"은『十誦律』卷第四十六에서 발생된 것으로 원래 본문인 것이『개보』에서 협주로 기재되었는데(한편 이것은『개보·초본』에서 탈루된 내용이『개보·수정본』에서 협주 형식으로 보입된 것으로 판단된다),『재조』에서는 "남방계통"과 동일하게 본문으로 교정되었고, 그 내용·문자는 "남방계통"과 약간 다르게 독자적으로 수정된 문자이동이다.

42) 유형 "2-C-(1)"은 "2-C-1"과 같이『재조』만의 독특한 문자이동인데, 그 문자이동의 원인이 다음과 같이 구체적으로 구명된 문자이동이다. 즉 이 유형 "2-C-(1)"은『十誦律』卷第四十六 등에서『재조』에서 독자적으로 첨입되거나 삭제된 문자이동이다. 참고로『재조』에서 1개의 글자가 첨입된 경우 그 행은 한 行의 표준자수인 14자보다 1자가 많은 15자로 되어 있고, 1개의 글자가 삭제된 경우에는 1행의 표순자수인 14자보다 1자가 적은 13자로 되어 있다.

<표 6> 문자이동의 유형에 의거하여 설정된 유관한 계통의 판본

```
1) 『청장』・『경산』・『영남』・『보녕』・『적사』・『자복』・『재조』
2) 『청장』・『경산』・『영남』・『보녕』・『적사』・『자복』
3) 『청장』・『경산』・『영남』・『보녕』・『적사』
4) 『청장』・『경산』・『영남』
5) 『청장』・『경산』
6) 『조성』・『방산』
7) 『자복』・『재조』
8) 『청장』・『경산』・『영남』・『보녕』・『적사』・『재조』
9) 『재조』・『조성』・『개보』・『방산』
10) 『재조』・『조성』・『개보』
11) 『재조』・『조성』・『방산』
12) 『재조』・『조성』
13) 『재조』・『개보』
14) 『재조』・『개보・초본』
15) 『재조』・『개보・수정본』
```

이상에서 살펴본 바와 같이 257건의 문자이동 및 15개의 계통으로 정리된 유관한 계통의 판본에 대한 분석을 통해서 새롭게 밝혀진 사실을 도출해 보면 다음과 같다.

첫째, 『개보』는 경우에 따라 그 초본인 『개보・초본』과 그 수정본인 『개보・수정본』이 존재한다.[43]

둘째, 『재조』 역시 경우에 따라 『개보』 가운데 『개보・초본』 혹은 『개보・수정본』을 저본으로 하여 수정・복각되었다.[44]

끝으로 『개보』, 『조성』, 『재조』의 대조표(상단은 『개보』, 중단은 『조성』, 하단은 『재조』)를 작성하여 제시하면 다음과 같다.

---

43) 각주 38), 40) 참조.
44) 각주 38), 40) 참조.

1)『大般若波羅蜜多經』卷第二百六(第21張) 對照表

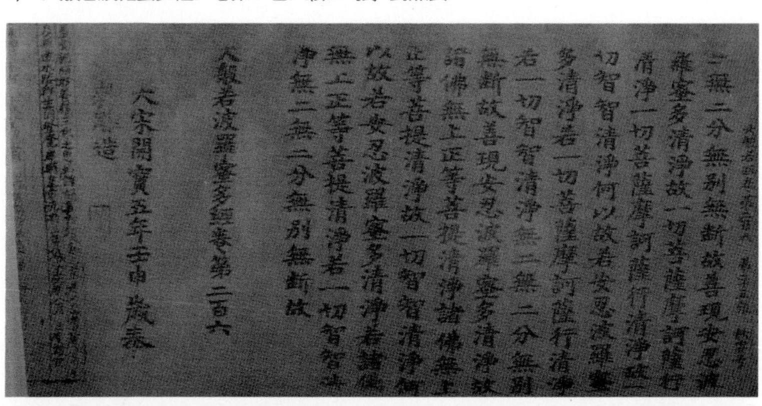

2)『妙法蓮華經』卷第七(第21張) 對照表

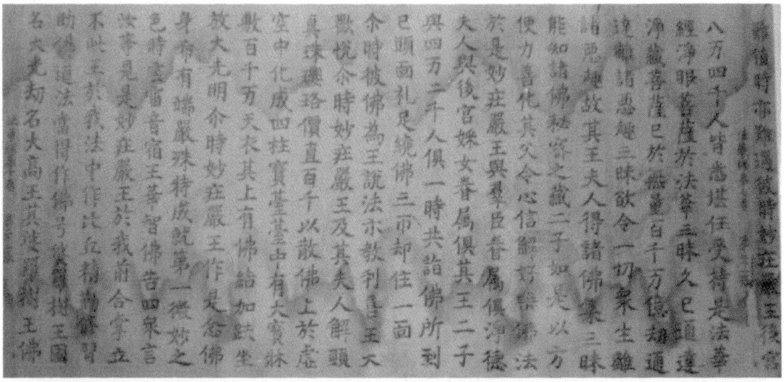

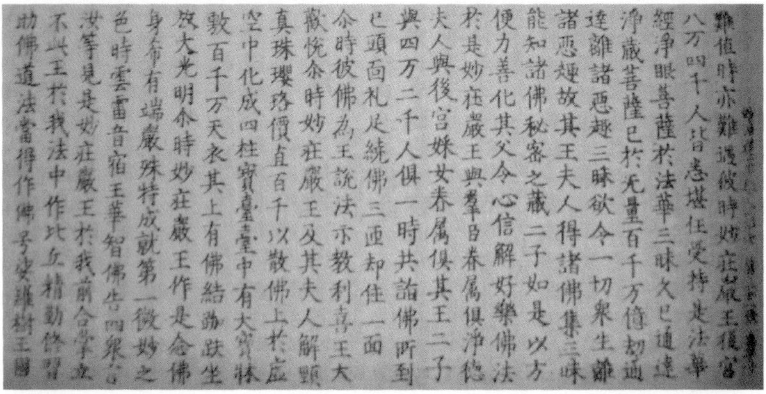

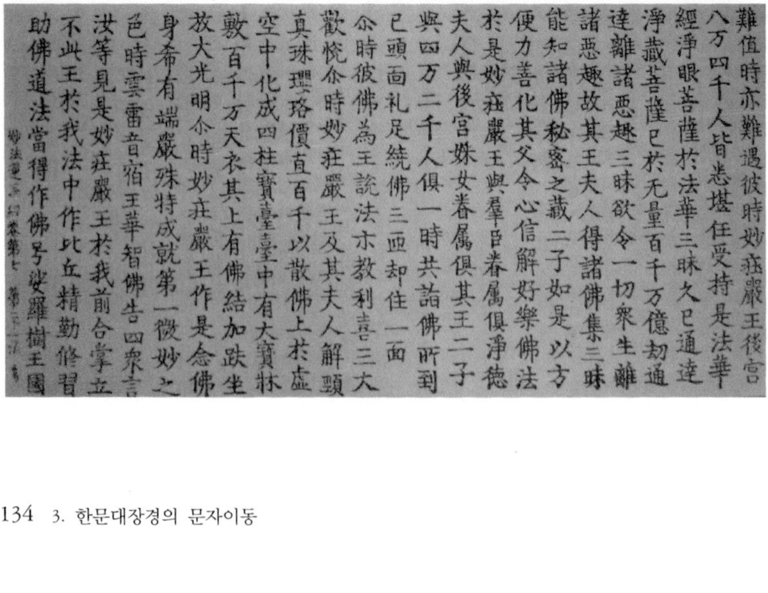

3) 『妙法蓮華經』 卷第七(第26張) 對照表

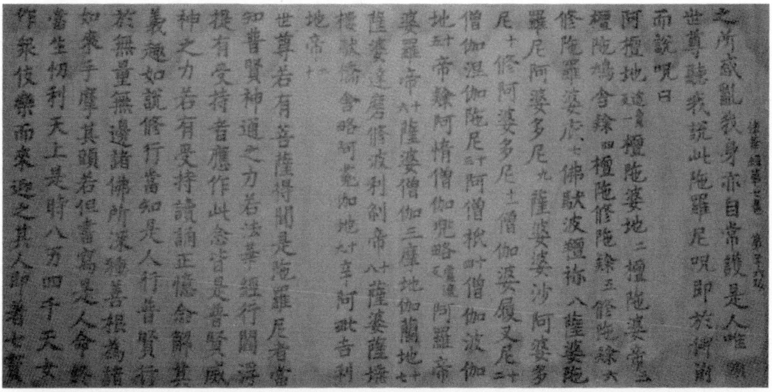

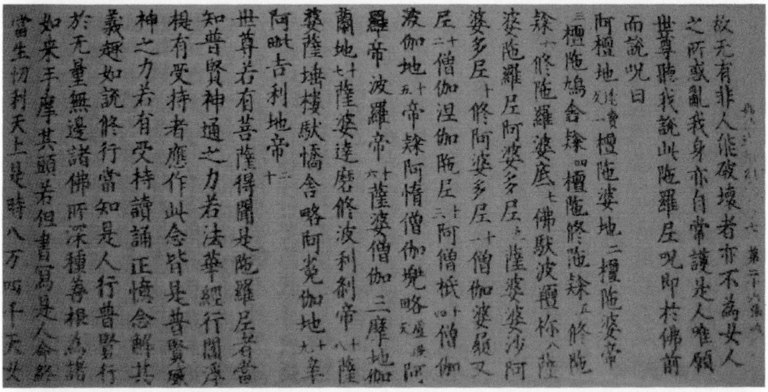

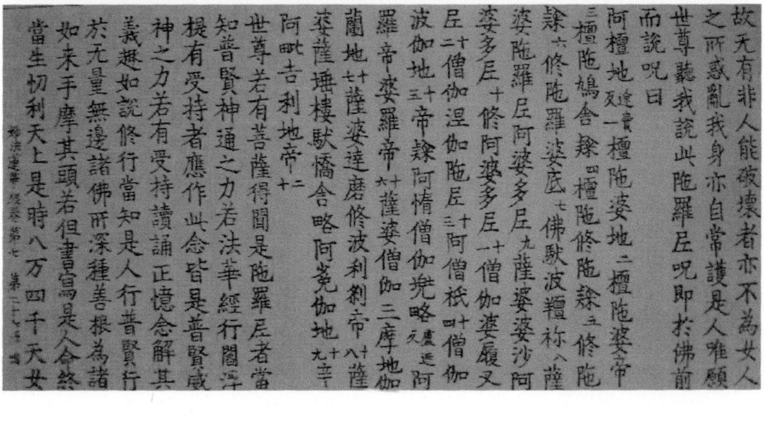

形東面去座三肘巳外畫作龍形一
身三頭并龍眷屬南面去座五肘巳
外畫作龍形一身五頭并龍眷屬西
面去座七肘巳外畫作龍形一身七
頭并龍眷屬比面去座九肘巳外畫
作龍形一身九頭并龍眷屬其誦呪
師應自護身或呪淨水或呪白灰自
心憶念以結場界或畫一步乃至多
步若水若灰用為界畔或呪縷繫頸
若手若足呪水灰時散灑頂上若於
額上應作是念有惡心者不得入此
界場其誦呪者於一切衆生起慈悲
心勸請一切諸佛菩薩憐愍加護迴
此功德分施諸龍若時無雨讀誦此
經一日二日乃至七日音聲不斷亦
如上法必定降雨大海水潮可留過
限若能具足依此修行不降雨者無
有是處唯除不信不至心者

大雲經請雨品第六十四

大雲請雨品第 第三十一張

形東面去座三肘巳外畫作龍形一
身三頭并龍眷屬南面去座五肘巳
外畫作龍形一身五頭并龍眷屬西
面去座七肘巳外畫作龍形一身七
頭并龍眷屬比面去座九肘巳外畫
作龍形一身九頭并龍眷屬其誦呪
師應自護身或呪淨水或呪白灰自
心憶念以結場界或畫一步乃至多
步若水若灰用為界畔或呪縷繫頸
若手若足呪水灰時散灑頂上若於
額上應作是念有惡心者不得入此
界場其誦呪者於一切衆生起慈悲
心勸請一切諸佛菩薩憐愍加護迴
此功德分施諸龍若時無雨讀誦此
經一日二日乃至七日音聲不斷亦
如上法必定降雨大海水潮可留過
限若能具足依此修行不降雨者無
有是處唯除不信不至心者

大雲經請雨品第六十四

癸卯歲高麗國大藏都監
勅彫造

5) 『佛本行集經』 卷第十九(第1張) 對照表

7)『佛說阿惟越致遮經』 卷上(第35張) 對照表(上段은『開寶』, 下段은『再雕』)

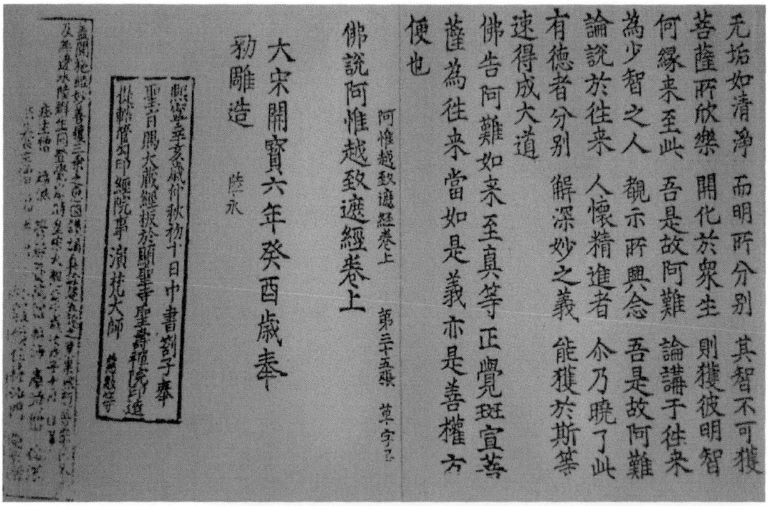

无垢如清淨 而明所分別 其智不可獲
菩薩所欣樂 開化於衆生 則獲彼明智
何緣來至此 吾是故阿難 論講于往來
為少智之人 覩示所興念 吾是故阿難
論說於往來 人懷精進者 尒乃曉了此
有德者分別 解深妙之義 能獲於斯等
逮得成大道
佛告阿難如來至真等正覺班宣菩
薩為往來當如是義亦是善權方
便也
阿惟越致遮經卷上 第三十五張 草字号
佛說阿惟越致遮經卷上
大宋開寶六年癸酉歲奉
勅雕造 陸永
熙寧辛亥歲仲秋初十日中書劄子奉
聖旨賜大藏經板於顯聖寺聖壽禪院印造
提轄管勾印經院事演化大師 惠敏等

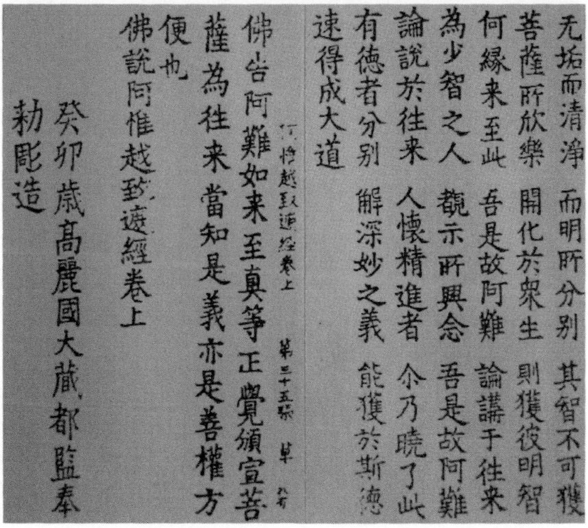

无垢而清淨 而明所分別 其智不可獲
菩薩所欣樂 開化於衆生 則獲彼明智
何緣來至此 吾是故阿難 論講于往來
為少智之人 覩示所興念 吾是故阿難
論說於往來 人懷精進者 尒乃曉了此
有德者分別 解深妙之義 能獲於斯德
逮得成大道
阿惟越致遮經卷上 第三十五張 草
佛告阿難如來至真等正覺頒宣菩
薩為往來當知是義亦是善權方
便也
佛說阿惟越致遮經卷上
癸卯歲高麗國大藏都監奉
勅彫造

8) 『大方等大集經』 卷第四十三(第1張) 對照表

大方等大集經卷第四十三
隋天竺三藏那連提耶舍譯

日藏分送使品第九

尒時婆伽羅龍王白光味菩薩言大
德乃能憶念如是過去宿命劫中種
種善業無量往事而不忘失及說虛
空星宿照明安施法用悉皆了達一
一無遺於三界中寂尊寂勝智慧第
一更無能過是故彼龍并及我等如
是方便得脫此獄戒行及婆羅多莊
生慈悲一切功德離於苦惱憐愍眾
嚴於心一切蒲足是時光味語諸龍
言我今非是佉羅虬吒苦行仙人亦
復不能於虛空中置於星宿令我說
者神通力知汝娑伽羅諸龍王等莫
作是說我實不能然此佉羅虬吒仙
人宿往因緣說猶未盡尒時帝釋共
諸梵天各向佉羅虬吒仙人齊共合
掌作如是言我等樂聞唯願更說我
等梵天諸天中尊猶如大仙聖人中
尊我諸天中有梵行者若放種種神
祇呪術我皆了知亦能為他分別廣

大方等大集經卷第四十三
隋天竺三藏那連提耶舍譯

日藏分送使品第九

尒時婆伽羅龍王白光味菩薩言大
德乃能憶念如是過去宿命劫中種
種善業無量往事而不忘失及說虛
空星宿照明安施法用悉皆了達一
一無遺於三界中寂尊寂勝智慧第
一更無能過是故彼龍并及我等如
是方便得脫此獄戒行及婆羅多莊
生慈悲一切功德離於苦惱憐愍眾
嚴於心一切蒲足是時光味語諸龍
言我今非是佉羅虬吒苦行仙人亦
復不能於虛空中置於星宿令我說
者神通力知汝娑伽羅諸龍王等莫
作是說我實不能然此佉羅虬吒仙
人宿往因緣說猶未盡尒時帝釋共
諸梵天各向佉羅虬吒仙人齊共合
掌作如是言我等樂聞唯願更說我
等梵天諸天中尊猶如大仙聖人中
尊我諸天中有梵行者若放種種神
祇呪術我皆了知亦能為他分別廣

大方等大集經卷第四十三
隋天竺三藏那連提耶舍譯

日藏分送使品第九

尒時婆伽羅龍王白光味菩薩言大
德乃能憶念如是過去宿命劫中種
種善業無量往事而不忘失及說虛
空星宿照明安施法用悉皆了達一
一無遺於三界中寂尊寂勝智慧第
一更無能過是故彼龍并及我等如
是方便得脫此獄戒行及婆羅多莊
生慈悲一切功德離於苦惱憐愍眾
嚴於心一切蒲足是時光味語諸龍
言我今非是佉羅虬吒苦行仙人亦
復不能於虛空中置於星宿令我說
者神通力知汝娑伽羅諸龍王等莫
作是說我實不能然此佉羅虬吒仙
人宿往因緣說猶未盡尒時帝釋共
諸梵天各向佉羅虬吒仙人齊共合
掌作如是言我等樂聞唯願更說我
等梵天諸天中尊猶如大仙聖人中
尊我諸天中有梵行者若放種種神
祇呪術我皆了知亦能為他分別廣

上段(『開寶』)

十誦律卷第四十六　後秦北印度三藏弗若多羅共羅什譯

十誦律第五　七誦之五

佛在王舍城尒時助調達比丘尼常
入出他家有居士婦言汝度我出家
比丘尼言汝與我鉢我當度汝與我
衣户鉤時藥時分藥七日藥盡形藥
我當度汝出家居士婦言汝等容作
度人耶是比丘尼言尒他日諸善比
丘尼至是居士舍居士婦問言汝等
實客作度人耶善比丘尼言誰作是
語居士婦言我語助調達比丘尼汝
當度我出家便語我言與我鉢來我
當度汝與我衣户鉤時藥時分藥七
日藥盡形藥我當度汝是中有比丘
尼少欲知足行頭陁聞是事心不喜
呵責言云何名比丘尼作是言汝與
我鉢與我衣户鉤時藥時分藥七日
藥盡形藥我當度汝種種因緣呵
已向佛廣說佛以是事集二部僧知
而故問助調達比丘尼汝實作是事
不荅言實作世尊佛以種種因緣呵

下段(『再雕』)

十誦律卷第四十六　第七誦之三　後秦北印度三藏弗若多羅共羅什譯

百七十八單提法之三

佛在王舍城尒時助調達比丘尼常
入出他家有居士婦言汝度我出家
比丘尼言汝與我鉢我當度汝與我
衣户鉤時藥時分藥七日藥盡形藥
我當度汝出家居士婦言汝等容作
度人耶是比丘尼言尒他日諸善比
丘尼至是居士舍居士婦問言汝等
實客作度人耶善比丘尼言誰作是
語居士婦言我語助調達比丘尼汝
當度我出家便語我言與我鉢來我
當度汝與我衣户鉤時藥時分藥七
日藥盡形藥我當度汝是中有比丘
尼少欲知足行頭陁聞是事心不喜
呵責言云何名比丘尼作是言汝與
我鉢與我衣户鉤時藥時分藥七日
藥盡形藥我當度汝種種因緣呵
已向佛廣說佛以是事集二部僧知
而故問助調達比丘尼汝實作是事
不荅言實作世尊佛以種種因緣呵

3.3 『숭녕장』 잔본을 중심으로 살펴본 대장경의 문자이동

이 절에서는 북경대학 도서관에 소장되어 있는 『숭녕장』 잔본{『無垢優婆夷問經』, 『辨正論』 卷第二, 『阿毗達磨順正理論』 卷第二十三, 『大方廣佛華嚴經修慈分』, 『不空羂索神變眞言經』(이 경전은 『비로장』임)} 등 총 5종 5권을 중심으로 하여 각 대장경과 대교하고, 그 대교의 결과를 유형별로 정리하여 대장경의 "유형별 문자이동 대교표"를 작성한 다음 각 대장경에 나타난 문자이동의 유형을 살펴볼 것이다. 특히 "남방계통"에서의 『숭녕장』과 『자복장』에서 발생된 문자이동에 대해서 주목하고자 한다.

다음으로 "유형별 문자이동 대교표"에서 사용된 몇 가지 용어와 기호에 대한 설명을 하면 다음과 같다.

<"유형별 문자이동 대교표"의 설명>

1) 項次: 문자이동의 일련 순번으로서 필자가 "문자이동 대교표"를 작성하면서 그 순서대로 부여된 번호인데, 대교표가 유형별로 정리되면서 그 선후가 혼잡해진 상태이다.
2) 類型: 제본 사이에 나타난 문자이동의 유형
3) 冊·面·行·字: 『중화대장경』의 책, 면, 행, 자수
4) ○: 해당 문자가 공란이 없이 없는 것
5) □: 해당 문자가 공란으로 되어 있는 것
6) ?: 해당 문자의 대교가 이루어지지 못한 것

1-1) 『無垢優婆夷問經』 類型別 文字異同 對校表 1

項次	1	3	9
類型	C-(1)	C-3	C-5
冊 面 行 字	36 349 中2 1·12	36 349 中9 9	36 350 上21
房山	元魏婆羅門瞿曇般若流支譯	心	知佛實語
趙城	後魏中印度三藏般若流支譯	以	知實語
再雕	後魏中印度三藏瞿曇般若流支譯	心	知佛實語
崇寧	元魏婆羅門瞿曇般若流支譯	以	知佛實語
資福	元魏婆羅門瞿曇般若流支譯	以	知佛實語
磧砂	元魏婆羅門瞿曇般若流支譯	以	知佛實語
普寧	元魏婆羅門瞿曇般若流支譯	以	知佛實語
永南	元魏婆羅門瞿曇般若流支譯	以	知佛實語
徑山	元魏婆羅門瞿曇般若流支譯	以	知佛實語
清藏	元魏婆羅門瞿曇般若流支譯	以	知佛實語

1-2) 『無垢優婆夷問經』 類型別 文字異同 對校表 2

項次	4	2	5	6	7	8
類型	D-1	D-7	D-7	D-7	D-7	D-7
冊 面 行 字	36 349 中12 2	36 349 中6 1-3	36 349 中21 9	36 349 下18 6-8	36 349 下19-23	36 350 上4 3
房山	耶	○	○	閻浮提	○	○
趙城	耶	到佛所	塔	鬱單曰	炎魔天…三十三天	受
再雕	耶	到佛所	塔	鬱單曰	炎魔天…三十三天	受
崇寧	耶	到佛所	塔	鬱單曰	炎魔天…三十三天	受
資福	也	到佛所	塔	鬱單曰	炎魔天…三十三天	受
磧砂	耶	到佛所	塔	鬱單曰	炎魔天…三十三天	受
普寧	耶	到佛所	塔	鬱單曰	炎魔天…三十三天	受
永南	耶	到佛所	塔	鬱單曰	炎魔天…三十三天	受
徑山	耶	到佛所	塔	鬱單曰	炎魔天…三十三天	受
清藏	耶	到佛所	塔	鬱單曰	炎魔天…三十三天	受

2-1) 『辨正論』 卷第二 類型別 文字異同 對校表 1

項次	4	6	7	11	13	14	16	26	30	36
類型	B-0	B-0	B-0	B-0	B-0	B-0	B-0	B-0	B-0	B-0
冊 面 行 字	62 479 中15 14	62 480 上2 10	62 480 上3 9	62 480 上12 2	62 480 中4 7	62 480 中11 9	62 480 中18 1	62 481 上17 右1	62 481 中2 3	62 482 中6 12
趙城	攘	再	寶	或	近	免	牝	二	王	主
再雕	攘	再	寶	或	近	免	牝	二	王	主
崇寧	襀	○	奠	式	延	冕	瓦	三	王氏	○
資福	襀	○	奠	式	延	冕	瓦	三	王氏	○
磧砂	襀	○	奠	式	延	冕	瓦	三	王氏	○
普寧	襀	○	奠	式	延	冕	瓦	三	王氏	○
永南	襀	○	奠	式	延	冕	瓦	三	王氏	○
徑山	襀	○	奠	式	延	冕	瓦	三	王氏	○
清藏	襀	○	奠	式	延	冕	瓦	三	王氏	○

2-2) 『辨正論』 卷第二 類型別 文字異同 對校表 2

項次	37	39	41	42	43	44	46	51	53	59
類型	B-0	B-0	B-0	B-0	B-0	B-0	B-0	B-0	B-0	B-0
冊 面 行 字	62 482 中11 7	62 482 下4 6	62 482 下11 14	62 483 上12 14	62 483 上17 7	62 483 上17 12	62 483 上20 14	62 483 中13 10	62 483 中18 14	62 484 上3 右7
趙城	天	未	道	亦	然	然	有	閏	班	鬼
再雕	天	未	道	亦	然	然	有	閏	班	鬼
崇寧	○	木	道道	迹	自然	自然	常有	潤	辦	○
資福	○	木	道道	迹	自然	自然	常有	潤	辦	○
磧砂	○	木	道道	迹	自然	自然	常有	潤	辦	○
普寧	○	木	道道	迹	自然	自然	常有	潤	辦	○
永南	○	木	道道	迹	自然	自然	常有	潤	辦	○
徑山	○	木	道道	迹	自然	自然	常有	潤	辦	○
清藏	○	木	道道	迹	自然	自然	常有	潤	辦	○

2-3)『辨正論』卷第二 類型別 文字異同 對校表 3

項次	64	65	67	78	80	82	87	89	93	97
類型	B-0	B-0	B-0	B-0	B-0	B-0	B-0	B-0	B-0	B-0
冊 面 行 字	62 484 上22 1	62 484 中7 3	62 484 中15 8	62 484 下1 左3	62 484 下3 右6·7	62 485 上10 8	62 485 下1 13	62 485 下8 10	62 485 下19 14	62 486 上8 8
趙城	月呂	口	第	門	本一	卒	偏	草	閉	軌
再雕	月呂	口	第	門	本一	卒	偏	草	閉	軌
崇寧	膂	○	○	間	一本	本	偏	革	閉者	抗
資福	膂	○	○	間	一本	本	偏	革	閉者	抗
磧砂	膂	○	○	間	一本	本	偏	革	閉者	抗
普寧	膂	○	○	間	一本	本	偏	革	閉者	抗
永南	膂	○	○	間	一本	本	偏	革	閉者	抗
徑山	膂	○	○	間	一本	本	偏	革	閉者	抗
清藏	膂	○	○	間	一本	本	偏	革	閉者	抗

2-4)『辨正論』卷第二 類型別 文字異同 對校表 4

項次	104	105	108	110	113	116
類型	B-0	B-0	B-0	B-0	B-0	B-0
冊 面 行 字	62 486 中9 11	62 486 中14 5	62 486 中20 4	62 486 下18 3·4	62 487 上16 6	62 487 上17 14
趙城	鬪	生	精	所以	酪	出
再雕	鬪	生	精	所以	酪	出
崇寧	聞	衆生	糒	所以異之所異焉知同異之所以	○	○
資福	聞	衆生	糒	所以異之所異焉知同異之所以	○	○
磧砂	聞	衆生	糒	所以異之所異焉知同異之所以	○	○
普寧	聞	衆生	糒	所以異之所異焉知同異之所以	○	○
永南	聞	衆生	糒	所以異之所異焉知同異之所以	○	○
徑山	聞	衆生	糒	所以異之所異焉知同異之所以	○	○
清藏	聞	衆生	糒	所以異之所異焉知同異之所以	○	○

2-5)『辨正論』卷第二 類型別 文字異同 對校表 5

項次	1	20	58	10	17	19	28	45
類型	B-0	B-0	B-0	B-1	B-1	B-1	B-1	B-1
冊 面 行 字	62 479 中2 1·7	62 480 下23 10	62 483 下23 4	62 480 上11 12	62 480 中20 14	62 480 下4 12	62 481 上18 左4	62 483 上19 2·3
趙城	唐沙門釋法琳撰	元	妖	升	是	受	玉	无无
再雕	唐沙門釋法琳撰	元	妖	升	是	受	玉	无无
崇寧	沙門法琳撰	無	天	升	是	受	玉	無
資福	沙門法琳撰	無	天	斗	○	愛	玉皇	○
磧砂	沙門法琳撰	無	天	斗	○	愛	玉皇	○
普寧	沙門法琳撰	無	天	斗	○	愛	玉皇	○
永南	沙門法琳撰	無	天	斗	○	愛	玉皇	○
徑山	唐沙門釋法琳撰	無	天	斗	○	受	玉皇	○
清藏	唐沙門釋法琳撰	元	妖	斗	○	受	玉皇	○

2-6)『辨正論』卷第二 類型別 文字異同 對校表 6

項次	49	50	52	70	85	90	107	109
類型	B-1	B-1	B-1	B-1	B-1	B-1	B-1	B-1
冊 面 行 字	62 483 中8 5-8	62 483 中11 7	62 483 中18 3	62 484 中20 左10	62 485 下1 11	62 485 下10 2	62 486 中20 1	62 486 中23 4
趙城	老君居世	事	魂	盧	振	照	友	貌
再雕	老君居世	事	魂	盧	振	照	友	貌
崇寧	老君在世	事	魂	盧	振	照	友	貌
資福	老子在世	塵	鬼	臚	震	昭	○	邈
磧砂	老子在世	塵	鬼	臚	震	昭	○	邈
普寧	老子在世	塵	鬼	臚	震	昭	○	邈
永南	老子在世	塵	鬼	臚	震	昭	○	邈
徑山	老子在世	塵	鬼	盧	震	昭	○	邈
清藏	老子在世	塵	鬼	盧	振	昭	○	邈

2-7) 『辨正論』卷第二 類型別 文字異同 對校表 7

項次	117	18	55	57	61	86
類型	B-1	B-4	B-4	B-4	B-4	B-4
冊 面 行 字	62 487 中4 1	62 480 下1 13	62 483 下4 9	62 483 下21 12·13	62 484 上10 3	62 485 下2 1·2
趙城	子	憬	天	云告	名	玉裕
再雕	子	憬	天	云告	名	玉裕
崇寧	子	憬	天	云告	名	玉裕
資福	子當用理求	憬	天	聞告	名	玉裕
磧砂	子當用理求	遽	太	聞召	名無名萬物始有名	王格
普寧	子當用理求	遽	太	聞召	名無名萬物始有名	王格
永南	子當用理求	遽	太	聞召	名無名萬物始有名	王格
徑山	子當用理求	遽	太	聞召	名無名萬物始有名	王格
清藏	子當用理求	遽	太	聞召	名無名萬物始有名	王格

2-8) 『辨正論』卷第二 類型別 文字異同 對校表 8

項次	2	12	72	73	74	76
類型	B-8	B-8	B-8	B-8	B-8	B-8
冊 面 行 字	62 479 中2-3	62 480 中15	62 484 中21 右17	62 484 中22 右16	62 484 中22 左1	62 484 中23 右16
趙城	○	尒	牝	上	衣	裳
再雕	○	尒	牝	上	衣	裳
崇寧	○	尒	牝	上	衣	裳
資福	○	尒	牝	上	衣	裳
磧砂	○	尒	牝	上	衣	裳
普寧	○	尒	牝	上	衣	裳
永南	○	尒	牝	上	衣	裳
徑山	東宮學士陳子良註	是	牡	士	朱	常
清藏	東宮學士陳子良註	是	牡	士	朱	常

2-9)『辨正論』卷第二 類型別 文字異同 對校表 9

項次	79	81	29	68	83	24	66	84
類型	B-8	B-8	B-12	B-12	B-12	B-21	B-21	B-21
冊	62	62	62	62	62	62	62	62
面	484	484	481	484	485	481	484	485
行	下2	下4	上19	中20	上15	上16	中7	上19
字	右15	左3	左14-17	右12	7	左10	14	9
趙城	明	矣	頭九博頰	開	復	天	沔	蛤
再雕	明	矣	頭九博頰	開	復	○	約	鴿
崇寧	明	矣	頭九博頰	開	復	○	約	鴿
資福	明	矣	頭九博頰	開	復	天	沔	蛤
磧砂	明	矣	頓九搏頰	開	復有	天	液	蛤
普寧	明	矣	頓九搏頰	開	有	天	沔	蛤
永南	明	矣	頰九搏頭	關	復有	天	液	蛤
徑山	明持	○	頰九搏頭	關	復有	天	液	蛤
清藏	明持	○	頰九搏頭	關	復有	天	液	蛤

2-10)『辨正論』卷第二 類型別 文字異同 對校表 10

項次	3	8	9	22	25	27	31	32
類型	C-1	C-1	C-1	C-1	C-1	C-(1)	C-(1)	C-1
冊	62	62	62	62	62	62	62	62
面	479	480	480	481	480	481	481	481
行	中3	上8	上9	上4	上16	上17	中7	中9
字	7	5	10-13	14	左19	右4	2	5
趙城	一	二	眉後拭兩	虛	人	眞	謂	恬
再雕	二	三	肩後拭兩	靈	君	眞人	○	怡
崇寧	一	二	○	虛	人	眞	謂	恬
資福	一	二	○	虛	人	眞	謂	恬
磧砂	一	二	○	虛	人	眞	謂	恬
普寧	一	二	○	虛	人	眞	謂	恬
永南	一	二	○	虛	人	眞	謂	恬
徑山	一	二	○	虛	人	眞	謂	恬
清藏	一	二	○	虛	人	眞	謂	恬

2-11) 『辨正論』 卷第二 類型別 文字異同 對校表 11

項次	35	38	40	60	62
類型	C-(1)	C-1	C-1	C-1	C-1
冊	62	62	62	62	62
面	482	482	482	484	484
行	上4	中14	下6·7	上8	上11
字	2	8		5	8
趙城	傳	判	道言夫道	?式	深
再雕	傳斑固漢史文帝傳	制	通言夫道	煞	淵
崇寧	傳	判	道言夫道	?式	深
資福	傳	判	若言夫道	?式	深
磧砂	傳	判	答言大道	弑	深
普寧	傳	判	答言大道	?式	深
永南	傳	判	答言大道	弑	深
徑山	傳	判	答言大道	?式	深
清藏	傳	判	答言大道	弑	深

2-12) 『辨正論』 卷第二 類型別 文字異同 對校表 12

項次	63	91	99	100	106	114	115
類型	C-1	C-1	C-(1)	C-(1)	C-1	C-1	C-1
冊	62	62	62	62	62	62	62
面	484	485	486	486	486	487	487
行	上18	下11	上13	上12	中16	上16	上16
字	3	12	2	5·6	10·13	13	7
趙城	勝	更	於	或以	蹣跚形體	抨	抨
再雕	藤	便	先於	○	盤跚形體	搆	搆
崇寧	縢	更	於	或以	盤桓形骸	?	?
資福	縢	更	尊於	或以	盤桓形骸	抨	抨
磧砂	縢	更	尊於	或以	盤桓形骸	抨	抨
普寧	縢	更	尊於	或以	盤桓形骸	抨	抨
永南	縢	更	尊於	或以	盤桓形骸	抨	抨
徑山	縢	更	尊於	或以	盤桓形骸	抨	抨
清藏	縢	更	尊於	或以	盤桓形骸	抨	抨

2-13) 『辨正論』卷第二 類型別 文字異同 對校表 13

項次	111
類型	C-(1)
冊 面 行 字	62 486 下18 5-左18
趙城	異未知異之所以以焉知同異之所以異未知同異之所以異之
再雕	異未知異之所異
崇寧	異未知同異之所以異
資福	異未知同異之所以異
磧砂	異未知同異之所以異
普寧	異未知同異之所以異
永南	異未知同異之所以異
徑山	異未知同異之所以異
淸藏	異未知同異之所以異

2-14) 『辨正論』卷第二 類型別 文字異同 對校表 14

項次	15	5	33	34	54	56
類型	D-5	D-8	D-8	D-8	D-8	D-8
冊 面 行 字	62 480 中15 10	62 479 下12 6	62 481 中14 11·12	62 481 下15 4	62 483 下2 11	62 483 下8 2
趙城	慈	量	王台	記	魄	愛
再雕	慈	星	玉台	訛	魂	事
崇寧	慈	星	玉台	訛	魂	事
資福	慈	星	王台	訛	魂	事
磧砂	慈	星	王駘	訛	魂	事
普寧	慈	星	王駘	訛	魂	事
永南	慈	星	王駘	訛	魂	事
徑山	悲	星	王駘	訛	魂	事
淸藏	慈	星	王駘	訛	魂	事

2-15) 『辨正論』 卷第二 類型別 文字異同 對校表 15

項次	75	88	94	96	102	21	47	92	95
類型	D-8	D-8	D-8	D-8	D-8	F-1	F-1	F-1	F-1
冊 面 行 字	62 484 中21 左11	62 485 下4 13·14	62 485 下20 2	62 485 下23 13	62 486 上21 4	62 481 上1 8·10	62 483 上23 4	62 485 下12 14	62 485 下20 6
趙城	特	上事	開	御	貧	百九十	常	子	者
再雕	相	所懷	關	抑	貪	十九	○	○	○
崇寧	相	所懷	關	抑	貪	十九	○	○	○
資福	相	所懷	關	抑	貪	十九	○	○	○
磧砂	相	所懷	關	抑	貪	十九	○	○	○
普寧	相	所懷	關	抑	貪	十九	○	○	○
永南	相	所懷	關	抑	貪	十九	○	○	○
徑山	相	所懷	關	抑	貪	十九	○	○	○
清藏	相	所懷	關	抑	貪	十九	○	○	○

2-16) 『辨正論』 卷第二 類型別 文字異同 對校表 16

項次	103	101	23	48	69	71	77	98	112
類型	F-1	F-1	Z	Z	Z	Z	Z	Z	Z
冊 面 行 字	62 486 中5 12·14	62 486 上8 7	62 481 上7 12	62 483 中5 1	62 484 中20 左3	62 484 中21 右15	62 484 下23 右18	62 486 上12 13	62 487 上12 8
趙城	□□□	冠	玄	姤	開	開	絳	長	苻
再雕	靜也非	冠於	玄	姤	開	開	絡	長	符
崇寧	靜也非	冠	玄	祐	關關	關	降	長	符
資福	靜也非	冠於	玄	姤	開	開	降	長	苻
磧砂	靜也非	冠於	云	祐	關	關	絳	張	符
普寧	靜也非	冠於	云	姤	開	開	絳	長	苻
永南	靜也非	冠於	玄	祐	關	關	絳	張	苻
徑山	靜也非	冠於	玄	裕	關	關	絳	長	苻
清藏	靜也非	冠於	玄	裕	關	關	絳	長	苻

3-1) 『阿毗達磨順正理論』 卷第二十三 類型別 文字異同 對校表 1

項次	13	24	28	5	9	14	16	17
類型	B-0	B-0	B-0	B-1	B-1	B-1	B-1	B-1
冊 面 行 字	47 525 上22 11·12	47 527 中8 9	47 527 下17 7	47 520 中17 13	47 523 下3 3	47 525 中14 7	47 525 下12 12	47 526 上8 6
趙城	此異	被	聞	往	像	名	像	像
再雕	異此	被	聞	往	像	名	像	像
崇寧	異此愚	彼	間	往	像	名	像	像
資福	異此愚	彼	間	住	緣	召	緣	緣
磧砂	異此愚	彼	間	住	緣	召	緣	緣
普寧	異此愚	彼	間	住	緣	召	緣	緣
永南	異此愚	彼	間	住	緣	召	緣	緣
徑山	異此愚	彼	間	住	緣	召	緣	緣
清藏	異此愚	彼	間	住	緣	召	緣	緣

3-2) 『阿毗達磨順正理論』 卷第二十三 類型別 文字異同 對校表 2

項次	23	4	3	7	11	1	2	8
類型	B-1	B-6	B-12	B-12	B-12	C-1	C-1	C-(1)
冊 面 行 字	47 527 上6 8	47 520 中16 9	47 519 下14 13	47 520 下21 7·8	47 524 中16 9	47 519 中21 12	47 519 中22 4	47 523 下2 3
趙城	便	順	准	師雨	上	趣	趣	所
再雕	便	順	准	師雨	上	起	起	○
崇寧	便	順	准	師雨	上	趣	趣	所
資福	相	順	准	師雨	上	趣	趣	所
磧砂	相	類	准	師雨	上	趣	趣	所
普寧	相	類	准	師雨	上	趣	趣	所
永南	相	類	唯	雨師	止	趣	趣	所
徑山	相	順	唯	雨師	止	趣	趣	所
清藏	相	順	唯	雨師	止	趣	趣	所

3-3) 『阿毗達磨順正理論』 卷第二十三 類型別 文字異同 對校表 3

項次	25	27	15	26	12	6	10
類型	C-1	C-1	C-4)	C-4)	D-2	D-4	Z
冊 面 行 字	47 527 中14 8	47 527 中22 9	47 525 中21 10	47 527 中21 9·10	47 524 中19 7	47 520 中21 4	47 523 下23 6
趙城	住	眠	令	前說	相	在	徵
再雕	佳	眼	今	前已說	相	在	徵
崇寧	住	眠	今	前已說	相	在	徵
資福	住	眠	今	前已說	相	在	徵
磧砂	住	眠	今	前已說	根	在	微
普寧	住	眠	今	前已說	相	在	微
永南	住	眠	今	前已說	相	有	徵
徑山	住	眠	今	前已說	相	在	微
清藏	住	眠	今	前已說	相	在	徵

4-1) 『大方廣佛華嚴經修慈分』 類型別 文字異同 對校表 1

項次	1	3	5	6	7	10
類型	B-0	B-0	B-0	B-0	B-0	B-1
冊 面 行 字	13 531 中1 5	13 531 中2 4·5	13 531 中7 12	13 532 上21 8	13 532 中2 10	13 534 上18 8
趙城	花	三藏	供	菀	分	空
房山	花	三藏	供	菀	分	空
再雕	花	三藏	供	菀	分	空
崇寧	華	三藏法師	○	華	芬	空
資福	華	三藏法師	○	華	芬	實
磧砂	華	三藏法師	○	華	芬	實
普寧	華	三藏法師	○	華	芬	實
永南	華	三藏法師	○	華	芬	實
徑山	華	三藏法師	○	華	芬	實
清藏	華	三藏法師	○	華	芬	實

4-2) 『大方廣佛華嚴經修慈分』 類型別 文字異同 對校表 2

項次	2	4
類型	C-(1)	C-4)
冊 面 行 字	13 531 中1 10	13 531 中2 10
趙城	大方廣佛花嚴經修慈分○○	譯
房山	大方廣佛花嚴經修慈分○○	譯
再雕	大方廣佛花嚴經修慈分一卷	等奉制譯
崇寧	大方廣佛華嚴經修慈分○○	等奉制譯
資福	大方廣佛華嚴經修慈分○○	等奉制譯
磧砂	大方廣佛華嚴經修慈分○○	等奉制譯
普寧	大方廣佛華嚴經修慈分○○	等奉制譯
永南	大方廣佛華嚴經修慈分○○	等奉制譯
徑山	大方廣佛華嚴經修慈分○○	等奉制譯
清藏	大方廣佛華嚴經修慈分○○	等奉制譯

4-3) 『大方廣佛華嚴經修慈分』 類型別 文字異同 對校表 3

項次	11	8	9
類型	D-7	Z	Z
冊 面 行 字	13 534 中23 10	13 532 下14 7	13 533 下11 5
趙城	大方廣佛花嚴經修慈分○○	還	飡
房山	大方廣佛花嚴經修慈分一卷	還	飡
再雕	大方廣佛花嚴經修慈分○○	還	飡
崇寧	大方廣佛花嚴經修慈分○○	還	飡
資福	大方廣佛花嚴經修慈分○○	還	食
磧砂	大方廣佛花嚴經修慈分○○	遠	食
普寧	大方廣佛花嚴經修慈分○○	還	飡
永南	大方廣佛花嚴經修慈分○○	遠	食
徑山	大方廣佛花嚴經修慈分○○	還	飡
清藏	大方廣佛花嚴經修慈分○○	還	飡

5-1) 『不空羂索神變眞言經』 卷第十三 類型別 文字異同 對校表 1

項次	42	46	20	38	27	11	14	18	19
類型	B-0	B-1	B-4	B-4	B-8	C-1	C-1	C-1	C-1
冊 面 行 字	19 468 中13 14	19 468 下18 10	19 465 上13 9	19 467 下15 8·11	466 上16 1·2	19 464 中14 1	19 464 中23 13	19 465 上4 4	19 465 上7 8
趙城	默	耶	譴	瀑雨雷電	唐云	天	光	垢	受
再雕	默	耶	譴	瀑雨雷電	唐云	大	觀	業	授
毗盧	點	○	譴	瀑雨雷電	唐云	天	光	垢	受
資福	點	取	遣	瀑雨雷電	唐云	天	光	垢	受
磧砂	點	取	遣	暴雨雷電	唐云	天	光	垢	受
永南	點	取	遣	暴雨雷電	唐云	天	光	垢	受
徑山	默	耶	遣	暴雨雷電	此云	天	光	垢	授
清藏	默	取	遣	暴雨雷電	此云	天	光	垢	授

5-2) 『不空羂索神變眞言經』 卷第十三 類型別 文字異同 對校表 2

項次	22	2	3	6	7	12	13	15
類型	C-1	C-4)	C-4)	C-4)	C-4)	C-4)	C-4)	C-4)
冊 面 行 字	19 465 中10 12	19 463 上13 12	19 463 上14 1	19 463 中12 11	19 464 上12 9	19 464 中16 9	19 464 中23 3	19 464 下1 1
趙城	增	珂	昧	越	服	化	嚩	曰
再雕	僧	伽	昧耶	超	服大自在天服	華	縛	白
毗盧	增	伽	昧耶	超	服大自在天服	華	縛	白
資福	增	伽	昧耶	超	服大自在天服	華	縛	白
磧砂	增	伽	昧耶	超	服大自在天服	華	縛	白
永南	增	伽	昧耶	超	服大自在天服	華	縛	白
徑山	增	伽	昧耶	超	服大自在天服	華	縛	白
清藏	增	伽	昧耶	超	服大自在天服	華	縛	白

5-3) 『不空羂索神變眞言經』 卷第十三 類型別 文字異同 對校表 3

項次	17	30	31	32	35	43	1	37	28	4
類型	C-4)	C-4)	C-4)	C-4)	C-4)	C-4)	D-2	D-2	D-4	D-5
冊面行字	19 464 下21 5	19 466 下1 2	19 466 下9 11	19 466 下15 12	19 467 上15 3	19 468 下6 4	19 462 中14 8	19 467 下14 4	19 466 中9 14	19 463 中20 10
趙城	上	先	薑	他	複	聲	大	誦	天	印
再雕	正	光	鹽	陁	馥	聲聲	大	誦	天	印
毗盧	止	光	鹽	陁	馥	聲聲	大	誦	天	印
資福	正	光	鹽	陁	馥	聲聲	大	誦	天	印
磧砂	正	光	鹽	陁	馥	聲聲	天	證	天	印
永南	正	光	鹽	陁	馥	聲聲	大	誦	大	印
徑山	正	光	鹽	陁	馥	聲聲	大	誦	天	應
淸藏	正	光	鹽	陁	馥	聲聲	大	誦	天	印

5-4) 『不空羂索神變眞言經』 卷第十三 類型別 文字異同 對校表 4

項次	10	25	33	34	9	23	24	29	45
類型	D-5	D-5	D-5	D-5	Z	Z	Z	Z	Z
冊面行字	19 464 中6 3	19 465 下23 8-14	19 466 下23 2	19 467 上14 8	19 464 中23 14	19 465 中16 3	19 465 下17 4	19 466 中11 7	19 468 下17 4
趙城	璫	杜仲樹汁上牛黃	閖	飲	長	囉	二	遍	拄
再雕	璫	杜仲樹汁上牛黃	閖	飲	長	羅	二	遍	拄
毗盧	璫	杜仲樹汁上牛黃	閖	飲	跟	羅	二	適	柱
資福	璫	杜仲樹汁上牛黃	閖	飲	長	囉	二	適	拄
磧砂	璫	杜仲樹汁上牛黃	閖	飲	跟	囉	一	遍	柱
永南	璫	杜仲樹汁上牛黃	閖	飲	跟	羅	一	適	柱
徑山	鐺	○	閶	次	長	羅	二	遍	柱
淸藏	璫	杜仲樹汁上牛黃	閖	飲	長	羅	二	遍	柱

　　지금까지 『숭녕장』 잔본 가운데 여러 대장경과의 대교가 가능한
경전으로서 『無垢優婆夷問經』, 『辨正論』 卷第二, 『阿毗達磨順正理論』

卷第二十三, 『大方廣佛華嚴經修慈分』, 『不空羂索神變眞言經』(이 경
전은『비로장』임) 등 총 5종 5권을 중심으로 하여 여러 대장경과 대
교한 바, 제본에서 나타난 문자이동은 총 201건이었다. 그리하여 이
201건의 문자이동을 유형별로 정리하여 대장경의 "유형별 문자이동
대교표"를 작성하여 앞에 제시하였다. 이제부터는 제본에 나타난 문
자이동의 유형을 분석·고찰하고자 한다. 제본에 나타난 201건의 문
자이동을 종합하여 유형별로 정리하면 다음과 같다.

<표 7> 제본에 나타난 문자이동의 유형별 분석

1) 유형 "3[45]-B": 유관한 계통별로 발생된 문자이동(101건)
  (1) 유형 "3-B-0": 『숭녕』 이하의 "남방계통"[46]이 동일(48건)
  (2) 유형 "3-B-1": 『자복』 이하의 "남방계통"이 동일(28건)
  (3) 유형 "3-B-4": 『적사』 이하의 "남방계통"이 동일(7건)
  (4) 유형 "3-B-6": 『적사』·『보녕』·『영남』이 동일(1건)
  (5) 유형 "3-B-8": 『경산』·『청장』이 동일(9건)
  (6) 유형 "3-B-12": 『영남』·『경산』·『청장』이 동일(6건)
  (7) 유형 "3-B-21": 『재조』·『숭녕』이 동일(2건)
2) 유형 "3-C": 『재조』에서 발생된 문자이동(51건)
  (1) 유형 "3-C-1": 『재조』만의 수정(24건)
  (2) 유형 "3-C-(1)": 『재조』만의 수정(9건)[47]
  (3) 유형 "3-C-3": 『재조』가 『방산』과 동일(1건)[48]
  (4) 유형 "3-C-4": 『재조』·"남방계통"[49]이 동일(16건)
  (5) 유형 "3-C-5": 『재조』·"여타의 본"이 동일(1건)
3) 유형 "3-D": 특정 판본에만 나타나는 문자이동(28건)
  (1) 유형 "3-D-1": 『자복』만 다름(1건)
  (2) 유형 "3-D-2": 『적사』만 다름(3건)
  (3) 유형 "3-D-4": 『영남』만 다름(2건)
  (4) 유형 "3-D-5": 『경산』만 다름(6건)
  (5) 유형 "3-D-7": 『방산』만 다름(6건)
  (6) 유형 "3-D-8": 『조성』만 다름(10건)
4) 유형 "3-F-1": 『조성』에서만 발생(수정)된 문자이동(6건)[50]
5) 유형 "3-Z": 일정한 유형을 정하지 못한 문자이동(15건)

---

45) "유형 3"에서의 "3"은 제3장의 제3절을 의미한다.
46) 여기에서 말하는 『숭녕』 이하의 "남방계통"은 『숭녕』·『자복』·『적사』·『보녕』·『영남』·『경산』·

앞에서 제시된 총 201건의 문자이동에 대한 문자이동의 유형을 토대로 한 다음 동일한 문자이동의 유형에 근거하여 유관한 계통의 판본을 분석하여 9개의 계통으로 정리하면 다음과 같다.

<표 8> 문자이동의 유형에 의거하여 설정된 유관한 계통의 판본

1) 『청장』·『경산』·『영남』·『보녕』·『적사』·『자복』·『숭녕』
2) 『청장』·『경산』·『영남』·『보녕』·『적사』·『자복』
3) 『청장』·『경산』·『영남』·『보녕』·『적사』
4) 『영남』·『보녕』·『적사』
5) 『청장』·『경산』·『영남』
6) 『청장』·『경산』
7) 『재조』·『숭녕』
8) 『재조』·『방산』
9) 『재조』·『조성』

이상에서 살펴본 바와 같이 201건의 문자이동 및 9개의 계통으로 정리된 유관한 계통의 판본에 대한 분석을 통해서 새롭게 밝혀진 사실을 도출해 보면 다음과 같다.

『청장』 등의 제본을 말한다.

47) 유형 "3-C-(1)"은 "3-C-1"과 같이 『재조』만의 독특한 문자이동인데, 그 문자이동의 원인이 다음과 같이 구체적으로 구명된 문자이동이다. 즉 이 유형 "C-(1)"은 『재조』에서 독자적으로 첨입되거나 삭제된 문자이동이다. 참고로 『재조』에서 1개의 글자가 첨입된 경우 그 행은 한 행의 표준자수인 14자보다 1자가 많은 15자로 되어 있고, 1개의 글자가 삭제된 경우에는 1행의 표준자수인 14자보다 1자가 적은 13자로 되어 있다.

48) 유형 "3-C-3"은 『재조』에서 『방산』의 저본인 『거란장』을 참고하여 이루어진 수정으로 생각되는 문자이동이다.

49) 유형 "C-4)"에서의 "남방계통"은 『숭녕』을 비롯하여 『자복』·『적사』·『보녕』·『영남』·『경산』· 『청장』 등의 제본을 말한다.

50) 유형 "3-F-1"의 문자이동 원인은 본래 『조성』의 저본인 『개보·수정본』에서 이루어진 수정(첨입·삭제) 때문인데, 이것이 그대로 『조성』에 복각된 것이다. 『辨正論』卷第二에서 발생된 첨입의 경우 『조성』에는 첨입·수정자가 포함된 행의 자수는 표준자수인 14자보다 1자 많은 15字로 되어 있다. 이러한 유형의 문자이동이 발생된 경전에 있어서 『재조』의 저본은 『개보·초본』으로 추정된다. 한편 유형 "3-F-1"은 외형적인 면에서 유형 "3-D-8"과 동일한 유형이다. 즉 유형 "3-F-1"과 "3-D-8"은 똑같이 『조성』만 다르게 나타나는 문자이동인데, 유형 "3-D-8"의 경우는 그 문자이동의 원인이 구명되지 못한 것이고, 유형 "3-F-1"은 그 문자이동의 원인이 위와 같이 구명된 것이다.

첫째, 『숭녕』을 비롯한 "남방계통"의 제본은 서로 같은 계통이기에 동일한 문자이동을 형성하고 있다.[51] 한편 "남방계통" 안에서도 각각의 대장경 간에 문자이동이 발생되었는데, 특히 『숭녕』과 『자복』 이하의 제본 사이에는 다량의 문자이동이 있었다. 또한 『숭녕』·『자복』과 『적사』 이하의 제본 사이에도 다소의 문자이동이 있었다.[52]

둘째, 『조성』에서만 발생된 문자이동 가운데 어떤 경우는 『조성』의 저본인 『개보·수정본』에서 발생된 것으로 『재조』에 반영되지 않은 문자이동이 존재하고 있다.[53] 그리고 이러한 유형의 문자이동이 발생된 경전에 있어서 『재조』의 저본은 『개보·초본』으로 추정되는 것이다.[54]

3.4 『거란장』 잔본을 중심으로 살펴본 대장경의 문자이동

이 절에서는 산서성문물국에 소장되어 있는 대자본 『거란장』 잔본(『佛說大乘聖無量壽決定光明王如來陀羅尼經』, 『阿毗達磨發智論』 卷第十三, 『中阿含經』 卷第三十六, 『稱讚大乘功德經』) 4종 4권[55]과 하북성 풍윤현 문물관리소에 소장되어 있는 소자본 『거란장』 잔본(『大方廣佛華嚴經』80卷, 『大乘本生心地觀經』 卷第二, 『大乘本生心地觀經』

---

51) 이러한 현상을 통해 보면, 본 연구에서 이른바 『자복』 이하의 "남방계통"에서 발생된 문자이동은 대부분의 경우 『숭녕』(또는 『숭녕』의 저본)에서 처음 발생되어 『자복』 이하의 "남방계통"의 제본에 전승된 문자이동인 것으로 보아야 할 것이다. 반면 『자복』에서 처음 발생되어 『적사』 이하의 "남방계통"의 제본에 전승된 경우도 상당수 존재하고 있고, 뿐만 아니라 『적사』에서 처음 발생되어 『보녕』 이하의 "남방계통"의 제본에 전승된 경우도 존재하고 있는 것을 간과해서는 안 될 것이다.

52) <표 8>의 제1~3)항 및 문자이동의 유형 "3-B-0", "3-B-1", "3-B-4" 참조.

53) 문자이동의 유형 "3-F-1" 참조.

54) 각주 50) 참조.

55) 이들 4권외에 산서성문물국에 소장되어 있는 대자본 『거란장』 잔본으로 『大法炬陀羅尼經』 卷第十三, 『妙法蓮華經』 卷第二, 『大方便佛報恩經』 卷第一 등의 3권은 이미 제1절에서 다루었다.

卷第六) 2종 53권[56] 등 총 6종 57권을 중심으로 하여 각 대장경과 대교하고, 그 대교의 결과를 유형별로 정리하여 대장경의 "유형별 문자이동 대교표"를 작성한 다음 각 대장경에 나타난 문자이동의 유형을 살펴볼 것이다. 특히 "북방계통"과 『재조』의 문자이동에 대해서 주목하고자 한다.

<"유형별 문자이동 대교표"의 설명>
1) 項次: 문자이동의 일련 순번으로서 필자가 "문자이동 대교표"를 작성하면서 그 순서대로 부여된 번호인데, 대교표가 유형별로 정리되면서 그 선후가 혼잡해진 상태이다.
2) 類型: 제본 사이에 나타난 문자이동의 유형
3) 冊·面·行·字: 『중화대장경』의 책, 면, 행, 자수
4) ○: 해당 문자가 공란이 없이 없는 것
5) □: 해당 문자가 공란으로 되어 있는 것
6) ?: 해당 문자의 대교가 이루어지지 못한 것

1-1) 『佛說大乘聖無量壽決定光明王如來陀羅尼經』 文字異同 對校表 1

項次	1	10	12	14	6	7	13	5	18
類型	Z	Z	Z	Z	Z	Z	Z	Z	Z
冊 面 行 字	63 651 下2 13	63 652 上1	63 652 上3	63 652 中19 2	63 651 下12	63 651 下21	63 652 上7	63 651 下10 11	63 653 中10
應縣	造	口祖 仁祖反	嚩	宦	(改行)	(改行)	(改行)	壽	一切如來而
房山 初刻	造	口祖 仁祖反	嚩	官	(間字)	(間字)	(間字)	壽	一切如來而
房山 重刻	造	口祖 仁祖反	嚩	官	(改行)	(改行)	(改行)	命	一切如而來
趙城	蓮	口祖 仁相反	嚩 無可反	官	(改行)	(改行)	(改行)	壽	一切如來而
再雕	造	口祖 仁祖反	嚩	官	(改行)	(改行)	(改行)	壽	一切如來而

56) 본 연구에서 80권본 『대방광불화엄경』은 권제1부터 권제51까지만 대교가 진행되었다(총 306건)

1-2) 『佛說大乘聖無量壽決定光明王如來陀羅尼經』文字異同 對校表 2

項次	2	3	4	9	16	17	8	11	15
類型	Z	Z	Z	Z	Z	Z	Z	Z	Z
冊面行字	63 651 下4	63 651 下8 10	63 651 下9 3	63 651 下23	63 653 上5	63 653 中1	63 651 下23	63 652 上3	63 652 下12 4
應縣	陁羅尼功德	花	花	寧頁 寧吉反	瑠璃 珒 碟	瑠璃	霓野 二合反	你 也 二合又	叉
房山 初刻	陁羅尼功德	花	花	寧頁 寧吉反	瑠璃 珒 碟	瑠璃	霓野 二合反	你 也 二合又	叉
房山 重刻	陁羅尼功德	花	花	寧頁 寧吉反	瑠璃 珒 碟	瑠璃	霓野 二合	你 也 二合	叉
趙城	陁羅尼功德	花	花	寧頁 寧吉反	瑠璃 珒 碟	瑠璃	霓野 二合反	你 也 二合反	又
再雕	陁羅尼經功德	華	華	寧吉 寧吉反	琉璃 碑碟	琉璃	野 二合	你 也 二合	又

(제2항에서의 "陁羅尼功德"은 『자복』 이하 제본에는 "陁羅尼經功德"으로 되어 있다.)

2-1) 『阿毗達磨發智論』 卷第十三 類型別 文字異同 對校表 1

項次	11	21	2	3	4	5
類型	B-1	B-1	B-13-1)	B-13-1)	B-13-1)	B-13-1)
冊面行字	43 428 上7 7	43 432 中20 14	43 425 下1	43 425 下8	43 425 下11	43 425 下15
應縣	答	色	諸聖者	諸異生住胎藏中	諸聖者住胎藏中	諸異生
趙城	答	色	聖者	異生住胎	聖者住胎	異生
再雕	答	色	聖者	異生住胎	聖者住胎	異生
資福	若	○	諸聖者	諸異生住胎藏中	諸聖者住胎藏中	諸異生
磧砂	若	○	諸聖者	諸異生住胎藏中	諸聖者住胎藏中	諸異生
普寧	若	○	諸聖者	諸異生住胎藏中	諸聖者住胎藏中	諸異生
永南	若	○	諸聖者	諸異生住胎藏中	諸聖者住胎藏中	諸異生
徑山	若	○	諸聖者	諸異生住胎藏中	諸聖者住胎藏中	諸異生
清藏	若	○	諸聖者	諸異生住胎藏中	諸聖者住胎藏中	諸異生
備考			重出	重出	重出	重出

2-2) 『阿毗達磨發智論』 卷第十三 類型別 文字異同 對校表 2

項次	6	12	13	14	15	16	17
類型	B-13-1)	B-13-1)	B-13-1)	B-13-1)	B-13-1)	B-13-1)	B-13-1)
冊 面 行 字	43 426 上4 13,14	43 428 下3 13	43 429 中21	43 429 下1 6	43 429 下3 14	43 429 下14 9,10	43 429 下18
應縣	○	彼定	所造色	若	○	○	諸學者
趙城	成就	彼	造色	及	成就	成就	學者
再雕	成就	彼	造色	及	成就	成就	學者
資福	○	彼定	所造色	若	○	○	諸學者
磧砂	○	彼定	所造色	若	○	○	諸學者
普寧	○	彼定	所造色	若	○	○	諸學者
永南	○	彼定	所造色	若	○	○	諸學者
徑山	○	彼定	所造色	若	○	○	諸學者
清藏	○	彼定	所造色	若	○	○	諸學者
備考			重出				重出

2-3) 『阿毗達磨發智論』 卷第十三 類型別 文字異同 對校表 3

項次	24	25	18	8	1	26	9	19
類型	B-13-1)	B-13-1)	B-13-1)	B-13-2)	C-1	C-1	C-5	C-5
冊 面 行 字	43 433 上8	43 433 上8	43 431 中23 1	43 426 下4	43 425 中18 12	43 433 上13 8	43 426 下22 41	43 432 中11
應縣	一處所攝	二識所識	亦非色界	胎藏	二	熟	答	彼色一切
趙城	一處攝	二識識	及色界	胎中	二	熟	若	彼色
再雕	一處攝	二識識	及色界	胎中	一	孰	答	彼色一切
資福	一處所攝	二識所識	亦非色界	胎藏中	二	熟	答	彼色一切
磧砂	一處所攝	二識所識	亦非色界	胎藏中	二	熟	答	彼色一切
普寧	一處所攝	二識所識	及色界	胎藏中	二	熟	答	彼色一切
永南	一處所攝	二識所識	亦非色界	胎藏中	二	熟	答	彼色一切
徑山	一處所攝	二識所識	及色界	胎藏中	二	熟	答	彼色一切
清藏	一處所攝	二識所識	亦非色界	胎藏中	二	熟	答	彼色一切
備考	重出	重出	重出	重出				重出

2-4) 『阿毗達磨發智論』 卷第十三 類型別 文字異同 對校表 4

項次	20	22	23	28	27	7	10
類型	C-5	C-5	C-5	C-5	Z	D-5	D-5
冊 面 行 字	43 432 中18	43 432 下12	43 433 上7	43 434 上11 4	43 434 上4 5 1	43 426 上16	43 427 下17
應縣	若色色界繫色界	未來未來	幾處所攝幾識所識	○	後	不失	無覆
趙城	若色色界	未來	幾處攝幾識識	搏	後	不失	無覆
再雕	若色色界繫色界	未來未來	幾處所攝幾識所識	○	後	不失	無覆
資福	若色色界繫色界	未來未來	幾處所攝幾識所識	○	彼	不失	無覆
磧砂	若色色界繫色界	未來未來	幾處所攝幾識所識	○	彼	不失	無覆
普寧	若色色界繫色界	未來未來	幾處所攝幾識所識	○	彼	不失	無覆
永南	若色色界繫色界	未來未來	幾處所攝幾識所識	○	後	不失	無覆
徑山	若色色界繫色界	未來未來	幾處所攝幾識所識	○	彼	不設	有覆
清藏	若色色界繫色界	未來未來	幾處所攝幾識所識	○	後	不失	無覆
備考							

3-1) 『中阿含經』 卷第三十六 文字異同 對校表 1

項次	5	7	15	23	41	27	44	47
類型	B-1	B-1	B-1	B-1	B-1	B-1	B-1	B-1
冊 面 行 字	31 728 中7 1	31 728 下16 4	31 730 中5	31 731 上4 2	31 733 上16 8	31 731 中15	31 733 下9	31 734 上3 10
應縣	從	遠	便可	所	屈	所共	三千九百 八十八字	德
房山	從	遠	便可	所	屈	所共	三千九百 八十八字	德
趙城	從	遠	便可	所	屈	所共	三千九百 八十八字	德
再雕	從	遠	便可	所	屈	所共	三千九百 八十八字	德
資福	誦	達	可便	而	掘	共所	○	功德
磧砂	誦	達	可便	而	掘	共所	○	功德
普寧	誦	達	可便	而	掘	共所	○	功德
永南	誦	達	可便	而	掘	共所	○	功德
徑山	誦	達	可便	而	掘	共所	○	功德
清藏	誦	達	可便	而	掘	共所	○	功德

3-2) 『中阿含經』 卷第三十六 文字異同 對校表 2

項次	60	40	58	51	54	55	2	18	43
類型	B-1	B-4	B-4	B-8	B-8	B-8	B-8	B-8	B-8
冊 面 行 字	31 736 中20 1	31 733 上12 4	31 736 中8	31 735 中11	31 735 下2 6	31 735 下17 3	31 727 中3	31 730 中23	31 733 下9
應縣	趣	調	得不	聞…竟	收	收	第三念誦	瞿…竟	象…竟
房山	趣	調	得不	聞…竟	收	收	第三念誦	瞿…竟	象…竟
趙城	趣	調	得不	聞…竟	收	收	第三念誦	瞿…竟	象…竟
再雕	趣	調	得不	聞…竟	收	收	第三念誦	瞿…竟	象…竟
資福	起	調	得不	聞…竟	收	收	第三念誦	瞿…竟	象…竟
磧砂	起	掉	不得	聞…竟	收	收	第三念誦	瞿…竟	象…竟
普寧	起	掉	不得	聞…竟	收	收	第三念誦	瞿…竟	象…竟
永南	起	掉	不得	聞…竟	收	收	第三念誦	瞿…竟	象…竟
徑山	起	掉	不得	○	牧	牧	○	○	○
清藏	起	掉	不得	○	牧	牧	○	○	○

3-3) 『中阿含經』 卷第三十六 文字異同 對校表 3

項次	3	6	8	9	13	10	11	12
類型	B-13-1)	B-13-1)	B-13-1)	B-13-1)	B-13-1)	B-13-2)	B-13-2)	B-13-2)
冊 面 行 字	31 727 中9 14	31 728 중20 3	31 729 上2 11	31 729 上4 11	31 730 上11	31 729 中19 14	31 729 下1 3	31 729 下6 13
應縣	欲入	○	宴	宴	可憎可憎	正	正	正
房山	欲入	○	宴	宴	可憎可憎	正	正	正
趙城	入	共	燕	燕	加增加增	政	政	政
再雕	入	共	燕	燕	加增加增	政	政	政
資福	欲入	○	宴	宴	可憎可憎	整	整	整
磧砂	欲入	○	宴	宴	可憎可憎	整	整	整
普寧	欲入	○	宴	宴	可憎可憎	整	整	整
永南	欲入	○	宴	宴	可憎可憎	政	政	政
徑山	欲入	○	宴	宴	可憎可憎	整	整	整
清藏	欲入	○	宴	宴	可憎可憎	政	政	政

3-4) 『中阿含經』 卷第三十六 文字異同 對校表 4

項次	1	45	26	35	19	52
類型	B-16	B-16	B-16	B-16	C-1	C-1
冊 面 行 字	31 727 中3	31 733 下20 3	31 731 中2	31 732 下20 6	31 730 中23	31 735 中11
應縣	中阿含經	息	因	相	三千一百四十四字	一千六百一十字
房山	中阿含經	息	因	相	三千一百四十四字	一千六百一十字
趙城	○	自	因我	想	三千一百四十四字	一千六百一十字
再雕	○	自	我因	想	三千一百四十三字	一千六百九字
資福	○	自	我因	想	○	○
磧砂	○	自	我因	相	○	○
普寧	○	自	我因	相	○	○
永南	○	自	我因	相	○	○
徑山	○	自	我因	想	○	○
清藏	○	自	我因	想	○	○

3-5) 『中阿含經』 卷第三十六 文字異同 對校表 5

項次	17	48	49	50	21	24	25	28	29
類型	C-③	C-③	C-③	C-③	C-5	C-5	C-5	C-5	C-5
冊 面 行 字	31 730 中19	31 734 上10 9	31 734 上14 12	31 734 上17 11	31 730 下19 7	31 731 上6 13	31 731 中1 3	31 731 下11 14	31 732 中6 6
應縣	歡喜已	椎	椎	椎	如	諸	法善	○	畏
房山	歡喜已	椎	椎	椎	如	諸	法善	○	畏
趙城	歡喜	推	推	推	知	語	法	師	民
再雕	歡喜已	椎	椎	椎	如	諸	法善	○	畏
資福	歡喜	推	推	推	如	諸	法善	○	畏
磧砂	歡喜	推	推	推	如	諸	法善	○	畏
普寧	歡喜	推	推	推	如	諸	法善	○	畏
永南	歡喜	推	推	推	如	諸	法善	○	畏
徑山	歡喜	椎	椎	椎	如	諸	法善	○	畏
清藏	歡喜	推	推	推	如	諸	法善	○	畏

3-6) 『中阿含經』 卷第三十六 文字異同 對校表 6

項次	30	31	37	39	42	46	57	59	20	33
類型	C-5	C-5	C-5	C-5	C-5	C-5	C-5	C-5	D-1	D-1
冊 面 行 字	31 732 中12 5	31 732 中13 12	31 733 上8	31 733 上11 1	31 733 中21 11	31 733 下20 12	31 736 中6	31 736 中11 4	31 730 下12 3	31 732 下2 10
應縣	斗	寡	空安	令	彼以	或有	天及人	○	讀	鬘
房山	斗	寡	空安	令	彼以	或有	天及人	○	讀	鬘
趙城	升	寮	安隱	念	以	或	天人	苦	讀	鬘
再雕	斗	寡	空安	令	彼以	或有	天及人	○	讀	鬘
資福	斗	寡	空安	令	彼以	或有	天及人	○	誦	鬚
磧砂	斗	寡	空安	令	彼以	或有	天及人	○	讀	鬘
普寧	斗	寡	空安	令	彼以	或有	天及人	○	讀	鬘
永南	斗	寡	空安	令	彼以	或有	天及人	○	讀	鬘
徑山	斗	寡	空安	令	彼以	或有	天及人	○	讀	鬘
清藏	斗	寡	空安	令	彼以	或有	天及人	○	讀	鬘

3-7) 『中阿含經』 卷第三十六 文字異同 對校表 7

項次	32	53	34	16	56	14	38	22	4
類型	D-2	D-3	D-4	D-7	D-7	Z	Z	Z	Z
冊 面 行 字	31 732 中20 11	31 735 中19 11	31 732 下2 12	31 730 中5 11	31 736 上10	31 730 上18 7	31 733 上8 9	31 730 下21	31 727 下13
應縣	田	在	珞	當	天及人	稱	檀	世尊	問曰
房山	田	在	珞	富	及天人	稱	檀	世尊	問曰
趙城	田	在	珞	當	天及人	稱	檀	世尊	問曰
再雕	田	在	珞	當	天及人	稱	檀	世尊	問曰
資福	田	在	珞	當	天及人	稱說	壇	○	問曰
磧砂	中	在	珞	當	天及人	稱說	壇	○	阿問
普寧	田	出	珞	當	天及人	稱說	壇	世尊	阿問
永南	田	在	路	當	天及人	稱	檀	○	問曰
徑山	田	在	珞	當	天及人	稱說	壇	○	問曰
清藏	田	在	珞	當	天及人	稱	檀	○	問曰

4-1) 『稱讚大乘功德經』 類型別 文字異同 對校表 1

項次	7	11	4	14	10	2	12
類型	B-1	B-13-1)	B-13-1)	B-13-1)	C-(3)	C-5	C-5
冊 面 行 字	19 225 上3 5	19 225 上19	19 224 中23 7	19 226 上17 6	19 225 上15	19 224 中16	19 225 中13 3
應縣	極	增進	邊	墜	膒膬	般涅槃	說
趙城	極	進學	量	墮	膊脁	涅槃	語
再雕	極	進學	量	墮	膒膬	般涅槃	說
資福	乘	增進	邊	墜	膊脁	般涅槃	說
磧砂	乘	增進	邊	墜	膊脁	般涅槃	說
普寧	乘	增進	邊	墜	膒膬	般涅槃	說
永南	乘	增進	邊	墜	膒膬	般涅槃	說
徑山	乘	增進	邊	墜	膒膬	般涅槃	說
淸藏	乘	增進	邊	墜	膒膬	般涅槃	說

4-2) 『稱讚大乘功德經』 類型別 文字異同 對校表 2

項次	6	13	5	8	3	9	1
類型	D-2	D-3	D-5	D-6	Z	Z	Z
冊 面 行 字	19 224 下20 11	19 226 上11 10	19 224 下5 2	19 225 上5 4	19 224 中21 7	19 225 上14 8	19 224 中2
應縣	入	達	菩提	請	不	瘂	○
趙城	入	達	菩提	請	不	瘂	大唐
再雕	入	達	菩提	請	不	瘂	大唐
資福	入	達	菩提	請	未	癡	唐
磧砂	又	達	菩提	請	不	瘂	唐
普寧	入	達	菩提	請	未	癡	大唐
永南	入	達	菩提	請	未	瘂	唐
徑山	入	達	菩薩	請	未	瘂	唐
淸藏	入	達	菩提	諸	未	瘂	唐

5-1) 『大乘本生心地觀經』 卷第二 文字異同 對校表 1

項次	2	8	10	11	12	13	14	17	19
類型	B-1	B-1	B-1	B-1	B-1	B-1	B-1	B-1	B-1
冊 面 行 字	67 12 上8	67 12 中15 11	67 13 上5	67 13 中8 10	67 13 中12 1	67 13 中15	67 13 下1	67 14 中8	67 15 中6 11
豊潤	世出世	徵	大恩	主	主	天主	任賢	壽命	圓
房山	世出世	徵	大恩	主	主	天主	任賢	壽命	圓
趙城	世出世	徵	大恩	主	主	天主	任賢	壽命	圓
再雕	世出世	徵	大恩	主	主	天主	任賢	壽命	圓
磧砂	世間	微	大悲	王	王	天王	住賢	壽欲	○
永南	世間	微	大悲	王	王	天王	住賢	壽欲	○
徑山	世間	微	大悲	王	王	天王	住賢	壽欲	○
清藏	世間	微	大悲	王	王	天王	住賢	壽欲	○

5-2) 『大乘本生心地觀經』 卷第二 文字異同 對校表 2

項次	21	26	6	16	3	4	5	9
類型	B-1	B-1	B-16	C-(1)	C-③	C-③	C-③	C-③
冊 面 行 字	67 15 下7	67 17 中2	67 12 中8	67 14 中7 8	67 12 上9 1	67 12 上23 10	67 12 中5	67 12 下3
豊潤	爲無爲果	眞實法施	而常	現	○	終	或致	先與
房山	爲無爲果	眞實法施	而常	現	○	終	或致	先與
趙城	爲無爲果	眞實法施	常爲	現	之	經	遂致	皆與
再雕	爲無爲果	眞實法施	常爲	現報	○	終	或致	先與
磧砂	無爲妙果	眞法施一切	常爲	現	之	經	遂致	皆與
永南	無爲妙果	眞法施一切	常爲	現	之	經	遂致	皆與
徑山	無爲妙果	眞法施一切	常爲	現	之	經	遂致	皆與
清藏	無爲妙果	眞法施一切	常爲	現	之	經	遂致	皆與

5-3) 『大乘本生心地觀經』 卷第二 文字異同 對校表 3

項次	18	24	20	7	23	1	22	15	25
類型	C-③	C-4	C-5	D-2	D-4	D-7	D-7	Z	Z
冊面行字	67 14 中18	67 16 中14	67 15 中16 1	67 12 中9	67 16 中1	67 11 中19	67 16 上5 3	67 14 上13	67 16 下7 8
豊潤	二無	未知	言	甘露泉	常發	復除	劍	具三種	情
房山	二無	未知	告	甘露泉	常發	服除	釖	具三種	情
趙城	無二	未知	告	甘露泉	常發	復除	劍	具三種	情
再雕	二無	不知	言	甘露泉	常發	復除	劍	具三種	情
磧砂	無二	不知	言	甘露水	常發	復除	劍	眞三種	○
永南	無二	不知	言	甘露泉	當發	復除	劍	眞三種	○
徑山	無二	不知	言	甘露泉	常發	復除	劍	具三種	情
清藏	無二	不知	言	甘露泉	常發	復除	劍	具三種	情

6-1) 『大乘本生心地觀經』 卷第六 文字異同 對校表 1

項次	1	2	3	4	5	6	8	11	12	14	17
類型	B-1	B-1	B-1	B-1	B-1	B-1	B-1	B-1	B-1	B-1	B-1
冊面行字	67 47 中12	67 47 中20 10	67 47 下2 11	67 47 下15 4	67 47 下17	67 47 下18 8	67 47 下19	67 48 上10 4	67 48 上12 5	67 48 上23 9	67 48 下19 7
豊潤	菩提	起	若	炷	來衆	食	尋聲	綿	被	困	故
房山	菩提	起	若	炷	來衆	食	尋聲	綿	被	困	故
趙城	菩提	起	若	炷	來衆	食	尋聲	綿	被	困	故
再雕	菩提	起	若	炷	來衆	食	尋聲	綿	被	困	故
磧砂	菩薩	○	當	性	衆來	貪	群鹿	縛	故	因	報
永南	菩薩	○	當	性	衆來	貪	群鹿	縛	故	因	報
徑山	菩薩	○	當	性	衆來	貪	群鹿	縛	故	因	報
清藏	菩提	○	若	性	衆來	貪	群鹿	縛	被	因	報

6-2) 『大乘本生心地觀經』 卷第六 文字異同 對校表 2

項次	18	19	23	25	26	27	28	32	44
類型	B-1	B-1	B-1	B-1	B-1	B-1	B-1	B-1	B-1
冊 面 行 字	67 49 上23 10	67 49 中2 10	67 49 下7	67 49 下22 12	67 50 中8	67 50 中12	67 50 下7 11	67 51 上10 ～上13	67 53 中3
豊潤	觀	觀	根本	法	無童兒	坐處	證	善…若	養育
房山	觀	觀	根本	法	無童兒	坐處	證	善…若	養育
趙城	觀	觀	根本	法	無童兒	坐處	證	善…若	養育
再雕	觀	觀	根本	法	無童兒	坐處	證	善…若	養育
磧砂	墮	覩	根本故	○	無有見	生處	○	○	眷屬養育
永南	墮	覩	根本故	○	無有見	生處	○	○	眷屬養育
徑山	墮	覩	根本故	○	無有見	生處	○	○	眷屬養育
清藏	墮	覩	根本故	○	無有見	生處	○	○	眷屬養育

6-3) 『大乘本生心地觀經』 卷第六 文字異同 對校表 3

項次	45	24	33	40	46	7	13	16	31	34
類型	B-1	B-1	C-1	C-1	C-1	C-4	C-4	C-4	C-4	C-4
冊 面 行 字	67 53 中4 1	67 49 下20 10	67 51 中3	67 52 中6	67 53 中21	67 47 下19	67 48 上21	67 48 中1	67 51 上4	67 51 中13
豊潤	主	作	婆陁	順途	成熟	牝鹿	常受	以我	怨故	相皆無
房山	主	作	婆陁	順途	成熟	牝鹿	常受	以我	怨故	相皆無
趙城	主	作	婆陁	順途	成熟	牝鹿	常受	以我	怨故	相皆無
再雕	主	作	婆陀	隨途	成就	母鹿	身常	我我	怨敵	皆無相
磧砂	生	依	婆陁	隨器	成熟	母鹿	身常	我我	怨敵	皆無相
永南	生	依	婆陁	隨器	成熟	母鹿	身常	我我	怨敵	皆無相
徑山	生	依	婆陁	隨器	成熟	母鹿	身常	我我	怨敵	皆無相
清藏	生	作	婆陁	隨器	成熟	母鹿	身常	我我	怨敵	皆無相

6-4) 『大乘本生心地觀經』 卷第六 文字異同 對校表 4

項次	35	36	37	38	42	47	30
類型	C-4	C-4	C-4	C-4	C-4	C-4	C-5
冊面行字	67 51 中16 2	67 51 下7 7	67 52 上10	67 52 上15 12	67 53 上14	67 53 下6	67 50 下10
豊潤	離	宮	陁羅尼	白佛言	勢力難止	遠塵離垢	善能
房山	離	宮	陁羅尼	白佛言	勢力難止	遠塵離垢	能
趙城	離	宮	陁羅尼	白佛言	勢力難止	遠塵離垢	能善
再雕	斷	空	陀羅尼門	而白佛言	勢不可止	遠離塵垢	善能
磧砂	斷	空	陀羅尼門	而白佛言	勢不可止	遠離塵垢	善能
永南	斷	空	陀羅尼門	而白佛言	勢不可止	遠離塵垢	善能
徑山	斷	空	陀羅尼門	而白佛言	勢不可止	遠離塵垢	善能
清藏	斷	空	陀羅尼門	而白佛言	勢不可止	遠離塵垢	善能

6-5) 『大乘本生心地觀經』 卷第六 文字異同 對校表 5

項次	43	15	41	29	9	10	21	22	20	39
類型	C-5	D-2	D-7	D-7	D-8	D-8	D-8	D-8	Z	Z
冊面行字	67 53 上22 8	67 48 中1	67 52 中11 3	67 50 下8 11	67 48 上2 7	67 48 上4 2	67 49 中14 6	67 49 下2 13	67 49 中10 2	67 52 中3
豊潤	嬰兒失父母	千劫	癡	量	心	貪	是	永	墮	如坏瓦
房山	嬰兒生失父母	千劫	飮	是	心	貪	是	永	墮	如坏瓦
趙城	嬰兒生失父母	千劫	癡	量	人	食	而	求	墮	如坏瓦
再雕	嬰兒失父母	千劫	癡	量	心	貪	是	永	墮	猶如坏
磧砂	嬰兒失父母	千載	癡	量	心	貪	是	永	墮	猶如坏
永南	嬰兒失父母	千劫	癡	量	心	貪	是	永	墜	猶如坏
徑山	嬰兒失父母	千劫	癡	量	心	貪	是	永	墜	猶如坏
清藏	嬰兒失父母	千劫	癡	量	心	貪	是	永	墮	猶如坏

(『房山』은 金 天會 15년(1137)에 刻成된 것이다.)

7-1) 80卷本 『大方廣佛華嚴經』 類型別 文字異同 對校表 1

項次	4	5	12	13	26	30	31	39	56	85	122
類型	B-1	B-1	B-1	B-1	B-1	B-1	B-1	B-1	B-1	B-1	B-1
卷	2	2	2	2	3	5	5	5	6	8	15
冊	12	12	12	12	12	12	12	12	12	12	12
面	641	641	644	645	652	666	666	670	679	698	751
行	上7	中21	中7	上1	下12	上9	上10	上4	下9	上16	上6
字	2		7	12	10	6	6	5	1		14
豊潤	神	神遍	遍	神	怨	門	得	深	威力	空	主
趙城	神	神遍	遍	神	怨	門	得	深	威力	空	主
再雕	神	神遍	遍	神	怨	門	得	深	威力	空	主
資福	威	力普	普	威	冤	門…門	得…得	心	威神	空雲	王
磧砂	威	力普	普	威	冤	門…門	得…得	心	威神	空雲	王
普寧	威	力普	普	威	冤	門…門	得…得	心	威神	空雲	王
永南	威	力普	普	威	冤	門…門	得…得	心	威神	空雲	王
徑山	威	力普	普	威	冤	門…門	得…得	心	威神	空雲	王
清藏	威	力普	普	威	冤	門…門	得…得	心	威神	空雲	王

7-2) 80卷本 『大方廣佛華嚴經』 類型別 文字異同 對校表 2

項次	125	126	128	129	153	164	196	220	227	242	246
類型	B-1	B-1	B-1	B-1	B-1	B-1	B-1	B-1	B-1	B-1	B-1
卷	15	15	15	15	17	18	20	28	28	31	32
冊	12	12	12	12	12	12	12	12	12	13	13
面	753	753	755	755	773	779	803	869	874	4	14
行	下3	上12	上17	下6	上3	下14	上20	上15	中6	中7	上13
字	7	6		1		8	2	10	4	11	4
豊潤	三	作	注雨	返	如是說	王	其	達	界	一	欲
趙城	三	作	注雨	返	如是說	王	其	達	界	一	欲
再雕	三	作	注雨	返	如是說	王	其	達	界	一	欲
資福	二	化	霪雨	反	復如是	王龍王	於	遠	世界	一切	爲欲
磧砂	二	化	霪雨	反	復如是	王龍王	於	遠	世界	一切	爲欲
普寧	二	化	霪雨	反	復如是	王龍王	於	遠	世界	一切	爲欲
永南	二	化	霪雨	反	復如是	王龍王	於	遠	世界	一切	爲欲
徑山	二	化	霪雨	反	復如是	王龍王	於	遠	世界	一切	爲欲
清藏	二	化	霪雨	反	復如是	王龍王	於	遠	世界	一切	爲欲

7-3) 80卷本 『大方廣佛華嚴經』 類型別 文字異同 對校表 3

項次	262	63	71	83	99	2	19	28	106	107
類型	B-1	B-3	B-3	B-3	B-3	B-4	B-4	B-4	B-4	B-4
卷 冊 面 行 字	38 13 59 上9 11	7 12 685 中12 1	8 12 693 上18 2	8 12 696 上18 	11 12 719 上10 	2 12 639 下18 3	3 12 648 中16 7	3 12 653 上16 10	12 12 724 下7 7	12 12 724 下12 9
豊潤	至	汝	頌	藏寶	衆海	門	門	往	意	意
趙城	至	汝	頌	藏寶	衆海	門	門	往	意	意
再雕	至	汝	頌	藏寶	衆海	門	門	往	意	意
資福	至此	法	偈	寶藏	海衆	門	門	往	意	意
磧砂	至此	法	偈	寶藏	海衆	門…門	門…門	住	意…慧	意…在
普寧	至此	汝	頌	藏寶	衆海	門…門	門…門	住	意…慧	意…在
永南	至此	汝	頌	藏寶	衆海	門…門	門…門	住	意…慧	意…在
徑山	至此	汝	頌	藏寶	衆海	門…門	門…門	住	意…慧	意…在
清藏	至此	汝	頌	藏寶	海衆	門…門	門…門	住	意…慧	意…在

7-4) 80卷本 『大方廣佛華嚴經』 類型別 文字異同 對校表 4

項次	141	142	275	7	18	25	49	78	88	182	202	256
類型	B-4	B-4	B-4	B-8	B-8	B-8	B-8	B-8	B-8	B-8	B-8	B-8
卷 冊 面 行 字	16 12 762 中14 8	16 12 762 上17 1	43 13 102 上7 5	2 12 641 下19 9	3 12 647 下15 	3 12 650 下13 	6 12 677 下17 5	8 12 695 中7 12	10 12 713 中22 9	20 12 797 中6 2	23 12 825 中10 2	36 13 43 中9 13
豊潤	聞	王	不	主	妙音如是觀於佛	能竭衆生煩惱海	住	花	能	有	登	集
趙城	聞	王	不	主	妙音如是觀於佛	能竭衆生煩惱海	住	花	能	有	登	集
再雕	聞	王	不	主	妙音如是觀於佛	能竭衆生煩惱海	住	花	能	有	登	集
資福	聞	王	不	主	妙音如是觀於佛	能竭衆生煩惱海	住	花	能	有	登	集
磧砂	聞有	法王	○	主	妙音如是觀於佛	能竭衆生煩惱海	住	花	能	有	登	集
普寧	聞有	法王	○	主	妙音如是觀於佛	能竭衆生煩惱海	住	花	能	有	登	集
永南	聞有	法王	○	主	妙音如是觀於佛	能竭衆生煩惱海	住	花	能	有	登	集
徑山	聞有	法王	○	妙	普放寶光如是見	入佛行廣大智慧海	坐	萃	佛	若有	證	習
清藏	聞有	法王	○	妙	普放寶光如是見	入佛行廣大智慧海	坐	萃	佛	若有	證	習

7–5) 80卷本 『大方廣佛華嚴經』 類型別 文字異同 對校表 5

項次	285	44	45	46	82	89	91	111	115	124
類型	B-8	B-12	B-12	B-12	B-12	B-12	B-12	B-12	B-12	B-12
卷 冊 面 行 字	46 13 133 上14 9	6 12 672 中8 7	6 12 672 中15 14	6 12 674 上23 12	8 12 696 上11 7	11 12 715 中15 9	11 12 715 下22 15	12 12 726 下14 14	12 12 728 上11 14	15 12 751 下18 14
豊潤	一	昧	海	種	有	大	那	毀	生	瑩
趙城	一	昧	海	種	有	大	那	毀	生	瑩
再雕	一	昧	海	種	有	大	那	毀	生	瑩
資福	一	昧	海	種	有	大	那	毀	生	瑩
磧砂	一	昧	海	種	有	大	那	毀	生	瑩
普寧	一	昧	海	種	有	大	那	毀	生	瑩
永南	一	昧…在	海…海	種衆寶	有十	大蓮	那羅	毀訾	生…利	鎣
徑山	所謂一	昧…在	海…海	種衆寶	有十	大蓮	那羅	毀訾	生…利	鎣
清藏	所謂一	昧…在	海…海	種衆寶	有十	大蓮	那羅	毀訾	生…利	鎣

7–6) 80卷本 『大方廣佛華嚴經』 類型別 文字異同 對校表 6

項次	171	216	173	206	211	216	234	236	237	266	302
類型	B-12	B-12	B-12	B-12	B-12	B-12	B-12	B-12	B-12	B-12	B-12
卷 冊 面 行 字	19 12 798 上5 2	26 12 855 中22 4	19 12 789 上22 7	24 12 834 中10 12	25 12 846 中17 11	26 12 855 中22 4	30 12 885 中15 3	30 12 889 中9 3	30 12 890 下4 2	38 13 64 上21 5	51 13 174 中15
豊潤	住	主	主	善	住	主	集	行	種	聚	明盛
趙城	住	主	主	善	住	主	集	行	種	聚	明盛
再雕	住	主	主	善	住	主	集	行	種	聚	明盛
資福	住	主	主	善	住	主	集	行	種	聚	明盛
磧砂	住	主	主	善	住	主	集	行	種	聚	明盛
普寧	住	主	主	善	住	主	集	行	種	聚	明盛
永南	在	王	住	善根	住處	王	習	徧	種種	趣	熾然
徑山	在	王	住	善根	住處	王	習	徧	種種	趣	熾然
清藏	在	王	住	善根	住處	王	習	徧	種種	趣	熾然

7-7) 80卷本 『大方廣佛華嚴經』 類型別 文字異同 對校表 7

項次	303	306	6	14	21	37	41	43	52	50	61
類型	B-12	B-12	C-①	C-①	C-①	C-①	C-①	C-①	C-①	C-①	C-①
卷 冊 面 行 字	51 13 174 下19 10	51 13 178 上23	2 12 641 下7 11	2 12 645 上2 14	3 12 648 下14 1	5 12 669 上5 14	5 12 670 中9 12	5 12 670 下17 8	6 12 678 上9 7	6 12 677 下18 14	7 12 683 上18 3
豊潤	怨	大經	天	言	除滅	現	今	踊	坐	疑	起
趙城	怨	大經	天	言	除滅	現	今	踊	坐	疑	起
再雕	怨	大經	大	日	滅除	睹	令	涌	立	凝	而起
資福	怨	大經	天	言	除滅	現	今	踊	坐	疑	起
磧砂	怨	大經	天	言	除滅	現	今	踊	坐	疑	起
普寧	怨	大經	天	言	除滅	現	今	踊	坐	疑	起
永南	寃	經卷	天	言	除滅	現	今	踊	坐	疑	起
徑山	寃	經卷	天	言	除滅	現	今	踊	坐	疑	起
淸藏	寃	經卷	天	言	除滅	現	今	踊	坐	疑	起

7-8) 80卷本 『大方廣佛華嚴經』 類型別 文字異同 對校表 8

項次	66	67	77	87	92	117	127	134	144	145	155
類型	C-①	C-①	C-①	C-①	C-①	C-①	C-①	C-①	C-①	C-①	C-①
卷 冊 面 行 字	7 12 686 下22 14	7 12 687 上17 1	8 12 695 中3	10 12 708 下6 13	11 12 716 上22	15 12 749 中8 2	15 12 754 中11 13	16 12 759 下22 6	16 12 763 中4 9	16 12 763 中8 9	17 12 773 下9 12
豊潤	旋	住	一	光	十方	先	辯	二	踊	天	踊
趙城	旋	住	一	光	十方	先	辯	二	踊	天	踊
再雕	漩	主	一切	光明	十万	光	辨	一	涌	大	涌
資福	旋	住	一	光	十方	先	辯	二	踊	天	踊
磧砂	旋	住	一	光	十方	先	辯	二	踊	天	踊
普寧	旋	住	一	光	十方	先	辯	二	踊	天	踊
永南	旋	住	一	光	十方	先	辯	二	踊	天	踊
徑山	旋	住	一	光	十方	先	辯	二	踊	天	踊
淸藏	旋	住	一	光	十方	先	辯	二	踊	天	踊

7-9) 80卷本 『大方廣佛華嚴經』 類型別 文字異同 對校表 9

項次	157	162	166	177	183	186	188	200	203	209	213
類型	C-①	C-①	C-①	C-①	C-①	C-①	C-①	C-①	C-①	C-①	C-①
卷	17	17	18	19	20	20	20	23	23	24	26
冊	12	12	12	12	12	12	12	12	12	12	12
面	776	777	780	792	797	798	800	822	825	838	851
行	上2	下2	下15	下22	中6	中17	中16	下3	下14	中7	中21
字	3	2	12	5	7	7	8	7	10	1	9
豊潤	趣	心	所	末	就	讎	踊	願	辦	就	辦
趙城	趣	心	所	末	就	讎	踊	願	辦	就	辦
再雕	衆	身	有	抹	熟	雙	涌	眼	辨	熟	辨
資福	趣	心	所	末	就	讎	踊	願	辦	就	辦
磧砂	趣	心	所	末	就	讎	踊	願	辦	就	辦
普寧	趣	心	所	末	就	讎	踊	願	辦	就	辦
永南	趣	心	所	末	就	讎	踊	願	辦	就	辦
徑山	趣	心	所	末	就	讎	踊	願	辦	就	辦
清藏	趣	心	所	末	就	讎	踊	願	辦	就	辦

7-10) 80卷本 『大方廣佛華嚴經』 類型別 文字異同 對校表 10

項次	219	222	230	235	233	251	254	258	265
類型	C-①	C-①	C-①	C-①	C-①	C-①	C-①	C-①	C-①
卷	28	28	28	30	28	35	36	36	38
冊	12	12	12	12	12	13	13	13	13
面	876	872	876	885	877	37	42	44	62
行	下21	上7	下13	中15	上10	中21	中4	下5	下14
字	7	9	1	10	(行間)	(行間)	14	(行間)	(行間)
豊潤	辦	繫	知	辦	悟解	○	法	○	○
趙城	辦	繫	知	辦	悟解	○	法	○	○
再雕	辨	繼	如	辨	解悟	第三地	地	第五地	第九地
資福	辦	繫	知	辦	悟解	○	法	○	○
磧砂	辦	繫	知	辦	悟解	○	法	○	○
普寧	辦	繫	知	辦	悟解	○	法	○	○
永南	辦	繫	知	辦	悟解	○	法	○	○
徑山	辦	繫	知	辦	悟解	○	法	○	○
清藏	辦	繫	知	辦	悟解	○	法	○	○

7-11) 80卷本 『大方廣佛華嚴經』 類型別 文字異同 對校表 11

項次	283	291	40	47	51	114	199	218
類型	C-①	C-①	C-①	C-3)	C-3)	C-3)	C-3)	C-3)
卷 冊 面 行 字	46 13 131 下10 3	48 13 154 上21 11	5 12 670 上16	6 12 676 中17 8	6 12 678 上2 9	12 12 728 上4 6	23 12 822 中21 5	26 12 857 上7 7
豊潤	辦	許	衆會海已	跏	曰	揀	跏	別
趙城	辦	許	衆會海已	加	言	簡	加	莂
再雕	辨	諸	道場衆會海已	跏	曰	揀	跏	別
資福	辦	許	道場衆會	加	言	簡	加	莂
磧砂	辦	許	道場衆會已	加	言	簡	加	莂
普寧	辦	許	道場衆會	跏	曰	簡	加	莂
永南	辦	許	道場衆會	加	曰	簡	加	莂
徑山	辦	許	道場衆會	跏	曰	簡	加	莂
清藏	辦	許	道場衆會	跏	曰	簡	加	莂

7-12) 80卷本 『大方廣佛華嚴經』 類型別 文字異同 對校表 12

項次	11	29	32	43	34	36	38	42	54
類型	C-④	C-④	C-④	C-④	C-④	C-④	C-④	C-④	C-④
卷 冊 面 行 字	2 12 644 中3 7	5 12 666 上2 9	5 12 667 中21 10	5 12 667 下11 3	5 12 667 下20	5 12 668 下23 2	5 12 669 下15	5 12 670 下16 5	6 12 679 上22
豊潤	勝	福	已	莊	而說	歧	○	種	神力
趙城	勝	福	已	莊	而說	歧	○	種	神力
再雕	○	福德	海	嚴	剏說	枝	道場	種十八相	威神
資福	○	福德	海	嚴	剏說	枝	道場	種十八相	威神
磧砂	○	福德	海	嚴	剏說	枝	道場	種十八相	威神
普寧	○	福德	海	嚴	剏說	枝	道場	種十八相	威神
永南	○	福德	海	嚴	剏說	枝	道場	種十八相	威神
徑山	○	福德	海	嚴	剏說	枝	道場	種十八相	威神
清藏		福德	海	嚴	剏說	枝	道場	種十八相	威神

7-13) 80卷本 『大方廣佛華嚴經』 類型別 文字異同 對校表 13

項次	57	59	60	68	69	70	73	75	80
類型	C-④	C-④	C-④	C-④	C-④	C-④	C-④	C-④	C-④
卷 冊 面 行 字	6 12 679 下10	6 12 680 中13	6 12 680 中19 10	7 12 688 上11 1	7 12 688 中8	8 12 692 中9 10	8 12 694 上23	8 12 694 下12	8 12 695 下8 7
豊潤	言	威力	內	現	普觀	花	說此	威神	威
趙城	言	威力	內	現	普觀	花	說此	威神	威
再雕	日	威神	中	見	觀察	華	而說	神力	神
資福	日	威神	中	見	觀察	華	而說	神力	神
磧砂	日	威神	中	見	觀察	華	而說	神力	神
普寧	日	威神	中	見	觀察	華	而說	神力	神
永南	日	威神	中	見	觀察	華	而說	神力	神
徑山	日	威神	中	見	觀察	華	而說	神力	神
清藏	日	威神	中	見	觀察	華	而說	神力	神

7-14) 80卷本 『大方廣佛華嚴經』 類型別 文字異同 對校表 14

項次	95	100	104	130	132	146	167	174
類型	C-④	C-④	C-④	C-④	C-④	C-④	C-④	C-④
卷 冊 面 行 字	11 12 717 下12 11	12 12 722 中1-4	12 12 724 上3 5	16 12 757 中1-4	16 12 758 中13 10	16 12 763 下10 8	18 12 781 下1 3	19 12 789 中11 9
豊潤	海	第…說	主	第…說	主	離	十	神
趙城	海	第…說	主	第…說	主	離	十	神
再雕	○	○	王	○	王	雜	十種	威
資福	○	○	王	○	王	雜	十種	威
磧砂	○	○	王	○	王	雜	十種	威
普寧	○	○	王	○	王	雜	十種	威
永南	○	○	王	○	王	雜	十種	威
徑山	○	○	王	○	王	雜	十種	威
清藏	○	○	王	○	王	雜	十種	威

7-15) 80卷本『大方廣佛華嚴經』類型別 文字異同 對校表 15

項次	169	176	178	184	189	193	210	217	217	232
類型	C-④	C-④	C-④	C-④	C-④	C-④	C-④	C-④	C-④	C-④
卷	19	19	19	20	20	20	25	26	26	28
冊	12	12	12	12	12	12	12	12	12	12
面	786	790	794	798	800	801	844	856	856	877
行	中1-4	中3	上11	上18	下1	下7	上23	下13	下13	上6
字		1	6	8	12	7	11	14	14	4
豊潤	第…說	離	現	行	此	別	罄	砧	砧	脫
趙城	第…說	離	現	行	此	別	罄	砧	砧	脫
再雕	○	○	示現	○	此土	刹	髮	礎	礎	說
資福	○	○	示現	○	此土	刹	髮	礎	礎	說
磧砂	○	○	示現	○	此土	刹	髮	礎	礎	說
普寧	○	○	示現	○	此土	刹	髮	礎	礎	說
永南	○	○	示現	○	此土	刹	髮	礎	礎	說
徑山	○	○	示現	○	此土	刹	髮	礎	礎	說
清藏	○	○	示現	○	此土	刹	髮	礎	礎	說

7-16) 80卷本『大方廣佛華嚴經』類型別 文字異同 對校表 16

項次	239	245	250	255	263	270	272	279	282	284	286
類型	C-④	C-④	C-④	C-④	C-④	C-④	C-④	C-④	C-④	C-④	C-④
卷	31	31	35	36	38	41	41	43	46	46	48
冊	13	13	13	13	13	13	13	13	13	13	13
面	2	9	37	42	60	86	88	108	129	132	147
行	上8	中6	中8	下3	中2	中14	中17	下14	中20	中8	下22
字	10		11	3	14	2	6	5	8	3	7
豊潤	能	菩提	燒	就	之	百	法	時	勤	一一	咢
趙城	能	菩提	燒	就	之	百	法	時	勤	一一	咢
再雕	○	菩薩	如	熟	○	○	○	爾時	進	一切	齶
資福	○	菩薩	如	熟	○	○	○	爾時	進	一切	齶
磧砂	○	菩薩	如	熟	○	○	○	爾時	進	一切	齶
普寧	○	菩薩	如	熟	○	○	○	爾時	進	一切	齶
永南	○	菩薩	如	熟	○	○	○	爾時	進	一切	齶
徑山	○	菩薩	如	熟	○	○	○	爾時	進	一切	齶
清藏	○	菩薩	如	熟	○	○	○	爾時	進	一切	齶

7-17) 80卷本『大方廣佛華嚴經』類型別 文字異同 對校表 17

項次	290	292	295	296	298	299	300	1	148	168	289
類型	C-④	C-④	C-④	C-④	C-④	C-④	C-④	C-⑤	C-⑤	C-⑤	C-⑤
卷	48	49	49	49	51	51	51	2	16	18	48
冊	3	13	13	13	13	13	3	12	12	12	13
面	153	155	157	158	171	171	173	639	764	783	153
行	下22	下5	下8	中15	中1	中12	下13	上17	上17	中17	中14
字	7	12	2	14	5		1	11	9	13	14
豊潤	種	樂	見	別	花	修集	電	寂	末	集	善
趙城	種	樂	見	別	花	修集	電	寂	末	集	善
再雕	種一	○	是	刹	華	修習	雷	寂靜	抹	習	業
資福	種一	○	是	刹	華	修習	雷	寂	末	集	善
磧砂	種一	○	是	刹	華	修習	雷	寂靜	抹	習	業
普寧	種一	○	是	刹	華	修習	雷	寂靜	抹	習	業
永南	種一	○	是	刹	華	修習	雷	寂靜	抹	習	業
徑山	種一	○	是	刹	華	修習	雷	寂靜	抹	習	業
清藏	種一	○	是	刹	華	修習	雷	寂靜	抹	習	業

7-18) 80卷本『大方廣佛華嚴經』類型別 文字異同 對校表 18

項次	79	97	187	241	64	103	118	136	139	160	197
類型	D-1	D-1	D-1	D-1	D-2	D-2	D-2	D-2	D-2	D-2	D-2
卷	8	11	20	31	7	12	15	16	16	17	20
冊	12	12	12	13	12	12	12	12	12	12	12
面	695	718	798	3	686	723	750	760	761	776	803
行	下2	下6	下22	上1	上7	下16	上7	中6	中17	下16	中2
字	7	4	5	4	7	3	14	8	1	11	5
豊潤	刹	彼	此	授	相	主	聖	衆	閑	洽	及
趙城	刹	彼	此	授	相	主	聖	衆	閑	洽	及
再雕	刹	彼	此	授	相	主	聖	衆	閑	洽	及
資福	別	得	得	受	相	主	聖	衆	閑	洽	及
磧砂	刹	彼	此	授	生	王	空	諸	聞	洽	或
普寧	刹	彼	此	授	相	主	聖	衆	閑	洽	及
永南	刹	彼	此	授	相	主	聖	衆	閑	洽	及
徑山	刹	彼	此	授	相	主	聖	衆	閑	洽	及
清藏	刹	彼	此	授	相	主	聖	衆	閑	洽	及

7-19) 80卷本 『大方廣佛華嚴經』 類型別 文字異同 對校表 19

項次	223	224	225	228	253	305	208	10	35	119	120	147
類型	D-2	D-2	D-2	D-2	D-2	D-2	D-3	D-4	D-4	D-4	D-4	D-4
卷 冊 面 行 字	28 12 872 中22	28 12 873 下3 10	28 12 873 下22 1	28 12 874 上5 9	35 13 39 下11 5	51 13 176 中11 11	24 12 838 上22 2	2 12 643 下7 6	5 12 668 中19 4	15 12 750 中2 8	15 12 750 下5 2	16 12 764 上4 2
豊潤	喜慶	免	興	往	薄	水	相	俾	睟	常	有	其
趙城	喜慶	免	興	往	薄	水	相	俾	睟	常	有	其
再雕	喜慶	免	興	往	薄於	水	相	俾	睟	常	有	其
資福	喜慶	免	興	往	薄於	水	相	俾	睟	常	有	其
磧砂	慶喜	勉	與	住	縛於	乘	相	俾	睟	常	有	其
普寧	喜慶	免	興	往	薄於	水	性	俾	睟	常	有	其
永南	喜慶	免	興	往	薄於	水	相	解	眸	當	其	是
徑山	喜慶	免	興	往	薄於	水	相	俾	睟	常	有	其
清藏	喜慶	免	興	往	薄於	水	相	俾	睟	常	有	其

7-20) 80卷本 『大方廣佛華嚴經』 類型別 文字異同 對校表 20

項次	149	150	259	304	135	192	195	207	215	215	231
類型	D-4	D-4	D-4	D-4	D-5	D-5	D-5	D-5	D-5	D-5	D-5
卷 冊 面 行 字	16 12 764 中3 4	16 12 764 下5 8	36 13 45 中21 1	51 13 175 上21 9	16 12 759 下22 10	20 12 800 下19 14	20 12 802 下7 7	24 12 835 下21 8	26 12 856 上20	26 12 856 上20	28 12 877 上1 9
豊潤	小	悉	行	有	得	者	了	今	幢幡	幢幡	見
趙城	小	悉	行	有	得	者	了	今	幢幡	幢幡	見
再雕	小	悉	行	有	得	者	了	今	幢幡	幢幡	見
資福	小	悉	行	有	得	者	了	今	幢幡	幢幡	見
磧砂	小	悉	行	有	得	者	了	今	幢幡	幢幡	見
普寧	小	悉	行	有	得	者	了	今	幢幡	幢幡	見
永南	山	住	無	其	得	者	了	今	幢幡	幢幡	見
徑山	小	悉	行	有	說	有	示	令	慢幢	慢幢	於
清藏	小	悉	行	有	得	者	了	今	幢幡	幢幡	見

7-21) 80卷本 『大方廣佛華嚴經』 類型別 文字異同 對校表 21

項次	23	62	165	221	3	8	15	55	58	86	96
類型	D-6	D-6	D-6	D-6	D-8	D-8	D-8	D-8	D-8	D-8	D-8
卷	3	7	18	28	2	2	2	6	6	10	11
冊	12	12	12	12	12	12	12	12	12	12	12
面	649	684	780	871	640	643	645	679	679	708	718
行	中16	下1	中6	下2	上2	上10	上12	中11	下22	中18	上17
字	14	10	4	2	2	7		10	10	5	1
豊潤	力	輪	少	恒	量	熟	○	地	願	說佛刹	熟
趙城	力	輪	少	恒	邊	就	如…有	海	行	說	就
再雕	力	輪	少	恒	量	熟	○	地	願	說佛刹	熟
資福	力	輪	少	恒	量	熟	○	地	願	說佛刹	熟
磧砂	力	輪	少	恒	量	熟	○	地	願	說佛刹	熟
普寧	力	輪	少	恒	量	熟	○	地	願	說佛刹	熟
永南	力	輪	少	恒	量	熟	○	地	願	說佛刹	熟
徑山	力	輪	少	恒	量	熟	○	地	願	說佛刹	熟
清藏	方	輪海	多	但	量	熟	○	地	願	說佛刹	熟

7-22) 80卷本 『大方廣佛華嚴經』 類型別 文字異同 對校表 22

項次	137	143	154	156	158	248	280	185	198	201	226
類型	D-8	D-8	D-8	D-8	D-8	D-8	D-8	D-8	D-8	D-8	D-8
卷	16	16	17	17	17	35	43	20	20	23	28
冊	12	12	12	12	12	13	13	12	12	12	12
面	760	763	773	774	776	36	109	798	803	824	874
行	下5	上10	中18	中17	上15	上23	下23	中10	中15	中18	上9
字	7	2	9	10	5		13	9			5
豊潤	諸	震	震	於甚	入	廻渡	須	實	靡所	佛成	果
趙城	達	振	振	如來	八	廻復	湏	寶	所不	成佛	異
再雕	諸	震	震	於其	入	洄渡	頃	實	靡所	佛成	果
資福	諸	震	震	於其	入	洄渡	頃	實	靡所	佛成	果
磧砂	諸	震	震	於其	入	洄渡	頃	實	靡所	佛成	果
普寧	諸	震	震	於其	入	洄渡	頃	實	靡所	佛成	果
永南	諸	震	震	於其	入	洄渡	頃	實	靡所	佛成	果
徑山	諸	震	震	於其	入	洄渡	頃	實	靡所	佛成	果
清藏	諸	震	震	於其	入	洄渡	頃	實	靡所	佛成	果

7-23) 80卷本『大方廣佛華嚴經』類型別 文字異同 對校表 23

項次	229	240	243	252	247	257	268	274	287	288
類型	D-8	D-8	D-8	D-8	D-8	D-8	D-8	D-8	D-8	D-8
卷 冊 面 行 字	28 12 874 下23 7	31 13 2 下23 9	31 13 8 上8 7	35 13 38 中1 14	35 13 35 上11	36 13 44 中15	39 13 75 下9 10	41 13 91 中9 3	48 13 148 中18 8	48 13 149 中12 1
豊潤	衍	根	頌	墮	無誑無諂	德修行	減	作	○	美
趙城	行	於	偈	隨	无諂無誑	恭敬	咸	住	檀	羨
再雕	衍	根	頌	墮	無誑無諂	德修行	減	作	○	美
資福	衍	根	頌	墮	無誑無諂	德修行	減	作	○	美
磧砂	衍	根	頌	墮	無誑無諂	德修行	減	作	○	美
普寧	衍	根	頌	墮	無誑無諂	德修行	減	作	○	美
永南	衍	根	頌	墮	無誑無諂	德修行	減	作	○	美
徑山	衍	根	頌	墮	無誑無諂	德修行	減	作	○	美
清藏	衍	根	頌	墮	無誑無諂	德修行	減	作	○	美

7-24) 80卷本『大方廣佛華嚴經』類型別 文字異同 對校表 24

項次	294	297	301	22	94	244	24	110	65	74	84
類型	D-8	D-8	D-8	Z	Z	Z	Z	Z	Z	Z	Z
卷 冊 面 行 字	49 13 157 下3 14	49 13 158 中22 13	51 13 173 下17 12	3 12 649 中1 13	11 12 716 下9 夾註	31 13 9 上7 10	3 12 650 下12	12 12 726 下17 11	7 12 686 中18 4	8 12 694 下3 1	8 12 696 上20 12
豊潤	言	說	獸	王	○	㷸	大…問	印	變	旋	旋
趙城	曰	諸	狩	主	別本云二万五千人	采	大…問	印	變	旋	旋
再雕	言	說	獸	主	別本云二萬五千人	采	○	印	通	漩	漩
資福	言	說	獸	王	○	㷸	○	印	變	旋	旋
磧砂	言	說	獸	王	○	㷸	大…問	印	通	漩	漩
普寧	言	說	獸	王	○	㷸	大…問	印	通	旋	漩
永南	言	說	獸	王	○	㷸	大…問	卵	變	漩	漩
徑山	言	說	獸	王	○	㷸	大…問	卵	變	旋	漩
清藏	言	說	獸	王	○	㷸	大…問	印	變	漩	漩

7-25) 80卷本 『大方廣佛華嚴經』 類型別 文字異同 對校表 25

項次	261	108	123	159	161	214	93	98	102	170	179	191
類型	Z	Z	Z	Z	Z	Z	Z	Z	Z	Z	Z	Z
卷	38	12	15	17	17	26	11	11	12	19	19	20
冊	13	12	12	12	12	12	12	12	12	12	12	12
面	58	724	751	776	777	852	716	718	723	786	794	800
行	下3	下21	上16	中15	上16	上17	中14	下7	上8	下15	上14	下17
字	14	12	9	6	6	9	5	6	4		5	6
豊潤	法	瞻	倮	讚	福	思	世	嚴	名	威神	是	言
趙城	法	瞻	倮	讚	福	思	世	嚴	名	威神	是	言
再雕	說	舊	裸	鑽	功	○	法	嚴王	名曰	神力	有	曰
資福	法	瞻	倮	讚	福	思	世	嚴	名	威神	是	言
磧砂	說	擔	猓	鑽	功	○	世	嚴	名	威神	是	言
普寧	說	瞻	倮	讚	福	思	法	嚴王	名曰	威力	有	曰
永南	說	舊	猓	鑽	功	思	法	嚴王	名曰	威力	有	曰
徑山	說	舊	猓	鑽	功	思	法	嚴王	名曰	威力	有	曰
清藏	說	舊	猓	鑽	功	思	法	嚴王	名曰	威力	有	曰

7-26) 80卷本 『大方廣佛華嚴經』 類型別 文字異同 對校表 26

項次	72	90	205	281	140	190	112	204	109	131	101	133
類型	Z	Z	Z	Z	Z	Z	Z	Z	Z	Z	Z	Z
卷	8	11	24	46	16	20	12	23	12	16	12	16
冊	12	12	12	13	12	12	12	12	12	12	12	12
面	694	715	831	129	761	800	727	826	726	758	722	758
行	上4	下22,2	下10	中3	下15	下15	上3	下11	中4	上7	下19	下1
字	8	3	4	12	13	10	10	3	5	7		7
豊潤	十	次…幢	侍	一	集	根	攫	恨	恐	跁	結跁	闇
趙城	十	次…幢	侍	一	集	根	攫	很	怨	加	結加	開
再雕	○	○	待	一	集	根	攪	很	怨	跁	結跁	闇
資福	○	○	待	上	集	根	攫	很	怨	跁	結跁	闇
磧砂	○	○	待	上	習	根	攪	很	怨	加	結加	暗
普寧	○	○	侍	上	習	根故	攪	很	怨	跁	結跁	暗
永南	十	次…幢	侍	一	習	根故	攪	很	冤	跁	結跁	暗
徑山	十	次…幢	侍	一	習	根故	攪	狼	冤	跁	結跁	暗
清藏	十	次…幢	侍	一	集	根故	攪	狼	冤	跁	結跁	暗

7-27) 80卷本『大方廣佛華嚴經』類型別 文字異同 對校表 27

項次	17	218	76	113	105	180	276	20	138	151	152
類型	Z	Z	Z	Z	Z	Z	Z	Z	Z	Z	Z
卷 冊 面 行 字	3 12 647 下7 10	26 12 857 上7 7	8 12 694 下19 	12 12 727 中9 9	12 12 724 上10 10	19 12 794 中23 4	43 13 102 中2 6	3 12 648 下4 1	16 12 761 上14 6	17 12 768 中18 2	17 12 768 下11 8
豊潤	光	別	廻渡	導	豎	悉	跏	卽	王	胸	耶
趙城	花	剙	廻復	道	豎	必	加	卽	王	胸	耶
再雕	光	別	廻渡	導	豎	悉	跏	卽	王	胸	耶
資福	花	剙	廻復	道	豎	必	加	卽	王	胸	耶
磧砂	花	剙	廻渡	導	豎	悉	加	而	法王	唇	耶…耶
普寧	花	剙	廻渡	導	豎	悉	跏	卽	王	胸	耶
永南	花	剙	廻渡	導	豎	悉	跏	而	法王	唇	耶…耶
徑山	花	剙	廻渡	導	豎	悉	跏	而	法王	唇	耶…耶
淸藏	花	剙	廻渡	導	豎	悉	跏	而	法王	唇	耶…耶

7-28) 80卷本『大方廣佛華嚴經』類型別 文字異同 對校表 28

項次	194	163	264	81	267	277	48	121	116	175	181
類型	Z	Z	Z	Z	Z	Z	Z	Z	Z	Z	Z
卷 冊 面 行 字	20 12 802 下2 2	18 12 779 中20 6	38 13 61 中3 6	8 12 696 上9 2	39 13 71 上14 	43 13 105 上20 8	6 12 677 下7 12	15 12 751 上3 2	15 12 749 中23 8	19 12 789 下20 17	20 12 796 中3 9
豊潤	決	怨	不	此十	解脫解脫	雲	塋	以	下	上	下
趙城	決	怨	不	十	解脫	雨	塋	以	二	一	二
再雕	決	怨	不	十	解脫解脫	雲	塋	以	二	一	二
資福	決	怨	不	十	解脫解脫	雲	嚴	以	下	上	下
磧砂	抉	宼	不退	十	解脫解脫	雲	塋	令	下	上	下
普寧	決	怨	不	十	解脫解脫	雲	塋	以	下	上	下
永南	抉	宼	不退	此十	解脫	雨	嚴	令	二	一	二
徑山	抉	宼	不退	此十	解脫	雲	嚴	令	二	一	二
淸藏	抉	宼	不退	此十	解脫	雨	嚴	令	二	一	二

7-29) 80卷本 『大方廣佛華嚴經』 類型別 文字異同 對校表 29

項次	293	27	16	212	278	53	260	269	249	271	273	238
類型	Z	Z	Z	Z	Z	Z	Z	Z	Z	Z	Z	Z
卷	49	3	2	25	43	6	36	39	35	41	41	31
冊	13	12	12	12	13	12	13	13	13	13	13	13
面	157	652	645	847	105	678	47	76	36	88	90	1
行	中20	下16	上13	上19	中8	中1	下1	下20	下23	上21	下19	下12
字		13	9	12	11	13	11	10	13	12	9	5
豊潤	暨乎	辦	目	諸	時	神	湑	毗	盇	百	○	亦
趙城	暨乎	辦	目	諸	時	神	湑	毗	盇	百	速	亦
再雕	泊乎	辨	目	諸	時	神	胥	鞞	行	○	速	○
資福	泊乎	辨	目	諸	時	力	湑	毗	盇	百	速	○
磧砂	泊乎	辦	月	除	時劫	力	湑	毗	行	○	○	亦
普寧	泊乎	辨	目	諸	時	神	湑	毗	行	○	○	○
永南	泊於	辦	月	除	時	力	湑	毗	盇	百	速	亦
徑山	泊於	辦	目	諸	時劫	神	胥	鞞	行	百	速	亦
淸藏	泊於	辦	目	除	時	神	胥	鞞	行	百	速	亦

　지금까지 『거란장』 잔본 총 6종 57권을 중심으로 하여 여러 대장경과 대교한 바, 제본에서 나타난 문자이동은 총 498건이었다. 그리하여 이 498건의 문자이동을 유형별로 정리하여 대장경의 "유형별 문자이동 대교표"를 작성하여 앞에 제시하였다.

　이제부터는 제본에 나타난 문자이동의 유형을 분석·고찰하고자 한다. 그런데 『불설대승성무량수결정광명왕여래다라니경』에 있어서는 "남방계통"의 제본과 대교가 진행되지 못했고, 또한 『조성』과 『재조』는 그 판본(저본)이 상이하기 때문에 문자이동의 유형이 설정되지 못했다. 그리고 80권본 『대방광불화엄경』 80권은 『재조』의 경우 『개보』를 저본으로 해서 복각된 판본이 아니라 고려의 사간본[57]을 저본으로 해서 복각된 것이기 때문에 『재조』에 나타나는 문자이동은 그

---

57) 이 사간본 80권본 『대방광불화엄경』의 경판은 현재까지도 해인사에 보존되고 있다.

성격과 원인을 파악하기가 불가능하다. 때문에 본 절의 유형별 분석에서는 이들『불설대승성무량수결정광명왕여래다라니경』과 80권본『대방광불화엄경』은 제외하고『阿毗達磨發智論』卷第十三,『中阿含經』卷第三十六,『稱讚大乘功德經』,『大乘本生心地觀經』卷第二,『大乘本生心地觀經』卷第六 등 총 4종 5권을 대상으로 하여 유형별 분석을 진행하고자 한다. 이들 4종 5권의 경전에서 발생된 문자이동은 총 174건이다. 제본(『응현』·『풍윤』·『방산』·『조성』·『재조』·『자복』·『적사』·『보녕』·『영남』·『경산』·『청장』)에 나타난 174건의 문자이동을 종합하여 유형별로 분석하면 다음과 같다.

〈표 9〉 제본에 나타난 문자이동의 유형별 분석

1) 유형 "4⁵⁸⁾-B": 유관한 계통별로 발생된 문자이동(84건)
   (1) 유형 "4-B-1":『자복』이하의 "남방계통"이 동일(45건)
   (2) 유형 "4-B-4":『적사』이하의 "남방계통"이 동일(2건)
   (3) 유형 "4-B-8":『경산』·『청장』이 동일(6건)
   (4) 유형 "4-B-13-1)":『조성』·『재조』가 동일(22건)⁵⁹⁾
   (5) 유형 "4-B-13-2)":『조성』·『재조』가 동일(4건)⁶⁰⁾
   (6) 유형 "4-B-16":『응현』·『방산』이 동일(5건)
2) 유형 "4-C":『재조』에서 발생된 문자이동(54건)
   (1) 유형 "4-C-1":『재조』의 수정(7건)
   (2) 유형 "4-C-(1)":『재조』만의 수정(1건)⁶¹⁾
   (3) 유형 "4-C-(3)":『재조』·『응현』이 동일(1건)

---

58) "유형 4"에서의 "4"는 제3장의 제4절을 의미한다.

59) 유형 "4-B-13-1)"은『조성』·『재조』가 동일하고,『응현』("북방계통")·"남방계통"(『자복』이하 제본)이 동일한 유형으로 "중원계통" 고유의 문자이동이다.

60) 유형 "4-B-13-2)"는『조성』·『재조』가 동일하고,『응현』("북방계통")과 "남방계통"(『자복』이하 제본)이 각각 다른 유형으로 "중원계통", "북방계통", "남방계통" 등 각 계통 고유의 문자이동이다.

61) 유형 "4-C-(1)"은 "4-C-1"과 같이『재조』만의 수정인데, 그 문자이동의 원인이 다음과 같이 구체적으로 구명되는 문자이동이다. 즉 이 유형 "4-C-(1)"은『재조』에서 독자적으로 첨입되거나 삭제된 문자이동이다. 참고로『재조』에서 1개의 글자가 첨입된 경우 그 행은 한 행의 표준자수인 14자보다 1자가 많은 15자로 되어 있고, 1개의 글자가 삭제된 경우에는 1행의 표준자수인 14자보다 1자가 적은 13자로 되어 있다.

    (4) 유형 “4-C-③”: 『재조』·“북방계통”이 동일(9건)[62]
    (5) 유형 “4-C-4”: 『재조』·“남방계통”이 동일(12건)
    (6) 유형 “4-C-5”: 『재조』·“여타의 본”이 同一(24건)
  3) 유형 “4-D”: 특정 판본에만 나타나는 문자이동(24건)
    (1) 유형 “4-D-1”: 『자복』만 다름(2건)
    (2) 유형 “4-D-2”: 『적사』만 다름(4건)
    (3) 유형 “4-D-3”: 『보녕』만 다름(2건)
    (4) 유형 “4-D-4”: 『영남』만 다름(2건)
    (5) 유형 “4-D-5”: 『경산』만 다름(3건)
    (6) 유형 “4-D-6”: 『청장』만 다름(1건)
    (7) 유형 “4-D-7”: 『방산』만 다름(6건)
    (8) 유형 “4-D-8”: 『조성』만 다름(4건)
  4) 유형 “4-Z”: 일정한 유형을 정하지 못한 문자이동(12건)

이제 앞에 제시된 총 174건의 문자이동에 대한 문자이동의 유형을 토대로 하고, 동일한 문자이동의 유형에 근거하여 유관한 계통의 판본을 분석하여 8개의 계통으로 정리하면 다음과 같다.

〈표 10〉 문자이동의 유형에 의거하여 설정된 유관한 계통의 판본

1) 『청장』·『경산』·『영남』·『보녕』·『적사』·『자복』
2) 『청장』·『경산』·『영남』·『보녕』·『적사』
3) 『청장』·『경산』
4) 『응현』·『방산』
5) 『재조』·『조성』
6) 『재조』·『응현』
7) 『재조』·『응현』(또는 『풍윤』)·『방산』
8) 『재조』·『청장』·『경산』·『영남』·『보녕』·『적사』·『자복』

이상에서 살펴본 바와 같이 174건의 문자이동 및 8개의 계통으로 정리된 유관한 계통의 판본에 대한 분석을 통해서 밝혀진 사실을 도출해 보면 다음과 같다.

---

62) 유형 “4-C-③”은 『재조』가 『응현』(또는 『풍윤』)·『방산』 등 “북방계통”과 동일하게 수정된 문자이동이다.

첫째, "북방계통"에 속하는 『응현』(또는『풍윤』)과 『방산』은 문자이동은 거의 대부분 일치하고 있다.[63]

둘째, 『재조』에는 "북방계통"인 『응현』(또는『풍윤』)·『방산』과 동일하게 수정된 문자이동이 다수 존재하고 있음이 규명되었다.[64] 이것은 바로 수기법사가 『재조장』을 교감할 때 『거란장』을 대교본으로 활용했다는 언급을 증명해주는 사실이라 하겠다.

셋째, 『재조』는 기본적으로 "중원계통"이지만 문자이동에 있어서는 "북방계통"과 "남방계통"의 요소를 흡수 통합한 대장경이 분명하다.[65]

3.5 『초조장』 잔본을 중심으로 살펴본 대장경의 문자이동

이 절에서는 『고려초조대장경집성』 1-4(고려대장경연구소, 2005)에 영인·수록되어 있는 『초조장』 잔본(『阿毗達磨界身足論』 卷下, 『廣弘明集』 卷第二十一, 『根本說一切有部毗奈耶雜事』 卷第三十三, 『大乘莊嚴經論』 卷第八·十三, 『根本薩婆多部律攝』 卷第一, 『金剛般若論』 卷下, 『大莊嚴論經』 卷第二·三·九·十·十一, 『薩婆多毗尼毗婆沙』 卷第二, 『瑜伽師地論』 卷第三·十七·三十八, 『顯揚聖敎論』 卷第三) 총 10종 17권을 중심으로 하여 각 대장경과 대교하고, 그 대교의 결과를 유형별로 정리하여 대장경의 "유형별 문자이동 대교표"를 작성한 다음 각 대장경에 나타난 문자이동의 유형을 살펴볼 것이다. 특

---

63) <표 10>의 제4)항 및 문자이동의 유형 "4-B-16" 참조.

64) <표 10>의 제7)항 및 문자이동의 유형 "4-C-③" 참조.

65) 예를 들면, 『大乘本生心地觀經』 卷第六의 제40항의 문자이동 가운데 대교표 6-3)의 제40항의 경우 "북방계통"은 "順途"로 되어 있고, "남방계통"은 "隨器"로 되어 있는데, 『재조』에서는 이 두 가지의 내용이 흡수 통합되어 "隨途"로 교감·수정되어 있다.

히 "중원계통" 특히 『초조』와 『재조』 그리고 『조성』과 『방산』의 문자
이동에 대해서 주목하고자 한다.

<"유형별 문자이동 대교표"의 설명>
1) 項次: 문자이동의 일련 순번
2) 類型: 제본 사이에 나타난 문자이동의 유형
3) 冊·面·行·字:『중화대장경』의 책, 면, 행, 자수
4) ○: 해당 문자가 공란이 없이 없는 것
5) □: 해당 문자가 공란으로 되어 있는 것
6) ?: 해당 문자의 대교가 이루어지지 못한 것

1-1) 『阿毗達磨界身足論』 卷下 類型別 文字異同 對校表 1

項次	2	3	4	5	7	9	11
類型	B-1)	B-1)	B-1)	B-1)	B-1)	B-1)	B-1)
冊 面 行 字	43 952 上21 9	43 953 中19	43 953 中21	43 953 下3	43 953 下9	43 954 上4 6	43 955
趙城	○餘	所生愛	三蘊	眼識	十八界	不	○
初雕	○餘	所生愛	三蘊	眼識	十八界	不	○
再雕	○餘	所生愛	三蘊	眼識	十八界	不	○
資福	對餘	所生受	二蘊	眼觸	十七界	所	界身足論後序(總 20行)
磧砂	對餘	所生受	二蘊	眼觸	十七界	所	界身足論後序(總 20行)
普寧	對餘	所生受	二蘊	眼觸	十七界	所	界身足論後序(總 20行)
永南	對餘	所生受	二蘊	眼觸	十七界	所	界身足論後序(總 20行)
徑山	對餘	所生受	二蘊	眼觸	十七界	所	界身足論後序(總 20行)
淸藏	對餘	所生受	二蘊	眼觸	十七界	所	界身足論後序(總 20行)

1-2) 『阿毗達磨界身足論』卷下 類型別 文字異同 對校表 2

項次	10	1	6	8
類型	B-12	C-4	C-4	D-2
冊 面 行 字	43 955 上1	43 949 中21 9	43 953 下5	43 954 上2 14
趙城	說一切有部阿界身足論卷下	除	明觸	想
初雕	說一切有部阿界身足論卷下	除	明觸	想
再雕	說一切有部阿界身足論卷下	餘	眼觸	想
資福	說一切有部阿界身足論卷下	餘	眼觸	想
磧砂	說一切有部阿界身足論卷下	餘	眼觸	相
普寧	說一切有部阿界身足論卷下	餘	眼觸	想
永南	阿毗達磨界身足論卷下	餘	眼觸	想
徑山	阿毗達磨界身足論卷下	餘	眼觸	想
清藏	阿毗達磨界身足論卷下	餘	眼觸	想

2-1) 『廣弘明集』卷第二十一 類型別 文字異同 對校表 1

項次	5	11	12	42	43	14	16	20	7
類型	B-1)	B-1)	B-1)	B-1)	B-1)	B-1)	B-1)	B-(1)	B-13
冊 面 行 字	63 202 中2	63 203 中5	63 203 中20	63 209 下11 8	63 209 下13 11	63 203 下4	63 204 中8	63 205 上19 14	63 202 中8 5
趙城	佰	令旨	凡夫人	思	邇	以玆	名何	生	折
初雕	佰	令旨	凡夫人	思	邇	以玆	名何	生	忻
再雕	佰	令旨	凡夫人	思	邇	以玆	名何	生	折
資福	?	?	?	?	?	?	?	?	?
磧砂	伯	令○	凡夫○	恩	迩	所以	何名	?	忻
普寧	伯	令○	凡夫○	恩	迩	所以	何名	?	忻
永南	伯	令○	凡夫○	恩	迩	所以	何名	?	忻
徑山	伯	令○	凡夫○	恩	迩	所以	何名	?	忻
清藏	伯	令○	凡夫○	恩	迩	所以	何名	?	忻

2-2) 『廣弘明集』 卷第二十一 類型別 文字異同 對校表 2

項次	13	15	17	18	19	21	25	26	27	28
類型	B-13	B-13	B-13	B-13	B-13	B-13	B-13	B-13	B-13	B-13
冊 面 行 字	63 203 下9	63 204 上18	63 205 上2 3	63 205 上13 5	63 205 上14	63 205 中21 2	63 206 中13 11	63 206 下20 10	63 207 中19	63 208 中9 12
趙城	聖人	眞	諦	體	不全	無	非俗	現	膚淺	垂
初雕	聖○	直	○	○	不令	○	○俗	理	庸淺	乘
再雕	聖人	眞	諦	體	不全	無	非俗	現	膚淺	垂
資福	?	?	?	?	?	?	?	?	?	?
磧砂	聖○	直	?	?	不合	無	非俗	理	庸淺	乘
普寧	聖○	直	?	?	不合	無	非俗	理	庸淺	乘
永南	聖○	直	?	?	不合	無	非俗	理	庸淺	乘
徑山	聖○	直	?	?	不合	無	非俗	理	庸淺	乘
清藏	聖○	直	?	?	不合	無	非俗	理	庸淺	乘

2-3) 『廣弘明集』 卷第二十一 類型別 文字異同 對校表 3

項次	29	34	35	38	39	41	44	32	45	37
類型	B-13	B-13	B-13	B-13	B-13	B-13	B-13	C-(1)	C-1	C-(1)
冊 面 行 字	63 208 中16 5	63 209 上17 15, 16	63 209 上21 11	63 209 中22 4	63 209 中23 2	63 209 下9 5	63 210 上5	63 208 下16 8	63 210 上11 5	63 209 中13
趙城	○軌	三乘	書	由	癡	抑	闕聞	○仙	容	況理
初雕	物軌	○	奏	申	疾	仰	闕聞	○仙	容	兄慧思
再雕	○軌	三乘	書	由	癡	抑	闕聞	則仙	客	思
資福	?	?	?	?	?	?	?	?	容	?
磧砂	物軌	○	奏	伸	疾	仰	闕開	○仙	容	兄慧思
普寧	物軌	○	奏	伸	疾	仰	闕開	○仙	容	兄慧思
永南	物軌	○	奏	伸	疾	仰	闕開	○仙	容	兄慧思
徑山	物軌	○	奏	伸	疾	仰	闕開	○仙	容	兄慧思
清藏	物軌	○	奏	伸	疾	仰	闕開	○仙	容	兄慧思

2-4) 『廣弘明集』 卷第二十一 類型別 文字異同 對校表 4

項次	1	24	33	40	2	6	9	23	31
類型	C-2	C-2	C-2	C-2	C-4	C-4	C-4	C-4	C-4
冊 面 行 字	63 201 中6 夾註	63 206 中4 8	63 208 下18 2	63 209 下5 4	63 202 中1	63 202 中3	63 202 中18	63 205 下5	63 208 下7 5
趙城	幷……解	惑	冶	宣	木犀	永犀	一名	無異	王
初雕	○	俗	冶	定	木犀	木犀	一名	無異	王
再雕	○	俗	冶	定	水犀	水犀	二名	無果	玉
資福	?	?	?	?	?	?	?	?	?
磧砂	○	惑	冶	宣	水犀	水犀	二名	無果	玉
普寧	○	惑	冶	宣	水犀	水犀	二名	無果	玉
永南	○	惑	冶	宣	水犀	水犀	二名	無果	玉
徑山	幷……解	惑	冶	宣	水犀	水犀	二名	無果	玉
淸藏	幷……解	惑	冶	宣	水犀	水犀	二名	無果	玉

2-5) 『廣弘明集』 卷第二十一 類型別 文字異同 對校表 5

項次	22	46	30	3	4	8	10	36
類型	E-1	E-1	E-3	F-2	F-2	F-2	F-2	F-2
冊 面 行 字	63 205 中22 6	63 205 上1	63 208 下2	63 202 中1	63 202 中12	63 202 中14	63 202 下22 5	63 209 中2 1
趙城	○無法	○世子	梁昭明皇太子	昭明太子		弘遠弘遠	俗	綱
初雕	无無法	王世子	○	○		弘遠明道	依	王
再雕	○無法	○世子	梁昭明皇太子	○		弘遠明道	依	王
資福	?	?	?	?		?	?	?
磧砂	○無法	?	○	○	左同	弘遠明道	依	王
普寧	○無法	?	○	○		弘遠明道	依	王
永南	○無法	?	○	○		弘遠明道	依	王
徑山	○無法	?	○	○		弘遠明道	依	王
淸藏	○無法	?	○	○		弘遠明道	依	王

3-1) 『根本說一切有部毗奈耶雜事』 卷第三十三 文字異同 對校表 1

項次	1	5	10	2	6	13	18	19	14	22	8
類型	B-1)	B-1)	B-13	B-14	C-(1)	C-1	C-1	C-1	C-2	C-2	C-4
冊面行字	39 309 中12	39 310 上16	39 312 上17	39 309 中19 11	39 312 上15	39 313 中12	39 315 中5	39 315 下7 9	39 314 中12 12	28 316 中11 5	39 312 中23 8
趙城	請謝	俗人	佛問	致	條	蹲居	通精	舉出	食弁	謁	非
初雕	請謝	俗人	佛聞	○	條	蹲居	通精	舉出	餅	竭	非
再雕	請謝	俗人	佛問	致	○	蹲踞	通睛	昇出	餅	竭	於
資福	陳謝	估人	佛聞	致	條	蹲居	通精	舉出	食弁	謁	於
磧砂	陳謝	估人	佛聞	致	條	蹲居	通精	舉出	食弁	謁	於
普寧	陳謝	估人	佛聞	致	條	蹲居	通精	舉出	食弁	謁	於
永南	陳謝	估人	佛聞	致	條	蹲居	通精	舉出	食弁	謁	於
徑山	陳謝	估人	佛聞	致	條	蹲居	通精	舉出	食弁	謁	於
淸藏	陳謝	估人	佛聞	致	條	蹲居	通精	舉出	食弁	謁	於

3-2) 『根本說一切有部毗奈耶雜事』 卷第三十三 文字異同 對校表 2

項次	11	15	16	17	21	3	4	7	9	12	20
類型	C-4	C-4	C-4	C-4	C-5	F-2	F-2	F-2	F-2	F-2	F-2
冊面行字	39 313 上2 14	39 314 下19 2	39 315 上20 1	39 315 上20 3	28 316 中8	39 310 上5 12	39 310 上6 13	39 312 上23	39 312 下8	39 313 上8	39 316 上8 11
趙城	識	齋	餅	者	男子	有	蹤	二法	隨請而去	談搆	令
初雕	識	齋	餅	者	男子	○	縱	三法	隨情而坐	讒搆	今
再雕	議	○	飯	著	男女	○	縱	三法	隨情而坐	讒搆	今
資福	議	○	飯	著	男子	○	縱	三法	隨情而坐	讒搆	今
磧砂	議	○	飯	著	男女	○	縱	三法	隨情而坐	讒搆	今
普寧	議	○	飯	著	男女	○	縱	三法	隨情而坐	讒搆	今
永南	議	○	飯	著	男女	○	縱	三法	隨情而坐	讒搆	今
徑山	議	○	飯	著	男女	○	縱	三法	隨情而坐	讒搆	今
淸藏	議	○	飯	著	男女	○	縱	三法	隨情而坐	讒搆	今

4-1) 『大乘莊嚴經論』卷第八 類型別 文字異同 對校表 1

項次	4	10	11	12	5	17	9	7	1
類型	B-1)	B-1)	B-1)	B-1)	B-4	B-14	C-1	C-4	C-4
冊面行字	29 552 中12	29 555 中4 1	29 555 下 13	29 556 上3	29 552 下3 1	29 557 中20 9	29 555 上7 6	29 553 中13 14	29 551 中4
趙城	方便離	復	愛深	財物	由	已	示	○菩薩	度攝品下
初雕	方便離	復	愛深	財物	由	○	示	○菩薩	度攝品下
再雕	方便離	復	愛深	財物	由	已	六	諸菩薩	度攝品第十七之二
資福	離方便	後	愛染	財施	由	已	示	諸菩薩	度攝品第十七之二
磧砂	離方便	後	愛染	財施	法	已	示	諸菩薩	度攝品第十七之二
普寧	離方便	後	愛染	財施	法	已	示	諸菩薩	度攝品第十七之二
永南	離方便	後	愛染	財施	法	已	示	諸菩薩	度攝品第十七之二
徑山	離方便	後	愛染	財施	法	已	示	諸菩薩	度攝品第十七之二
清藏	離方便	後	愛染	財施	法	已	示	諸菩薩	度攝品第十七之二

4-2) 『大乘莊嚴經論』卷第八 類型別 文字異同 對校表 2

項次	13	14	3	2	6	8	15	16	17
類型	C-4	C-4	D-1	F-2	F-2	F-2	F-2	F-2	F-2
冊面行字	29 556 上11	29 556 上21 3	29 551 下10	29 551 下8 12	29 552 下22	29 554 中12	29 556 中21	29 557 上18 6	29 558 中13
趙城	大喜	此○	任持	至	檀利	土	差別○○○○	射	利地
初雕	大喜	此○	任持	五	檀離	王	差別此業差別	財	利他
再雕	喜大	此偈	任持	五	檀離	王	差別此業差別	財	利他
資福	喜大	此偈	任持	五	檀離	王	差別此業差別	財	利他
磧砂	喜大	此偈	任持	五	檀離	王	差別此業差別	財	利他
普寧	喜大	此偈	任持	五	檀離	王	差別此業差別	財	利他
永南	喜大	此偈	任持	五	檀離	王	差別此業差別	財	利他
徑山	喜大	此偈	任持	五	檀離	王	差別此業差別	財	利他
清藏	喜大	此偈	任持	五	檀離	王	差別此業差別	財	利他

5-1) 『大乘莊嚴經論』卷第十三 類型別 文字異同 對校表 1

項次	7	8	10	5	3	4	6	2
類型	B-1)	B-1)	B-1)	B-1)	B-1)	B-1)	B-13	B-13
冊 面 行 字	29 603 中16	29 603 下20	29 603 下21 10	29 602 中2 6	29 605 上16	29 605 下6	29 603 上10	29 604 上19 14
趙城	雜道	雜道	名	諸佛	偏起	如此	供養供養	諸菩薩
初雕	雜道	雜道	名	諸佛	偏起	如此	供養○○	謂菩薩
再雕	雜道	雜道	名	諸佛	偏起	如此	供養供養	諸菩薩
資福	離道	離道	名爲	謂佛	偏起	知此	供養○○	謂菩薩
磧砂	離道	離道	名爲	謂佛	偏起	知此	供養○○	謂菩薩
普寧	離道	離道	名爲	謂佛	偏起	知此	供養○○	謂菩薩
永南	離道	離道	名爲	謂佛	偏起	知此	供養○○	謂菩薩
徑山	離道	離道	名爲	謂佛	偏起	知此	供養○○	謂菩薩
清藏	離道	離道	名爲	謂佛	偏起	知此	供養○○	謂菩薩

5-2) 『大乘莊嚴經論』卷第十三 類型別 文字異同 對校表 2

項次	5	3	1	2	9	4	1
類型	C-1	C-4	F-2	F-2	F-2	F-2	F-2
冊 面 行 字	29 607 上2	29 601 中23	29 600 中8 2	29 601 上13 7	29 603 中18	29 602 上15 5	29 604 上2
趙城	得	次三○	以	化	三門	五	○不能
初雕	得	次三○	五	他	二門	故	俱不能
再雕	復	次三三	五	他	二門	故	俱不能
資福	得	次三三	五	他	二門	故	俱不能
磧砂	得	次三三	五	他	二門	故	俱不能
普寧	得	次三三	五	他	二門	故	俱不能
永南	得	次三三	五	他	二門	故	俱不能
徑山	得	次三三	五	他	二門	故	俱不能
清藏	得	次三三	五	他	二門	故	俱不能

6-1) 『根本薩婆多部律攝』 卷第一 類型別 文字異同 對校表 1

項次	1	2	6	7	8	9	12	13	14	15	16
類型	B-1)	B-1)	B-1)	B-1)	B-1)	B-1)	B-1)	B-1)	B-1)	B-1)	B-1)
冊面行字	42 1 中2 (以下同)	42 1 中6	42 2 上7	42 2 上17	42 2 上11 9	42 2 上23 2	42 2 中16 8	42 3 中3 11	42 3 下5 11	42 3 下6 4	42 3 下10 1
趙城	勝友集	照利	寶人	寶人	棄	心	決〇	共	將	俱	比
初雕	勝友集	照利	寶人	寶人	棄	心	決〇	共	將	俱	比
再雕	勝友集	照利	寶人	寶人	棄	心	決〇	共	將	俱	比
資福	勝友造	耀朗	聖人	聖人	去	行	決定	同	扶	衆應	此
磧砂	勝友造	耀朗	聖人	聖人	去	行	決定	同	扶	衆應	此
普寧	勝友造	耀朗	聖人	聖人	去	行	決定	同	扶	衆應	此
永南	勝友造	耀朗	聖人	聖人	去	行	決定	同	扶	衆應	此
徑山	勝友造	耀朗	聖人	聖人	去	行	決定	同	扶	衆應	此
淸藏	勝友造	耀朗	聖人	聖人	去	行	決定	同	扶	衆應	此

6-2) 『根本薩婆多部律攝』 卷第一 類型別 文字異同 對校表 2

項次	17	18	21	23	24	25	22	38
類型	B-1)	B-1)	B-1)	B-1)	B-1)	B-1)	B-(1)	B-13)
冊面行字	42 3 下14	42 4 上2	42 4 上9 14	42 4 中2	42 4 中9	42 4 中19	42 4 中1	42 8 中14 9
趙城	遍淨	或〇創〇	橫	所有	今僧伽	隨情	在後□□□□	□云
初雕	遍淨	或〇創〇	橫	所有	今僧伽	隨情	在後□□□□	本云
再雕	遍淨	或〇創〇	橫	所有	今僧伽	隨情	在後□□□□	〇言
資福	淸淨	或復創始	桄	〇〇	僧伽今	任意	在後方爲羯磨	本云
磧砂	淸淨	或復創始	桄	〇〇	僧伽今	任意	在後方爲羯磨	本云
普寧	淸淨	或復創始	桄	〇〇	僧伽今	任意	在後方爲羯磨	本云
永南	淸淨	或復創始	桄	〇〇	僧伽今	任意	在後方爲羯磨	本云
徑山	淸淨	或復創始	桄	〇〇	僧伽今	任意	在後方爲羯磨	本云
淸藏	淸淨	或復創始	桄	〇〇	僧伽今	任意	在後方爲羯磨	本云

6-3) 『根本薩婆多部律攝』 卷第一 類型別 文字異同 對校表 3

項次	27	30	31	34	40	41	42	4	5	10	19
類型	C-(1)	C-1	C-(1)	C-1	C-1	C-(1)	C-(1)	C-1	C-1	C-1	C-2
冊 面 行 字	42 5 上10 1	42 6 上11	42 6 下21	42 7 中19	42 8 下7 8	42 9 上20	42 9 中7 9	42 1 下11	42 1 下17	42 2 中8 5	42 4 上8 4
趙城	應	无所	轉○	猥鬧	並	戒○	持	誦持者	依何道理	好	趒
初雕	應	无所	轉○	猥鬧	並	戒○	持	誦持者	依何道理	好	逃
再雕	○	先所	轉於	憒鬧	亦	戒經	○	讀誦持	依將成理	妙	逃
資福	應	无所	轉○	猥鬧	並	戒○	持	讀誦持	依何道理	好	跳
磧砂	應	无所	轉○	猥鬧	並	戒○	持	讀誦持	依何道理	好	跳
普寧	應	无所	轉○	猥鬧	並	戒○	持	讀誦持	依何道理	好	跳
永南	應	无所	轉○	猥鬧	並	戒○	持	讀誦持	依何道理	好	跳
徑山	應	无所	轉○	猥鬧	並	戒○	持	讀誦持	依何道理	好	跳
清藏	應	无所	轉○	猥鬧	並	戒○	持	讀誦持	依何道理	好	跳

6-4) 『根本薩婆多部律攝』 卷第一 類型別 文字異同 對校表 4

項次	29	20	32	36	39	43	11	37
類型	C-2	C-4	C-4	C-4	C-4	C-4	E-3	E-3
冊 面 行 字	42 5 下10 14	42 4 上9 6	42 7 上22 14	42 8 上11 7	42 8 下1 14	42 9 下14-21	42 2 中9	42 8 中11
趙城	日	發	心	僧○	往○	[譯者名錄]	行○法	長淨○○○○○○○○
初雕	星	發	心	僧○	往○	[譯者名錄]	行之法	長淨苾芻尼應別爲長淨
再雕	星	登	○	僧伽	往者	○	行○法	長淨○○○○○○○○
資福	日	登	○	僧伽	往者	○	行之法	長淨苾芻尼應別爲長淨
磧砂	日	登	○	僧伽	往者	○	行之法	長淨苾芻尼應別爲長淨
普寧	日	登	○	僧伽	往者	○	行之法	長淨苾芻尼應別爲長淨
永南	日	登	○	僧伽	往者	○	行之法	長淨苾芻尼應別爲長淨
徑山	日	登	○	僧伽	往者	○	行之法	長淨苾芻尼應別爲長淨
清藏	日	登	○	僧伽	往者	○	行之法	長淨苾芻尼應別爲長淨

6-5) 『根本薩婆多部律攝』卷第一 類型別 文字異同 對校表 5

項次	3	26	28	33	35	43
類型	F-2	F-2	F-2	F-2	F-2	F-2
冊	42	42	42	42	42	42
面	1	4	5	7	7	10
行	下10	下3	上11	中1	下23	上1-10
字	1	14				
趙城	行	作	依界○	王法○○○○○○○	似義○○○○	[譯者名錄]
初雕	得	法	依界竟	王法日月大小應可隨之	似義謂同罪者	○
再雕	得	法	依界竟	王法日月大小應可隨之	似義謂同罪者	○
資福	得	法	依界竟	王法日月大小應可隨之	似義謂同罪者	○
磧砂	得	法	依界竟	王法日月大小應可隨之	似義謂同罪者	○
普寧	得	法	依界竟	王法日月大小應可隨之	似義謂同罪者	○
永南	得	法	依界竟	王法日月大小應可隨之	似義謂同罪者	○
徑山	得	法	依界竟	王法日月大小應可隨之	似義謂同罪者	○
清藏	得	法	依界竟	王法日月大小應可隨之	似義謂同罪者	○

7-1) 『金剛般若論』卷下 類型別 文字異同 對校表 1

項次	3	9	13	21	4	20	22	12	14	16	1
類型	A-2	A-2	A-2	A-3	D-7	D-7	D-7	B-15	B-15	C-1	C-3
冊	27	27	27	27	27	27	27	27	27	27	27
面	76	78	81	83	77	82	83	81	81	82	76
行	下12	下13	下5	上15	中5	下15	上22	中23	下13	中10	下1
字	8	11	10		9	8		2	6		6
房山	佛	喜樂	攝取	○演說	○	顯示	流轉	想	見佛	地塵	乃至
趙城	佛	喜樂	攝取	□演說	名	顯○	生死	想	見佛	地塵	○至
初雕	?	喜○	攝○	實演說	名	顯○	生死	○	見○	地塵	?
再雕	○	喜○	攝○	實演說	名	顯○	生死	想	見佛	微塵	乃至

7-2) 『金剛般若論』卷下 類型別 文字異同 對校表 2

項次	2	10	6	7	11	17
類型	C-3	C-3	E-1	F-2	F-2	F-2
冊	27	27	27	27	27	27
面	76	79	77	77	80	82
行	下9	中18	中7	下22	中13	中11
字	14	6		10	12	14

房山	○	善男子	不具○福	○	我當	前說應知經言彼微塵聚甚多者是細末
趙城	一	善家子	不具○福	故	我○	前○
初雕	?	善家子	不具足福	○	我當	前說應知經言彼微塵聚甚多者是細末
再雕	□	善男子	不具○福	○	我當	前說應知經言彼微塵聚甚多者是細末

7-3)『金剛般若論』卷下 類型別 文字異同 對校表 3

項次	18	8	5	15	19
類型	F-2	G	Z	Z	Z
冊 面 行 字	27 82 中14	27 78 中2 10	27 77 中6	27 82 上2	27 82 下7
房山	○	乏	示破彼名	以相具	世諦言
趙城	爲無所見方便此說有何義若微塵	乏	示破彼名	以相具	世諦言
初雕	○	乏	示破彼名	以相具	世諦言
再雕	○	之	示破彼名	以相具	世諦言

8-1)『大莊嚴論經』卷第二 類型別 文字異同 對校表 1

項次	5	7	16	26	36	22	1	2	3	4
類型	B-1)	B-1)	B-1)	B-1)	B-1)	B-(1)	B-5	B-13	B-13	B-13
冊 面 行 字	29 619 下10 14	29 620 上1	29 622 上8 2	29 622 下22 14	29 624 上23 2	29 622 中17	29 619 中9	29 619 中17 4	29 619 中22	29 619 下9
趙城	墮	更殺	利	融	用	但修諸苦行	諸王	亡	時照	慈心
初雕	墮	更殺	利	融	用	但修諸苦行	諸王	之	照時	慧心
再雕	墮	更殺	利	融	用	但修諸苦行	諸王	亡	時照	慈心
資福	墜	更然	刺	鎔	物	○	諸正	之	照時	慧心
磧砂	墜	更然	刺	鎔	物	○	諸正	之	照時	慧心
普寧	墜	更然	刺	鎔	物	○	諸正	之	照時	慧心
永南	墜	更然	刺	鎔	物	○	諸王	之	照時	慧心
徑山	墜	更然	刺	鎔	物	○	諸王	之	照時	慧心
清藏	墜	更然	刺	鎔	物	○	諸王	之	照時	慧心

8-2)『大莊嚴論經』卷第二 類型別 文字異同 對校表 2

項次	12	18	19	21	28	41	43	27
類型	B-13	B-13	B-13	B-13	B-13	B-13	B-13	B-13
冊 面 行 字	29 620 中12 1	29 622 上21 11	29 622 中3 12	29 622 中17	29 623 上9	29 624 下16 11	29 625 上21 8	29 623 上1
趙城	知	苦	苦	銀子	眞炙	開	愛	展轉反側
初雕	如	若	若	銀行	眞心	關	受	展轉板側
再雕	知	苦	苦	銀子	眞炙	開	愛	展轉反側
資福	如	若	若	銀行	眞心	關	受	展轉板側
磧砂	如	若	若	銀行	眞心	關	受	展轉反側
普寧	如	若	若	銀行	眞心	關	受	展轉板側
永南	如	若	若	銀行	眞心	關	受	展轉反側
徑山	如	若	若	銀行	眞心	關	受	展轉反側
淸藏	如	若	若	銀行	眞心	關	受	展轉反側

8-3)『大莊嚴論經』卷第二 類型別 文字異同 對校表 3

項次	6	10	11	17	20	23	24	29	31	34	37
類型	C-1	C-1	C-1	C-1	C-1	C-1	C-1	C-1	C-1	C-1	C-1
冊 面 行 字	29 619 下22	29 620 下17 8	29 620 上19	29 622 上16 7	29 622 中1	29 622 下1 7	29 622 下5	29 623 上12 7	29 623 上17 5	29 623 下16 4	29 624 中1 7
趙城	復次	乃	世界	汝唯	依止	復	美果	材	逐逮	者	爲
初雕	復次	乃	世界	汝唯	依止	復	美果	材	逐逮	者	爲
再雕	復有	及	世間	唯汝	依心	當	善果	林	逐逐	智	用
資福	復次	乃	世界	汝唯	依止	復	美果	材	逐逮	者	爲
磧砂	復次	乃	世界	汝唯	依止	復	美果	材	逐逮	者	爲
普寧	復次	乃	世界	汝唯	依止	復	美果	材	逐逮	者	爲
永南	復次	乃	世界	汝唯	依止	復	美果	材	逐逮	者	爲
徑山	復次	乃	世界	汝唯	依止	復	美果	材	逐逮	者	爲
淸藏	復次	乃	世界	汝唯	依止	復	美果	材	逐逮	者	爲

8-4) 『大莊嚴論經』 卷第二 類型別 文字異同 對校表 4

項次	38	40	45	14	33	47	8	9	13
類型	C-1	C-1	C-1	C-1	C-1	C-2	C-4	C-4	C-4
冊 面 行 字	29 624 中7 7	29 624 中20 2	29 625 中21	29 621 下3 13	29 623 下15 14	29 625 下5	29 620 上4 9	29 620 中4 8	29 621 中18
趙城	欲少	主	心信	厄	甚深難惻	貪疾	勉	勉	烟火
初雕	欲少	主	心信	厄	甚深難惻	貪欲	勉	勉	烟火
再雕	少欲	王	信心	危	甚深難測	貪欲	免	免	炬火
資福	欲少	主	心信	厄	甚深難惻	貪疾	免	免	炬火
磧砂	欲少	主	心信	危	甚深難惻	貪疾	免	免	炬火
普寧	欲少	主	心信	厄	甚深難測	貪疾	免	免	炬火
永南	欲少	主	心信	厄	甚深難測	貪疾	免	免	炬火
徑山	欲少	主	心信	厄	甚深難測	貪疾	免	免	炬火
淸藏	欲少	主	心信	厄	甚深難測	貪疾	免	免	炬火

8-5) 『大莊嚴論經』 卷第二 類型別 文字異同 對校表 5

項次	25	30	32	42	44	46
類型	C-4	C-4	C-4	C-4	C-4	C-4
冊 面 行 字	29 622 下16 8	29 623 上12	29 623 上22	29 624 下20 8	29 625 中10 11	29 625 下1
趙城	亢	燒火	諦四之智	搆牛乳	欲	誰〇〇〇〇〇勝信巨富
初雕	亢	燒火	諦四之智	搆牛乳	欲	誰〇〇〇〇〇勝信巨富
再雕	抗	燒炙	四諦之智	殼牛 牛乳	爲欲	誰有多財寶能勝信巨富
資福	抗	燒炙	四諦之智	殼牛 牛乳	爲欲	誰有多財寶能勝信巨富
磧砂	抗	燒炙	四諦之智	殼牛 牛乳	爲欲	誰有多財寶能勝信巨富
普寧	抗	燒炙	四諦之智	殼牛 牛乳	爲欲	誰有多財寶能勝信巨富
永南	抗	燒炙	四諦之智	殼牛 牛乳	爲欲	誰有多財寶能勝信巨富
徑山	抗	燒炙	四諦之智	殼牛 牛乳	爲欲	誰有多財寶能勝信巨富
淸藏	抗	燒炙	四諦之智	殼牛 牛乳	爲欲	誰有多財寶能勝信巨富

8-6)『大莊嚴論經』卷第二 類型別 文字異同 對校表 6

項次	48	49	35	39	15
類型	C-4	C-4	C-4	F-2	G
冊 面 行 字	29 625 下5	29 625 下7 8	29 624 上13 13	29 624 中14 4	29 621 下13 7
趙城	信財則不尒○○○○○	寶	䜰	踖	三
初雕	信財則不尒○○○○○	寶	謫	踏	三
再雕	信財則不尒見則生歡喜	最	謫	踏	二
資福	信財則不尒見則生歡喜	最	謫	踏	三
磧砂	信財則不尒見則生歡喜	最	謫	踏	三
普寧	信財則不尒見則生歡喜	最	謫	踏	三
永南	信財則不尒見則生歡喜	最	謫	踏	三
徑山	信財則不尒見則生歡喜	最	謫	踏	三
清藏	信財則不尒見則生歡喜	最	謫	踏	三

9-1)『大莊嚴論經』卷第三 文字異同 對校表 1

項次	1	6	8	12	13	24	38	51	53	57	61
類型	B-1)	B-1)	B-1)	B-1)	B-1)	B-1)	B-1)	B-1)	B-1)	B-1)	B-1)
冊 面 行 字	29 628 中4	29 629 上18 9	29 629 中12 10	29 630 中2 9	29 630 中3 14	29 631 中5 11	29 633 上11 2	29 633 下9	29 633 下17 11	29 634 中20 11	29 635 上10
趙城	宗仰○	知	故	○當	夫	令後	有	娑伽跌	勁	賣	役使
初雕	宗仰○	知	故	○當	夫	令後	有	娑伽跌	勁	賣	役使
再雕	宗仰○	知	故	○當	夫	令後	有	娑伽跌	勁	賣	役使
資福	宗仰者	如	戒	明當	未	今後	諸	婆伽跌	勤	責	設使
磧砂	宗仰者	如	戒	明當	未	今後	諸	婆伽跌	勤	責	設使
普寧	宗仰者	如	戒	明當	未	今後	諸	婆伽跌	勤	責	設使
永南	宗仰者	如	戒	明當	未	今後	諸	婆伽跌	勤	責	設使
徑山	宗仰者	如	戒	明當	未	今後	諸	婆伽跌	勤	責	設使
清藏	宗仰者	如	戒	明當	未	今後	諸	婆伽跌	勤	責	設使

9-2) 『大莊嚴論經』 卷第三 文字異同 對校表 2

項次	4	18	33
類型	B-(1)	B-(1)	B-(1)
冊面行字	29 629 上7-8	29 630 下8-9	29 632 下17-19
趙城	假使……毀犯(偈語 4句)	除減……十方(4句)	我庫……口中(總 51字)
初雕	假使……毀犯(偈語 4句)	除減……十方(4句)	我庫……口中(總 51字)
再雕	假使……毀犯(偈語 4句)	除減……十方(4句)	我庫……口中(總 51字)
資福	○	○	○
磧砂	○	○	○
普寧	○	○	○
永南	○	○	○
徑山	○	○	○
清藏	○	○	○

9-3) 『大莊嚴論經』 卷第三 類型別 文字異同 對校表 3

項次	43	21	28	27	37	20	2	3	5	9
類型	B-(1)	B-4	B-7	B-13	B-13	B-13	C-1	C-(1)	C-1	C-1
冊面行字	29 633 中3 11	29 631 上11	29 632 中1 9	29 631 下21 8	29 633 上9 11	29 630 下19	29 628 中15	29 628 中18 3	29 629 上8	29 629 中21 5
趙城	音樂	未知	實	生	欲	眞諦	日夕	○等	假復	梯橙
初雕	音樂	未知	實	○	次	其諦	日夕	○等	假復	梯橙
再雕	音樂	未知	實	生	欲	眞諦	日中	汝等	假使	梯橙
資福	意樂	未知	寶	○	次	其諦	日夕	○等	假復	梯橙
磧砂	意樂	本知	實	○	次	眞諦	日夕	○等	假復	梯橙
普寧	意樂	本知	寶	○	次	其諦	日夕	○等	假復	梯橙
永南	意樂	本知	寶	○	次	其諦	日夕	○等	假復	梯橙
徑山	意樂	本知	寶	○	次	其諦	日夕	○等	假復	梯橙
清藏	意樂	本知	寶	○	次	其諦	日夕	○等	假復	梯橙

9-4) 『大莊嚴論經』 卷第三 類型別 文字異同 對校表 4

項次	10	14	16	19	23	25	26	29	31	34
類型	C-1	C-1	C-1	C-1	C-1	C-1	C-1	C-1	C-1	C-1
冊面行字	29 629 下23	29 630 中9	29 630 下2 2	29 630 下10 13-15	29 631 中4 15	29 631 中8 4	29 631 下9 4	29 632 中12	29 632 下2 3	29 632 下20 7
趙城	至心	期言	未得	亦隨滅	法	事	數	自不由	願	財
初雕	至心	期言	未得	亦隨滅	法	事	數	自不由	願	財
再雕	至死	斯言	求得	汝今者	汝	志	毀	不自由	規	時
資福	至心	期言	未得	亦隨滅	法	事	數	自不由	願	財
磧砂	至心	期言	未得	亦隨滅	法	事	數	自不由	願	財
普寧	至心	期言	未得	亦隨滅	法	事	數	自不由	願	財
永南	至心	期言	未得	亦隨滅	法	事	數	自不由	願	財
徑山	至心	期言	未得	亦隨滅	法	事	數	自不由	願	財
清藏	至心	期言	未得	亦隨滅	法	事	數	自不由	願	財

9-5) 『大莊嚴論經』 卷第三 類型別 文字異同 對校表 5

項次	35	39	40	41	42	44	45	46	47
類型	C-(1)	C-(1)	C-1	C-1	C-1	C-1	C-1	C-1	C-1
冊面行字	29 633 上1	29 633 上14 14	29 633 上20	29 633 上21	29 633 上23	29 633 中5	29 633 中7 10	29 633 中13	29 633 中18
趙城	賫持○○	尚○	影則	好影	財以物	宮後	遊	深岸	親友
初雕	賫持○○	尚○	影則	好影	財以物	宮後	遊	深岸	親友
再雕	賫持而去	尚自	則影	如影	以財物	後宮	逝	深坑	親愛
資福	賫持○○	尚○	影則	好影	財以物	宮後	遊	深岸	親友
磧砂	賫持○○	尚○	影則	好影	財以物	宮後	遊	深岸	親友
普寧	賫持○○	尚○	影則	好影	財以物	宮後	遊	深岸	親友
永南	賫持○○	尚○	影則	好影	財以物	宮後	遊	深岸	親友
徑山	賫持○○	尚○	影則	好影	財以物	宮後	遊	深岸	親友
清藏	賫持○○	尚○	影則	好影	財以物	宮後	遊	深岸	親友

9-6)『大莊嚴論經』卷第三 類型別 文字異同 對校表 6

項次	52	54	55	56	59	60	22	7	11
類型	C-1	C-1	C-1	C-(1)	C-1	C-1	C-1	C-4	C-4
冊 面 行 字	29 633 下11 10	29 633 下22 5	29 634 中9 7	29 634 中11 9	29 634 中22	29 634 下16 14	29 672 上11 5	29 629 中2 13	29 630 上13 2
趙城	沒生	者	增惡	今	鄙頭	中	蒸炁	伺	勉
初雕	沒生	者	增惡	今	鄙頭	中	蒸炁	伺	勉
再雕	沒去	是	憎惡	如是	鄙賤	壓	蒸氣	祠	免
資福	沒去	者	增惡	今	鄙頭	中	蒸炁	祠	免
磧砂	沒去	者	增惡	今	鄙頭	中	蒸熟	祠	免
普寧	沒去	者	增惡	今	鄙頭	中	蒸熟	祠	免
永南	沒去	者	增惡	今	鄙頭	中	蒸熟	祠	免
徑山	沒去	者	增惡	今	鄙頭	中	蒸熟	祠	免
清藏	沒去	者	增惡	今	鄙頭	中	蒸熟	祠	免

9-7)『大莊嚴論經』卷第三 類型別 文字異同 對校表 7

項次	17	30	32	36	49	50	48	58	15
類型	C-4	C-4	C-4	C-4	C-4	C-4	F-2	F-2	F-2
冊 面 行 字	29 630 下3	29 632 中18	29 632 下2 13	29 633 上8	29 633 中23 14	29 633 下6 13	29 633 下11 3	29 634 中22	29 630 中22
趙城	咸云	斯事	○集	到于	救勉	遷	壽盡	膿血汗	言雖
初雕	咸云	斯事	○集	到于	救勉	遷	專念	膿血汗	言辭
再雕	或云	斯時	當集	于到	救免	還	專念	膿血汗	言詞
資福	或云	斯時	當集	于到	救免	還	專念	膿血汗	言辭
磧砂	或云	斯時	當集	于到	救免	還	專念	膿血汗	言辭
普寧	或云	斯時	當集	于到	救免	還	專念	膿血汗	言辭
永南	或云	斯時	當集	于到	救免	還	專念	膿血汗	言辭
徑山	或云	斯時	當集	于到	救免	還	專念	膿血汗	言辭
清藏	或云	斯時	當集	于到	救免	還	專念	膿血汗	言辭

10-1) 『大莊嚴論經』卷第九(初雕藏 卷第八) 類型別 文字異同 對校表 1

項次	3	10	14	22	24	34	37	46	47	49
類型	B-1)	B-1)	B-1)	B-1)	B-1)	B-1)	B-1)	B-1)	B-1)	B-1)
冊 面 行 字	29 682 下9 4	29 683 上19	29 683 中13	29 685 上19 14	29 685 中8	29 686 上7 9	29 686 下4 14	29 687 中17	29 687 中18 3	29 687 中20 7
趙城	律	合目	種種	登斤	環玎	怨	系	眞濟	无惱	愼
初雕	律	合目	種種	登斤	環玎	怨	系	?	?	愼
再雕	律	合目	種種	登斤	環玎	怨	系	眞濟	無惱	愼
資福	利	合眼	種糞	斲	環釧	惡	絲	律際	不惱	順
磧砂	利	合眼	種糞	斲	環釧	惡	絲	律際	不惱	順
普寧	利	合眼	種糞	斲	環釧	惡	絲	律際	不惱	順
永南	利	合眼	種糞	斲	環釧	惡	絲	律際	不惱	順
徑山	利	合眼	種糞	斲	環釧	惡	絲	律際	不惱	順
清藏	利	合眼	種糞	斲	環釧	惡	絲	律際	不惱	順

10-2) 『大莊嚴論經』卷第九(初雕藏 卷第八) 類型別 文字異同 對校表 2

項次	51	56	7	1	32	36	23	28
類型	B-1)	B-1)	B-(1)	B-13	B-13	B-13	B-14	B-14
冊 面 行 字	29 687 中23 10	29 688 上12	29 683 上1	29 682 中12 3	29 686 上1 12	29 686 中6 1	29 685 中1 8	29 685 下2 1
趙城	任	華林	是故有智者	於	林	愛欲	挩	經
初雕	任	華林	是故有智者	依	求	受欲	琓	遙
再雕	任	華林	是故有智者	於	林	愛欲	挩	經
資福	住	特妙	○	依	求	受欲	道	經
磧砂	住	特妙	○	依	求	受欲	道	經
普寧	住	特妙	○	依	求	受欲	道	經
永南	住	特妙	○	依	求	受欲	道	經
徑山	住	特妙	○	依	求	受欲	道	經
清藏		特妙	○	依	求	受欲	道	經

10-3) 『大莊嚴論經』 卷第九(初雕藏 卷第八) 類型別 文字異同 對校表 3

項次	45	5	6	8	9
類型	B-14	C-1	C-1	C-1	C-1
冊 面 行 字	29 687 中17-18	29 682 下16 5	29 682 下21	29 683 上12 5	29 683 上12 5
趙城	三界之眞濟……受於如來形(偈語7句)	暴虐	擧略	˙想	荷
初雕	○	暴虐	擧略	想	荷
再雕	三界之眞濟……受於如來形(偈語7句)	暴虎	略擧	相	呵
資福	三界之眞濟……受於如來形(偈語7句)	暴虐	擧略	想	荷
磧砂	三界之眞濟……受於如來形(偈語7句)	暴虐	擧略	想	荷
普寧	三界之眞濟……受於如來形(偈語7句)	暴虐	擧略	想	荷
永南	三界之眞濟……受於如來形(偈語7句)	暴虐	擧略	想	荷
徑山	三界之眞濟……受於如來形(偈語7句)	暴虐	擧略	想	荷
淸藏	三界之眞濟……受於如來形(偈語7句)	暴虐	擧略	想	荷

10-4) 『大莊嚴論經』 卷第九(初雕藏 卷第八) 類型別 文字異同 對校表 4

項次	12	13	16	17	20	21	30	35	39	40
類型	C-(1)	C-1	C-1	C-1	C-1	C-1	C-1	C-1	C-(1)	C-(1)
冊 面 行 字	29 683 中9	29 683 中11	29 684 上18	29 684 中4 11	29 685 上19	29 685 上19	29 685 下23 2	29 686 上23	29 687 上11 11	29 687 上12 6
趙城	○	恚瞋	疽虫	深	奔走	岨嶮	導	其頂	者	比
初雕	○	恚瞋	疽虫	深	奔走	岨嶮	導	其頂	者	比
再雕	寧捨於身肉	瞋恚	蛆虫	當	奔赴	嶮岨	道	於頂	○	比於
資福	○	恚瞋	疽虫	深	奔走	岨嶮	導	其頂	者	比
磧砂	○	恚瞋	疽虫	深	奔走	岨嶮	導	其頂	者	比
普寧	○	恚瞋	疽虫	深	奔走	岨嶮	導	其頂	者	比
永南	○	恚瞋	疽虫	深	奔走	岨嶮	導	其頂	者	比
徑山	○	恚瞋	疽虫	深	奔走	岨嶮	導	其頂	者	比
淸藏	○	恚瞋	疽虫	深	奔走	岨嶮	導	其頂	者	比

10-5) 『大莊嚴論經』 卷第九(初雕藏 卷第八) 類型別 文字異同 對校表 5

項次	41	43	52	53	55	59	4	48	2
類型	C-1	C-(1)	C-1	C-1	C-1	C-1	C-1	C-(1)	C-2
冊 面 行 字	29 687 中5 7	29 687 中15 12	29 687 中23 13	29 687 下5	29 687 下23 1	29 688 中5 13	29 682 下9	29 687 中19	29 682 中18 9
趙城	能	汝	愛	喩過	常	並	瞋患於	我亦作要誓○	彼
初雕	能	汝	愛	喩過	常	並	瞋患於	我亦作要誓○	被
再雕	爲	尊者言汝	受	踰過	掌	普	患瞋捨	我亦作要誓言	被
資福	能	汝	愛	喩過	常	並	瞋恚於	我亦作要誓○	彼
磧砂	能	汝	愛	喩過	常	並	瞋恚於	我亦作要誓○	彼
普寧	能	汝	愛	喩過	常	並	瞋恚於	我亦作要誓○	彼
永南	能	汝	愛	喩過	常	並	瞋恚於	我亦作要誓○	彼
徑山	能	汝	愛	喩過	常	並	瞋恚於	我於作要誓○	彼
清藏	能	汝	愛	喩過	常	並	瞋恚於	我於作要誓○	彼

10-6) 『大莊嚴論經』 卷第九(初雕藏 卷第八) 類型別 文字異同 對校表 6

項次	25	26	42	44	31	33	38	54	57	58	60
類型	C-4	C-4	C-4	C-4	C-4	C-4	C-4	C-4	C-4	C-4	C-4
冊 面 行 字	29 685 中9 10	29 685 中12 2	29 686 上5 3	29 687 中16 夾註	29 685 下23 12	29 686 上5 3	29 686 下13 3	29 687 下12	29 688 上9	29 688 上14	29 688 中8 11
趙城	我	仰	憤	元无偈	姪	貪	及	圍光	清行	佛相	使
初雕	我	仰	憤	元无偈	姪	貪	及	圍光	清行	佛相	使
再雕	如我	昂	責	○	望	貪欲	乃	圓光	淨行	佛想	結使
資福	如我	昂	責	○	望	貪欲	乃	圓光	淨行	佛想	結使
磧砂	如我	昂	責	○	望	貪欲	乃	圓光	淨行	佛想	結使
普寧	如我	昂	責	○	望	貪欲	乃	圓光	淨行	佛想	結使
永南	如我	昂	責	○	望	貪欲	乃	圓光	淨行	佛想	結使
徑山	如我	昂	責	○	望	貪欲	乃	圓光	淨行	佛想	結使
清藏	如我	昂	責	○	望	貪欲	乃	圓光	淨行	佛想	結使

10-7) 『大莊嚴論經』 卷第九(初雕藏 卷第八) 類型別 文字異同 對校表 7

項次	15	50	11	18	19	27	29
類型	D-2	D-2	F-2	F-2	F-2	F-2	F-2
冊面行字	29 683 下13 9	29 687 中20	29 683 上23 夾註	29 684 中22	29 685 上12	29 685 下1	29 685 下2 3
趙城	莫	莫爲	本內元闕一句	哀願	是法	軍衆尒時衆師	還歸
初雕	莫	莫爲	遠離鬪諍群會處	哀顔	是故	軍中尒時象師	還君
再雕	莫	莫爲	遠離鬪諍群會處	哀顔	是故	軍中尒時象師	還君
資福	莫	莫爲	遠離鬪諍群會處	哀顔	是故	軍中尒時象師	還君
磧砂	草	草爲	遠離鬪諍群會處	哀顔	是故	軍中尒時象師	還君
普寧	莫	莫爲	遠離鬪諍群會處	哀顔	是故	軍中尒時象師	還君
永南	莫	莫爲	遠離鬪諍群會處	哀顔	是故	軍中尒時象師	還君
徑山	莫	莫爲	遠離鬪諍群會處	哀顔	是故	軍中尒時象師	還君
清藏	莫	莫爲	遠離鬪諍群會處	哀顔	是故	軍中尒時象師	還君

11-1) 『大莊嚴論經』 卷第十 類型別 文字異同 對校表 1

項次	5	7	11	12	13	15	18	19	21	22	24
類型	B-1)	B-1)	B-1)	B-1)	B-1)	B-1)	B-1)	B-1)	B-1)	B-1)	B-1)
冊面行字	29 692 下1	29 693 上10 5	29 693 下4	29 693 下5	29 693 下16	29 693 下19 12	29 694 上15	29 694 上20	29 694 中11	29 694 中17 5	29 694 下21
趙城	偈答	嬈	小醫	泣淚	化子	哭	何○緣	融消	至心	由	踊出
初雕	偈答	嬈	小醫	泣淚	化子	哭	何○緣	融消	至心	由	踊出
再雕	偈答	嬈	小醫	泣淚	化子	哭	何○緣	融消	至心	由	踊出
資福	偈言	遶	少醫	泣涕	化者	泣	何因緣	鎔銷	志心	因	湧出
磧砂	偈言	遶	少醫	泣涕	化者	泣	何因緣	鎔銷	志心	因	湧出
普寧	偈言	遶	少醫	泣涕	化者	泣	何因緣	鎔銷	志心	因	湧出
永南	偈言	遶	少醫	泣涕	化者	泣	何因緣	鎔銷	志心	因	湧出
徑山	偈言	遶	少醫	泣涕	化者	泣	何因緣	鎔銷	志心	因	湧出
清藏	偈言	遶	少醫	泣涕	化者	泣	何因緣	鎔銷	志心	因	湧出

11-2) 『大莊嚴論經』卷第十 類型別 文字異同 對校表 2

項次	25	29	30	36	37	40	48	50	58	57
類型	B-1)	B-1)	B-1)	B-1)	B-1)	B-1)	B-1)	B-1)	B-1)	B-1)
冊 面 行 字	29 694 下22 13	29 695 中20	29 695 下1 11	29 696 上2 7	29 696 上4 3	29 696 上20 10	29 697 中4 3	29 697 下5 1	29 698 中11	29 698 中3 13
趙城	融	躝而登斤	癡	灰	欲	饌	饒	駕	柔順	作
初雕	融	躝而登斤	癡	灰	欲	饌	饒	駕	柔順	作
再雕	融	躝而登斤	癡	灰	欲	饌	饒	駕	柔順	作
資福	鎔	踏而斯	疑	炙	於	饍	餘	稼	隨順	詐
磧砂	鎔	踏而斯	疑	炙	於	饍	餘	稼	隨順	詐
普寧	鎔	踏而斯	疑	炙	於	饍	餘	稼	隨順	詐
永南	鎔	踏而斯	疑	炙	於	饍	餘	稼	隨順	詐
徑山	鎔	踏而斯	疑	炙	於	饍	餘	稼	隨順	詐
清藏	鎔	踏而斯	疑	炙	於	饍	餘	稼	隨順	詐

11-3) 『大莊嚴論經』卷第十 類型別 文字異同 對校表 3

項次	53	55	56
類型	B-13	B-13	B-13
冊 面 行 字	29 697 上7	29 697 上7 小字右	29 697 上7 小字左
趙城	此果依樹生 不能自全說 有人撲取時 枝葉隨殞落	有人撲取時	殞落
初雕	○		
再雕	此果依樹生 不能自全護 有人撲取時 枝葉隨殞落	有人撲取時	殞落
資福	此果依樹生 不能自全護 又人採取時 枝葉隨損落	又人採取時	損落
磧砂	此果依樹生 不能自全護 又人採取時 枝葉隨損落	又人採取時	損落
普寧	此果依樹生 不能自全護 又人採取時 枝葉隨損落	又人採取時	損落
永南	此果依樹生 不能自全護 又人採取時 枝葉隨損落	又人採取時	損落
徑山	此果依樹生 不能自全護 又人採取時 枝葉隨損落	又人採取時	損落
清藏	此果依樹生 不能自全護 又人採取時 枝葉隨損落	又人採取時	損落

11-4)『大莊嚴論經』卷第十 類型別 文字異同 對校表 4

項次	3	8	34	32	47	31	2
類型	B-13	B-13	B-13	B-13	B-13	B-13	C-1
冊 面 行 字	29 692 中1	29 693 上17	29 695 下13	29 695 下8	29 697 中1	29 695 下12	29 692 上9 6
趙城	略而言說之	何故	說偈告言	大舡	施因	灰坌	得
初雕	略示言化之	我故	說偈〇〇	大乘	施恩	及坌	得
再雕	略而言說之	何故	說偈告言	大船	施因	灰坌	諸
資福	？	我故	說偈報言	大乘	施恩	灰坌	得
磧砂	？	我故	說偈報言	大乘	施恩	灰坌	得
普寧	？	我故	說偈報言	大乘	施恩	及坌	得
永南	？	我故	說偈報言	大乘	施恩	及坌	得
徑山	？	我故	說偈報言	大乘	施恩	及坌	得
清藏	？	我故	說偈報言	大乘	施恩	及坌	得

11-5)『大莊嚴論經』卷第十 類型別 文字異同 對校表 5

項次	4	6	17	23	33	35	41	43	45	46
類型	C-1	C-1	C-(1)	C-(1)	C-(1)	C-1	C-1	C-1	C-1	C-1
冊 面 行 字	29 692 中9 13	29 692 下10	29 694 上12 10	29 694 中18	29 695 下12 2	29 695 下15 7	29 696 上20 3	29 696 下14 5	29 696 下17 10	29 697 上5
趙城	視者	意念	上	菩薩	難	令	令	幕	繞	天齋會
初雕	視者	意念	上	菩薩	難	令	令	幕	繞	天齋會
再雕	覩者	憶念	肆上	菩薩時	離行	命	全	膜	縛	大齋會
資福	視者	意念	上	菩薩	難	令	令	幕	繞	天齋會
磧砂	視者	意念	上	菩薩	難	令	令	幕	繞	天齋會
普寧	視者	意念	上	菩薩	難	令	令	幕	繞	天齋會
永南	視者	意念	上	菩薩	難	令	令	幕	繞	天齋會
徑山	視者	意念	上	菩薩	難	令	令	幕	繞	天齋會
清藏	視者	意念	上	菩薩	難	令	令	幕	繞	天齋會

11-6)『大莊嚴論經』卷第十 類型別 文字異同 對校表 6

項次	49	51	52	59	60	9	1	10	16	27
類型	C-1	C-1	C-1	C-1	C-1	C-2	C-2	C-4	C-4	C-4
冊面行字	29 697 中7	29 697 下5 11	29 697 下6 1	29 698 中20 4	29 698 下1	29 693 上19 3	29 691 中20 1	29 693 中19	29 694 上6 3	29 695 上21
趙城	天下	打	走	四	不爲吉	設	雖	能至	難	扶扌勉
初雕	天下	打	走	四	不爲吉	說	惟	能至	難	扶扌勉
再雕	天中	檛	乏	五	爲不吉	說	惟	乃至	難行	扶挽
資福	天下	打	走	四	不爲吉	設	唯	乃至	難行	扶挽
磧砂	天下	打	走	四	不爲吉	設	唯	乃至	難行	扶挽
普寧	天下	打	走	四	不爲吉	設	唯	乃至	難行	扶挽
永南	天下	打	走	四	不爲吉	設	唯	乃至	難行	扶挽
徑山	天下	打	走	四	不爲吉	設	唯	乃至	難行	扶挽
清藏	天下	打	走	四	不爲吉	設	唯	乃至	難行	扶挽

11-7)『大莊嚴論經』卷第十 類型別 文字異同 對校表 7

項次	38	39	42	44	54	61	14	20	26	28
類型	C-4	C-4	C-4	C-4	C-4	C-4	C-4	F-2	F-2	F-2
冊面行字	29 696 上7 3	29 696 上7	29 696 上21 11	29 696 下15	29 697 上7 10	29 698 下2 3	29 693 下18	29 694 中1 1	29 695 上12	29 695 中12
趙城	勉	中則	骨	趍向	說	福	網鞅	石	此金	藻氵盥
初雕	勉	中則	骨	趍向	/	福	網曼	右	此人	澡氵盥
再雕	免	中道	體	趣向	護	諸	網緩	右	此人	澡罐
資福	免	中道	體	趣向	護	諸	網緩	右	此人	澡盥
磧砂	免	中道	體	趣向	護	諸	網緩	右	此人	澡盥
普寧	免	中道	體	趣向	護	諸	網緩	右	此人	澡？
永南	免	中道	體	趣向	護	諸	網緩	右	此人	澡盥
徑山	免	中道	體	趣向	護	諸	網緩	右	此人	澡盥
清藏	免	中道	體	趣向	護	諸	網緩	右	此人	澡盥

12-1) 『大莊嚴論經』 卷第十一 類型別 文字異同 對校表 1

項次	16	21	24	4	8	17	18	19	12	14
類型	B-1)	B-1)	B-1)	B-4	B-4	B-4	B-4	B-4	B-13	B-13
冊 面 行 字	29 704 下21	29 706 上17 12	29 706 中1 10	29 702 下5 7	29 703 上18	29 704 下22 13	29 705 上12 13	29 705 中17 10	29 703 中18	29 703 下7 15
趙城	名稱	又	靫	光色	十種	具	爲	作	料理	不受其請
初雕	名稱	又	靫	光色	十種	具	爲	作	斷理	不受其○
再雕	名稱	又	靫	光色	十種	具	爲	作	料理	不受其請
資福	名利	失	鞭	光色	十種	具	爲	作	斷理	?
磧砂	名利	失	鞭	光明	一種	其	受	行	斷理	?
普寧	名利	失	鞭	光明	一種	其	受	行	斷理	?
永南	名利	失	鞭	光明	一種	其	受	行	斷理	?
徑山	名利	失	硬	光明	一種	其	受	行	斷理	?
清藏	名利	失	硬	光明	一種	其	受	行	斷理	?

12-2) 『大莊嚴論經』 卷第十一 類型別 文字異同 對校表 2

項次	22	23	25	3	6	10	2	5	11
類型	B-13	B-13	B-13	B-13	B-13	B-13	C-(1)	C-1	C-1
冊 面 行 字	29 706 上19 13	29 706 上23 4	29 706 中4 3	29 702 中21 7	29 703 上3	29 703 中1	29 702 中17 14	29 702 下17 6	29 703 中6 9
趙城	悔恨心	燒	繫	卽	知此	計合離	是	意	擲
初雕	怪恨心	燒	○	○	如此	針令離	是	意	擲
再雕	悔恨心	燒	繫	卽	知此	計合離	如是	憶	躑
資福	怪恨心	燒	○	○	知此	針令離	是	意	擲
磧砂	怪恨心	燒	○	○	知此	針合離	是	意	擲
普寧	怪恨心	燒	○	○	知此	針令離	是	意	擲
永南	怪恨心	燒	○	○	知此	針合離	是	意	擲
徑山	怪恨心	燒	○	○	如此	針令離	是	意	擲
清藏	怪恨心	燒	○	○	如此	針合離	是	意	擲

12-3) 『大莊嚴論經』 卷第十一 類型別 文字異同 對校表 3

項次	15	27	28	29	1	7	20	26	13
類型	C-1	C-(1)	C-1	C-2	C-4	C-4	C-4	C-4	G(C-1)
冊 面 行 字	29 704 下2 5	29 706 下12	29 706 下14	29 707 上12 7	29 702 中8	29 703 上10 10	29 705 下19 3	29 706 下7 11	29 703 中23 14
趙城	法者	比丘○	食血	被	搆乳	決了	甚	於	眞
初雕	法者	比丘○	食血	使	搆乳	決了	甚	於	眞
再雕	法身	比丘言	飮血	使	殼牛乳	決定	具	亦	具
資福	法者	比丘○	食血	被	殼牛乳	決定	具	亦	眞
磧砂	法者	比丘○	食血	被	殼牛乳	決定	具	亦	眞
普寧	法者	比丘○	食血	被	殼牛乳	決定	具	亦	眞
永南	法者	比丘○	食血	被	殼牛乳	決定	具	亦	眞
徑山	法者	比丘○	食血	被	殼牛乳	決定	具	亦	眞
淸藏	法者	比丘○	食血	被	殼牛乳	決定	具	亦	眞

13-1) 『薩婆多毗尼毗婆沙』 卷第二 類型別 文字異同 對校表 1

項次	1	7	12	13	14	15	16	17	19	20
類型	B-1)	B-1)	B-1)	B-1)	B-1)	B-1)	B-1)	B-1)	B-1)	B-1)
冊 面 行 字	42 838 中8 以下同	42 840 中4 1	42 841 上16	42 841 中4	42 841 下1	42 841 下11	42 842 上11 3	42 842 上13 1	42 841 中1 3	42 842 中19
趙城	弗星	以	一戒捨	唯持	師導	服善	若	檀	欲	諸○臣
初雕	弗星	以	一戒捨	唯持	師導	服善	若	檀	欲	諸○臣
再雕	弗星	以	一戒捨	唯持	師導	服善	若	檀	欲	諸○臣
資福	沸星	亦	一捨戒	維持	導師	著法服	○	壇	○	諸忠臣
磧砂	沸星	亦	一捨戒	維持	導師	著法服	○	壇	○	諸忠臣
普寧	沸星	亦	一捨戒	維持	導師	著法服	○	壇	○	諸忠臣
永南	沸星	亦	一捨戒	維持	導師	著法服	○	壇	○	諸忠臣
徑山	沸星	亦	一捨戒	維持	導師	著法服	○	壇	○	諸忠臣
淸藏	沸星	亦	一捨戒	維持	導師	著法服	○	壇	○	諸忠臣

13-2) 『薩婆多毗尼毗婆沙』卷第二 類型別 文字異同 對校表 2

項次	25	29	30	35	40	41	45	46
類型	B-1)	B-1)	B-1)	B-1)	B-1)	B-1)	B-1)	B-1)
冊面行字	42 843 下1 2	42 844 上15 13	42 844 上16	42 845 上3	42 846 上3 8	42 846 上4 2	42 846 下14 11	42 846 下21 12
趙城	二	四	經中○○	○何須	且	遮	心	說
初雕	二	四	經中○○	○何須	且	遮	心	說
再雕	二	四	經中○○	○何須	且	遮	心	說
資福	○	○	經中有三	復何須	直	○	一	說…五(總 20字)
磧砂	○	○	經中有三	復何須	直	○	一	說…五(總 20字)
普寧	○	○	經中有三	復何須	直	○	一	說…五(總 20字)
永南	○	○	經中有三	復何須	直	○	一	說…五(總 20字)
徑山	○	○	經中有三	復何須	直	○	一	說…五(總 20字)
清藏	○	○	經中有三	復何須	直	○	一	說…五(總 20字)

13-3) 『薩婆多毗尼毗婆沙』卷第二 類型別 文字異同 對校表 3

項次	47	52	53	54	5	22	26	32	44
類型	B-1)	B-1)	B-1)	B-1)	B-(1)	B-13	B-13	B-13	B-13
冊面行字	42 847 上3 11	42 847 下9	42 847 下23 2	42 848 上8	42 840 上9 15	42 842 中23 9	42 843 下9	42 844 上19	42 846 中18
趙城	與	三天下	示	塔地中	有	詳議	以二	正志正方便正念	限
初雕	與	三天下	示	塔地中	有	詳宜	二以	○	服
再雕	與	三天下	示	塔地中	有	詳議	以二	正志正方便正念	限
資福	佛與	二天下	亦	塔中地	○	詳宜	二以	○	服
磧砂	佛與	二天下	亦	塔中地	○	詳宜	二以	○	服
普寧	佛與	二天下	亦	塔中地	○	詳宜	二以	○	服
永南	佛與	二天下	亦	塔中地	○	詳宜	二以	○	服
徑山	佛與	二天下	亦	塔中地	○	詳宜	二以	○	服
清藏	佛與	二天下	亦	塔中地	○	詳宜	二以	○	服

13-4) 『薩婆多毗尼毗婆沙』卷第二 類型別 文字異同 對校表 4

項次	49	50	4	21	27	39	38	48	51
類型	B-13	B-13	C-1	C-1	C-(1)	C-(1)	C-(1)	C-(1)	C-1
冊面行字	42 847 中8	42 847 中21	42 839 下12	42 842 中21	42 844 上2 14	42 846 上1	42 845 下21	42 847 中7-8	42 847 下4
趙城	理負	不問問	二俱得	知法	學○	應	分別○	直○逆	增垢
初雕	理直	不問○	二俱得	知法	學○	應	分別○	直○逆	增姤
再雕	理負	不問問	亦俱得	和法	學學	○	分別應	直言逆	增姤
資福	理直	不問○	二俱得	知法	學○	應	分別無異	直言作逆	憎姤
磧砂	理直	不問○	二俱得	知法	學○	應	分別無異	直言作逆	憎姤
普寧	理直	不問○	二俱得	知法	學○	應	分別無異	直言作逆	憎姤
永南	理直	不問○	二俱得	知法	學○	應	分別無異	直言作逆	憎姤
徑山	理直	不問○	二俱得	知法	學○	應	分別無異	直言作逆	憎姤
清藏	理直	不問○	二俱得	知法	學○	應	分別無異	直言作逆	憎姤

13-5) 『薩婆多毗尼毗婆沙』卷第 類型別二 文字異同 對校表 5

項次	31	8	11	18	24	28	42	43
類型	C-2	C-4	C-4	C-4	E-3	E-3	E-3	E-3
冊面行字	42 844 上17	42 840 中6	42 842 中17 8	42 842 上21 1	42 843 中10 14	42 844 上13	42 846 上5 12	42 846 上15
趙城	五人云	則有踈	俱	壞	○滿	○威儀	失○	死女○○○
初雕	五又云	則有踈	俱	壞	水滿	非;威儀	失精	死女非人女
再雕	五又云	踈則有	但	懷	○滿	○威儀	失○	死女○○○
資福	又云	踈則有	但	懷	水滿	非;威儀	失精	死女非人女
磧砂	又云	踈則有	但	懷	水滿	非;威儀	失精	死女非人女
普寧	又云	踈則有	但	懷	水滿	非;威儀	失精	死女非人女
永南	又云	踈則有	但	懷	水滿	非;威儀	失精	死女非人女
徑山	又云	踈則有	但	懷	水滿	非;威儀	失精	死女非人女
清藏	又云	踈則有	但	懷	水滿	非;威儀	失精	死女非人女

13-6) 『薩婆多毘尼毘婆沙』 卷第二 類型別 文字異同 對校表 6

項次	2	3	6	9	10	23	33	34	36	37
類型	F-2	F-2	F-2	F-2	F-2	F-2	F-2	F-2	F-2	F-2
冊 面 行 字	42 839 上22	42 839 下7	42 841 上18	42 840 下15	42 841 上128	42 843 上12	42 844 下8	42 844 下15	42 845 中23	42 845 下1
趙城	○比丘	辟戒佛	必得	比	俱	阿闍梨	戒善戒惡	人言	果實	果實
初雕	諸比丘	辟支佛	必從	作	但	阿耆利	或善或惡	又言	苗實	苗實
再雕	諸比丘	辟支佛	必從	作	但	阿耆利	或善或惡	又言	苗實	苗實
資福	諸比丘	辟支佛	必從	作	但	阿耆利	或善或惡	又言	苗實	苗實
磧砂	諸比丘	辟支佛	必從	作	但	阿耆利	或善或惡	又言	苗實	苗實
普寧	諸比丘	辟支佛	必從	作	但	阿耆利	或善或惡	又言	苗實	苗實
永南	諸比丘	辟支佛	必從	作	但	阿耆利	或善或惡	又言	苗實	苗實
徑山	諸比丘	辟支佛	必從	作	但	阿耆利	或善或惡	又言	苗實	苗實
清藏	諸比丘	辟支佛	必從	作	但	阿耆梨	或善或惡	又言	苗實	苗實

14-1) 『瑜伽師地論』 卷第三 類型別 文字異同 對校表 1

項次	10	11	18	6	35	24	32	33	39	34
類型	A-1	A-1	A-1	A-2	A-2	B-1	B-1	B-1	B-1	B-2
冊 面 行 字	27 359 下20 14	27 359 下22 14	27 360 下7	27 359 中12 5	27 364 上11 5	27 361 中15	27 363 上20 7	27 363 下6	27 364 下11 3	27 363 下13-14
房山	具	具	損益	之	有	種	罡	風日	焰	机橙臺枕
趙城	具	具	損益	之	有	種	罡	風日	焰	机橙臺枕
初雕	耶	耶	損害	○	○	種	罡	風日	焰	机橙臺枕
再雕	耶	耶	損害	○	○	種	罡	風日	焰	机橙臺枕
資福	耶	耶	損害	○	有	者	岡	又蚕蝨	夜	机蹬臺抗
磧砂	耶	耶	損害	○	有	者	岡	上同	夜	抗橙臺抗
普寧	耶	耶	損害	○	有	者	岡		夜	机蹬臺枕
永南	耶	耶	損害	○	有	者	岡		夜	抗橙臺抗
徑山	耶	耶	損害	○	有	者	岡		夜	机隥臺炕
清藏	耶	耶	損害	○	有	者	岡		夜	机隥臺炕

14-2) 『瑜伽師地論』 卷第三 類型別 文字異同 對校表 2

項次	21	9	27	16	17	25	19	38
類型	B-3	B-4	B-4	B-5	B-6	B-6	B-8	B-9
冊 面 行 字	27 361 上6	27 359 下19	27 361 中23 10	27 360 中17 5	27 360 中17 9	27 361 中17	27 360 下16 12	27 364 下4 10
房山	任持	所	想	言	若	一種	印	○
趙城	任持	所	想	言	若	一種	印	事
初雕	任持	所	想	言	若	一種	印	事
再雕	任持	所	想	言	若	一種	印	事
資福	任持	所	想	有	若	一種	印	○
磧砂	任持	法	思	有	苦	二種	印	○
普寧	任持	法	思	有	苦	二種	印	○
永南	任持	法	思	有	苦	二種	印	○
徑山	任持	法	思	言	若	一種	卽	○
清藏	任持	法	思	言	若	一種	卽	○

14-3) 『瑜伽師地論』 卷第三 類型別 文字異同 對校表 3

項次	1	5	12	13	14	23	31	36
類型	D-7	D-7	D-7	D-7	D-7	D-7	D-7	D-7
冊 面 行 字	27 358 中7 2	27 359 上19	27 360 上2 4	27 360 上4 8	27 360 上6 9	27 361 中11 6	27 362 中6 4	27 364 中7
房山	法	而有	俱	俱	俱	復	損害	我我
趙城	所	等中或	耶	耶	耶	又	損	我所
初雕	所	等中或	耶	耶	耶	又	損	我所
再雕	所	等中或	耶	耶	耶	又	損	我所
資福	所	等中或	耶	耶	耶	又	損	我所
磧砂	所	等中或	耶	耶	耶	又	損	我所
普寧	所	等中或	耶	耶	耶	又	損	我所
永南	所	等中或	耶	耶	耶	又	損	我所
徑山	所	等中或	耶	耶	耶	又	損	我所
清藏	所	等中或	耶	耶	耶	又	損	我所

14-4) 『瑜伽師地論』 卷第三 類型別 文字異同 對校表 4

項次	26	29	30	20	4	7	28
類型	C-1	C-1	C-1	C-1	C-(1)	C-2	C-2
冊 面 行 字	27 361 中18 13	27 361 下6 13	27 361 下8	27 361 上2 4	27 358 中16 2	27 359 中13 3	27 361 下1 13
房山	善	喜	無导	生愛	○由	心	勝
趙城	善	喜	無导	愛生所待	○由	心	勝
初雕	善	喜	無导	愛生所待	?	止	勤
再雕	喜	善	無間	愛生所依	要由	止	勤
資福	善	喜	無导	愛生所待	○由	心	勝
磧砂	善	喜	無导	愛生所待	○由	心	勝
普寧	善	喜	無导	愛生所待	○由	心	勝
永南	善	喜	無导	愛生所持	○由	心	勝
徑山	善	喜	無导	愛生所持	○由	心	勝
淸藏	善	喜	無导	愛生所持	○由	心	勝

14-5) 『瑜伽師地論』 卷第三 類型別 文字異同 對校表 5

項次	8	22	37	2	3	15
類型	C-2	C-3	C-3	D-2	D-2	E-1
冊 面 行 字	27 359 中16	27 361 上7 2	27 364 中13 6	27 358 中11	27 358 中20	27 360 中2 3
房山	近攝○○○	久來遠	之	任持	任持	?
趙城	近攝○○○	久○	○	任持	任持	譜
初雕	近攝非近攝	久○	○	任持	任持	諸
再雕	近攝非近攝	久遠	之	任持	任持	譜
資福	近攝○○○	久○	○	任持	任持	?
磧砂	近攝○○○	久○	○	任持	任持	?
普寧	近攝○○○	久○	○	任持	任持	?
永南	近攝○○○	久○	○	任持	任持	?
徑山	近攝○○○	久○	○	任持	任持	?
淸藏	近攝○○○	久○	○	任持	任持	?

15-1) 『瑜伽師地論』 卷第十七 文字異同 對校表 1

項次	9	3	4	7	14	15	1	6	11	5
類型	A-3	B-1	B-1	B-1	B-1	B-1	B-9	Z	B-12	C-4
冊 面 行 字	27 498 下22 10	27 497 上11 2	27 497 上16 2	27 498 下3	27 500 上7	27 500 中1	27 495 上1 13	27 498 下2 10,11	27 499 上23 11	27 498 上12 9
房山	欲〇〇	斷	遂	擊鼻	貪欲	貪欲	耽	希希	乃	智
趙城	欲□□	斷	遂	擊鼻	貪欲	貪欲	貪	悕悕	乃	智
初雕	欲於欲	斷	遂	擊鼻	貪欲	貪欲	貪	悕悕	乃	智
再雕	欲於欲	斷	遂	擊鼻	貪欲	貪欲	貪	悕悕	乃	〇
資福	欲於欲	〇	還	擊畏	欲貪	欲貪	耽	悕望	乃	〇
磧砂	欲於欲	〇	還	擊畏	欲貪	欲貪	耽	悕望	乃	〇
普寧	欲於欲	〇	還	擊畏	欲貪	欲貪	耽	悕望	乃	〇
永南	欲於欲	〇	還	擊畏	欲貪	欲貪	耽	悕望	及	〇
徑山	欲於欲	〇	還	擊畏	欲貪	欲貪	耽	悕望	及	〇
清藏	欲於欲	〇	還	擊畏	欲貪	欲貪	耽	悕望	及	〇

15-2) 『瑜伽師地論』 卷第十七 文字異同 對校表 2

項次	19	8	20	18	16	22	10	21	12
類型	C-4	D-1	D-2	D-4	D-6	D-6	D-7	E-1	E-3
冊 面 行 字	27 501 上15 5	27 498 下3 9	27 502 上9 14	27 500 下16 2	27 500 上9 6	27 502 上22 8	27 36 上17	27 502 上13 7	27 499 中12 1
房山	能	懷	壞	无	是	勤	故	怖	常
趙城	解	懷	壞	无	是	勤	欲	怖	常
初雕	解	懷	壞	无	是	勤	欲	苦	當
再雕	能	懷	壞	无	是	勤	欲	怖	常
資福	能	壞	壞	无	是	勤	欲	衆苦	當
磧砂	能	懷	有	无	是	勤	欲	衆苦	當
普寧	能	懷	壞	无	是	勤	欲	衆若	當
永南	能	懷	壞	爲	是	勤	欲	衆苦	常
徑山	能	懷	壞	无	是	勤	欲	衆苦	常
清藏	能	懷	壞	无	而	進	欲	衆苦	常

15-3) 『瑜伽師地論』 卷第十七 文字異同 對校表 3

項次	2	13	17	23	24
類型	F-2	F-2	F-2	F-2	F-2
冊 面 行 字	27 495 上4	27 499 下5 6	27 500 下10 14	27 502 中13 7	27 502 下12
房山	見因如是	少	復	下地	者此讚世尊建自利德超世間貪欲 者此讚世尊於自他利離染心德如
趙城	見是因如	劣	所	不地	○○○○○○○○○○○○○○○○ 者此讚世尊於自他利離染心德如
初雕	見因如是	少	復	下地	者此讚世尊建自利德超世間貪欲 者此讚世尊於自他利離染心德如
再雕	見因如是	少	復	下地	
資福	見因如是	少	復	下地	
磧砂	見因如是	少	復	下地	
普寧	見因如是	少	復	下地	上同
永南	見因如是	少	復	下地	
徑山	見因如是	少	復	下地	
清藏	見因如是	少	復	下地	

16-1) 『瑜伽師地論』 卷第三十八 類型別 文字異同 對校表 1

項次	22	41	1	20	14	31	32	33	38
類型	B-1	B-1	B-8	B-8	B-12	C-2	C-2	C-3	C-3
冊 面 行 字	27 726 下5 5,6	27 730 中4 9	27 721 中4	27 725 下13 2	27 725 上13 2	27 728 中17	27 728 中18 12	27 729 上18 3	27 729 下17 6
房山	果熟	摠	第十五	今	法	墜迷悶	未知	應修	諫誨
趙城	果熟	摠	第十五	今	法	墮迷○	來知	應○	諫悔
初雕	果熟	摠	第十五	今	法	墜迷悶	未知	應○	諫悔
再雕	果熟	摠	第十五	今	法	墜迷悶	未知	應修	諫誨
資福	熟果	攝	第十五	今	法	墜迷悶	來知	應○	諫悔
磧砂	熟果	攝	第十五	今	法	墜迷悶	來知	應○	諫悔
普寧	熟果	攝	第十五	今	法	墜迷悶	來知	應○	諫悔
永南	熟果	攝	第十五	今	所	墜迷悶	來知	應○	諫悔
徑山	熟果	攝	○	領	所	墜迷悶	來知	應○	諫悔
清藏	熟果	攝	○	領	所	墜迷悶	來知	應○	諫悔

16-2) 『瑜伽師地論』 卷第三十八 類型別 文字異同 對校表 2

項次	39	40	13	21	28
類型	C-3	C-3	C-4(E-1)	C-4(D-7)	D-2
冊 面 行 字	27 729 下23 6	27 730 中2 1	27 725 上2	27 726 下4,5	27 728 上7
房山	諫誨	諫誨	猫狸○○鼫鼠斥爲怨敵	異…果熟	有樂
趙城	諫悔	諫悔	猫○○○鼫鼠斥爲○敵	果…果熟	有樂
初雕	諫悔	諫悔	猫狸爲怨鼫鼠斥爲○敵	果…果熟	有樂
再雕	諫誨	諫誨	猫狸○○鼫鼠斥爲怨敵	異…異熟	有樂
資福	諫悔	諫悔	猫狸○○鼫鼠斥爲怨敵	異…異熟	有樂
磧砂	諫悔	諫悔	猫狸○○鼫鼠斥爲怨敵	異…異熟	行樂
普寧	諫悔	諫悔	猫狸○○鼫鼠斥爲怨敵	異…異熟	有樂
永南	諫悔	諫悔	猫狸○○鼫鼠斥爲怨敵	異…異熟	有樂
徑山	諫悔	諫悔	猫狸○○鼫鼠斥爲怨敵	異…異熟	有樂
清藏	諫悔	諫悔	猫狸○○鼫鼠v爲怨敵	異…異熟	有樂

16-3) 『瑜伽師地論』 卷第三十八 類型別 文字異同 對校表 3

項次	37	12	27	2	9	15	16	26	36
類型	D-2	D-4	D-6	D-7	D-7	D-7	D-7	D-7	D-7
冊 面 行 字	27 729 下4 6	27 724 下7	27 727 下9 13	27 721 下4	27 723 下11	27 725 上13 4	27 725 上19 4	27 727 中16 7	27 729 中23
房山	諸	飮食	不	思惟唯	一寶	故	隨	其	常斷
趙城	諸	飮食	不	思惟○	三寶	由	墮	甚	斷常
初雕	諸	飮食	不	思惟○	三寶	由	墮	甚	斷常
再雕	諸	飮食	不	思惟○	三寶	由	墮	甚	斷常
資福	諸	飮食	不	思惟○	三寶	由	墮	甚	斷常
磧砂	謂	飮食	不	思惟○	三寶	由	墮	甚	斷常
普寧	諸	飮食	不	思惟○	三寶	由	墮	甚	斷常
永南	諸	慾食	不	思惟○	三寶	由	墮	甚	斷常
徑山	諸	飮食	不	思惟○	三寶	由	墮	甚	斷常
清藏	諸	飮食	而	思惟○	三寶	由	墮	甚	斷常

16-4) 『瑜伽師地論』 卷第三十八 類型別 文字異同 對校表 4

項次	34	35	24	3	5	7	8	10	17
類型	E-2	E-2	E-3	F-2	F-2	F-2	F-2	F-2	F-2
冊 面 行 字	27 729 中4 10	27 729 中5 12	27 726 上17	27 721 下4	27 722 中11 10	27 722 下9 7	27 723 上10 2	27 723 下3	27 725 中2
房山	了知	了知	深	一作意	說	同	諸	具多	愛味
趙城	○知	○知	淳	一切意	謂	因	者	具尼	受味
初雕	了知	了知	深	一作意	說	同	諸	具多	愛味
再雕	○知	○知	淳	一作意	說	同	諸	具多	愛味
資福	○知	○知	深	一作意	說	同	諸	具多	愛味
磧砂	○知	○知	深	一作意	說	同	諸	具多	愛味
普寧	○知	○知	深	一作意	說	同	諸	具多	愛味
永南	○知	○知	深	一作意	說	同	諸	具多	愛味
徑山	○知	○知	深	一作意	說	同	諸	具多	愛味
清藏	○知	○知	深	一作意	說	同	諸	具多	愛味

16-5) 『瑜伽師地論』 卷第三十八 類型別 文字異同 對校表 5

項次	18	19	23	29	4	11	6	25	30
類型	F-2	F-2	F-2	F-2	F-2	F-2	F-2	F-2	G
冊 面 行 字	27 725 中10	27 725 中23 1	27 726 下5	27 728 中10 1	27 721 下9	27 724 下6	27 722 中17 4	27 727 上10 8	27 728 中14 3
房山	別因	待	於是	加	三不護	待飢渴故	○	○	嘿說
趙城	異因	行	作是	如	三不○	待飢渴○	義	其	嘿說
初雕	別因	待	於是	加	三不護	待飢渴故	○	○	嘿說
再雕	別因	待	於是	加	三不護	待飢渴故	○	○	黑 說
資福	別因	待	於是	加	三不護	待飢渴故	○	○	嘿說
磧砂	別因	待	於是	加	三不護	待飢渴故	○	○	嘿說
普寧	別因	待	於是	加	三不護	待飢渴故	○	○	嘿說
永南	別因	待	於是	加	三不護	待飢渴故	○	○	嘿說
徑山	別因	待	於是	加	三不護	待飢渴故	○	○	嘿說
藏	別因	待	於是	加	三不護	待飢渴故	○	○	嘿說

17-1) 『顯揚聖敎論』 卷第三 類型別 文字異同 對校表 1

項次	1	11	12	10	3	5	8	9	14
類型	B-1	B-1	B-1	B-9	D-7	D-7	D-7	D-7	D-7
冊面行字	28 441 上22 3	28 445 中23 3	28 445 下2 3	28 445 中5 13	28 442 中22 3	28 442 中23 2	28 445 上22 7	28 445 中23 2	28 446 下14 3
房山	雲○	○者	○者	逢	或四	或非	在家	在家	○
趙城	雲○	○者	○者	逢	○四	○非	在俗	在俗	及
初雕	雲○	○者	○者	逢	○四	○非	在俗	在俗	及
再雕	雲○	○者	○者	逢	○四	○非	在俗	在俗	及
資福	雲地	人者	人者	逢	○四	○非	在俗	在俗	及
磧砂	雲地	人者	人者	逢	○四	○非	在俗	在俗	及
普寧	雲地	人者	人者	逢	○四	○非	在俗	在俗	及
永南	雲地	人者	人者	逢	○四	○非	在俗	在俗	及
徑山	雲地	人者	人者	逢	○四	○非	在俗	在俗	及
淸藏	雲地	人者	人者	逢	○四	○非	在俗	在俗	及

17-2) 『顯揚聖敎論』 卷第三 類型別 文字異同 對校表 2

項次	4	6	7	13	15	2
類型	C-3	C-3	C-3	F-2	F-2	G
冊面行字	28 442 中22 12	28 442 下1	28 443 下5 11	28 445 下18 14	28 448 中5 7	28 442 中20 1
房山	或有	鬼趣	諦旣四維已	直	故斷	方
趙城	○有	餓鬼	諦○○○○	眞	故○	方
初雕	○有	餓鬼	諦○○○○	直	故斷	方
再雕	或有	鬼趣	諦旣四維已	直	故斷	万
資福	○有	餓鬼	諦○○○○	具	故斷	方
磧砂	○有	餓鬼	諦○○○○	具	故斷	方
普寧	○有	餓鬼	諦○○○○	具	故斷	方
永南	○有	餓鬼	諦○○○○	具	故斷	方
徑山	○有	餓鬼	諦○○○○	具	故斷	方
淸藏	○有	餓鬼	諦○○○○	具	故斷	方

지금까지『초조장』잔본 총 10종 17권을 중심으로 하여 여러 대장경과 대교한 바, 제본에서 나타난 문자이동은 총 608건이었다. 그리하여 이 608건의 문자이동을 유형별로 정리하여 대장경의 "유형별 문자이동 대교표"를 작성하여 앞에 제시하였다.

이제부터는 제본에 나타난 문자이동의 유형을 분석·고찰하고자 한다.『초조장』잔본을 비롯한 제본(『방산』·『조성』·『재조』·『자복』·『적사』·『보녕』·『영남』·『경산』·『청장』)에 나타난 608건의 문자이동을 종합하여 유형별로 분석하면 다음과 같다.

<표 11> 제본에 나타난 문자이동의 유형별 분석

> 1) 유형 "5[66)]-A":『조성』과 "북방계통"(『방산』)이 동일하게 나타나는 문자이동(10건)
>   (1) 유형 "5-A-1":『조성』에서 윤문되어『방산』과 동일(3건)[67)]
>   (2) 유형 "5-A-2":『조성』에서 첨입되어『방산』과 동일(5건)[68)]
>   (3) 유형 "5-A-3":『조성』에서 삭제되어『방산』과 동일(2건)[69)]
> 2) 유형 "5-B": 유관한 계통별로 발생된 문자이동(230건)
>   (1) 유형 "5-B-1":『자복』이하의 "남방계통"이 동일(14건)
>   (2) 유형 "5-B-1)": "중원계통"과 "남방계통"[70)]이 각각 동일(117건)[71)]

---

66) "유형 5"에서의 "5"는 제3장의 제5절을 의미한다.

67) 유형 "5-A-1"에서『조성』의 윤문·수정자는 원래『개보·초본』에 없었던 문자로서『조성』의 저본인『개보·수정본』에서 윤문·수정되었고 다시『조성』에 그대로 복각되어 반영된 것으로 추정되는 것이다.

68) 유형 "5-A-2"에서『조성』의 첨입·수정자는 원래『개보·초본』에 없었던 문자로서『조성』의 저본인『개보·수정본』에서 보각되어 수정(첨입·보입)되었고 다시『조성』에 그대로 복각되어 반영된 것으로 추정되는 것이다.『조성』에서 이 첨입자 및 보입자가 들어 있는 행의 자수는 표준행수인 14자가 아닌 15자로 되어 있으며, 또한 인위적으로 첨입 및 보입된 흔적이 뚜렷하게 보인다.

69) 유형 "5-A-3"에서『조성』의 삭제·수정자는 원래『개보·초본』에 있었던 문자인데,『조성』의 저본인『개보·수정본』에서 삭제·수정되고 다시『조성』에 그대로 복각되어 반영된 것이다. 한편 유형 "5-A-1~3"의 문자이동이 나타나는『초조』·『재조』의 저본은『개보·초본』인 것으로 추정되는 것이다.
아울러 이 유형 "5-A"에 나타난 문자이동을 통해서 볼 때,『조성』의 저본인『개보·수정본』에서의 수정(윤문·첨입)은 "북방계통"의 경전을 참고하여 이루어진 것으로 추정된다.

70) 여기에서 말하는 "중원계통"은『조성』·『초조』·『재조』를 의미하고, "남방계통"은『자복』이하의 제본을 의미한다.

    (3) 유형 “5-B-(1)”: “중원계통”과 “남방계통”[72]이 각각 동일(9건)[73]

    (4) 유형 “5-B-3”: 『자복』 · 『적사』가 동일(1건)

    (5) 유형 “5-B-4”: 『적사』 이하의 “남방계통”이 동일(9건)

    (6) 유형 “5-B-6”: 『적사』 · 『보녕』 · 『영남』이 동일(2건)

    (7) 유형 “5-B-8”: 『경산』 · 『청장』이 동일(3건)

    (8) 유형 “5-B-9”: 『조성』 · 『초조』 · 『재조』가 동일(3건)

    (9) 유형 “5-B-12”: 『영남』 · 『경산』 · 『청장』이 동일(3건)

    (10) 유형 “5-B-13”: 『조성』 · 『재조』가 동일(62건)[74]

    (11) 유형 “5-B-14”: 『초조』만의 문자이동(5건)[75]

    (12) 유형 “5-B-15”: 『조성』 · 『방산』 · 『재조』가 동일(2건)[76]

  3) 유형 “5-C”: 『재조』에서 수정(윤문 · 첨입 · 삭제)된 문자이동(228건)

    (1) 유형 “5-C-1”: 『재조』만의 수정(97건)[77]

    (2) 유형 “5-C-(1)”: 『재조』만의 수정(26건)[78]

    (3) 유형 “5-C-2”: 『재조』 · 『초조』가 동일(19건)[79]

    (4) 유형 “5-C-3”: 『재조』 · 『방산』이 동일(12건)[80]

    (5) 유형 “5-C-4”: 『재조』 · “남방계통”이 동일(74건)[81]

---

71) 유형 “5-B-1)”은 “남방계통”과 “중원계통” 두 계통 간에 나타나는 문자이동인데, 이것은 이들의 모본(즉 『개보 · 초본』과 『숭녕』 또는 이들 모본의 저본이 된 당송대의 어느 사본대장경)에서부터 이미 발생된 것과 이들 자체에서 발생되어 하나의 계통을 이룬 문자이동이 포함되어 있다.

72) 여기에서 말하는 “중원계통”은 『조성』 · 『초조』 · 『재조』를 의미하고, “남방계통”은 『자복』 이하의 제본을 의미한다.

73) 유형 “5-B-(1)”은 앞의 유형 “2-B-13)”과 그 유형은 같으나, 그 문자이동의 원인이 “중원계통” 자체에서 발생되어 하나의 계통을 이룬 것으로 명백하게 확인된 경우이다. 즉 “중원계통”의 『개보 · 수정본』에서 이루어진 수정이 『초조』와 『재조』에 반영된 것으로 “남방계통”(『자복』 이하 제본)과 다른 문자이동을 보여주고 있는 유형이다.

74) 유형 “5-B-13”은 원래 『조성』의 저본인 『개보 · 수정본』에서 윤문 · 수정의 결과로 발생된 문자이동인데, 『재조』에 보사 · 판각(혹은 그대로 복각)되어 반영되어 있는 것이다. 따라서 이 유형은 제2절의 유형 “2-B-(20)”과 동일한 유형으로 간주될 수 있는 것으로 생각된다.
한편 이 유형 “5-B-13”에서 『초조』의 내용 · 문자는 『개보 · 초본』의 모습으로 추정된다.

75) 유형 “5-B-14”에서 나타나는 『초조』만의 문자이동은 『개보 · 초본』의 모습으로 추정된다. 즉 『조성』과 『재조』의 문자이동은 『개보 · 수정본』에서 이루어진 수정 내용이 반영된 것이고, 『초조』는 『개보』가 수정되기 이전의 『개보 · 초본』의 내용이 수용된 것이다. 앞의 유형 “5-B-13”과 유형 “5-B-14”의 두 유형은 매우 의미가 있다. 즉 이러한 유형이 나타나는 경전에 있어서 『초조』의 경우는 『개보 · 초본』을 저본으로 해서 복각되었고, 『재조』의 경우는 어쩌면 『조성』의 경우처럼 『개보 · 수정본』을 저본으로 했을 가능성을 갖게 하는 중요한 문자이동의 유형으로 사료된다.

76) 유형 “5-B-15”는 원래 『조성』의 저본인 『개보 · 수정본』에서 첨입 · 수정의 결과로 발생된 문자이동인데 그 첨입 · 수정된 내용이 『방산』과 동일하고, 『초조』에는 반영되어 있지 않은 경우이다. 그리고 『재조』는 독자적인 수정의 결과로 『조성』과 동일하게 되어 있는 경우이다(제3장 제5절의 『금강반야론』 권하 참조). 이러한 경우 『초조』 · 『재조』의 저본은 『개보 · 초본』인 것으로 추정된다.

77) 유형 “5-C-1”의 『재조』에서만 독특하게 윤문 · 수정된 문자이동이다. 한편 이 문자이동 가운데 어떤 것은 『재조』에서만 독특하게 윤문 · 수정된 문자이동이 아니라, 『재조』만이 개보장 초본의 문자가 수정되지 않고 남아 있는 문자이동일 가능성도 있다.

4) 유형 "5-D": 특정 판본에만 나타나는 문자이동(39건)

  (1) 유형 "5-D-1": 『자복』만 다름(2건)

  (2) 유형 "5-D-2": 『적사』만 다름(8건)

  (3) 유형 "5-D-4": 『영남』만 다름(2건)

  (4) 유형 "5-D-6": 『청장』만 다름(3건)

  (5) 유형 "5-D-7": 『방산』만 다름(24건)

5) 유형 "5-E": 『초조』에서 수정(윤문 · 첨입)된 문자이동(17건)[82]

  (1) 유형 "5-E-1": 『초조』만의 수정(6건)

  (2) 유형 "5-E-2": 『초조』 · 『방산』이 동일(2건)

  (3) 유형 "5-E-3": 『초조』 · "여타의 본"이 동일(9건)

6) 유형 "5-F-2": 『조성』이 『초조』 · 『재조』와 다름(75건)[83]

7) 유형 "5-G": 『재조』에서 경판의 훼손으로 인한 문자이동(5건)

8) 유형 "5-Z": 일정한 유형을 정하지 못한 문자이동(4건)

---

78) 유형 "5-C-(1)"은 "5-C-1"과 같이 『재조』만의 독특한 문자이동인데, 그 문자이동의 원인이 다음과 같이 구체적으로 구명되는 문자이동이다. 즉 이 유형 "5-C-(1)"은 『재조』에서 독자적으로 첨입되거나 삭제된 문자이동이다. 참고로 『재조』에서 1개의 글자가 첨입된 경우 그 행은 한 행의 표준자수인 14자보다 1자가 많은 15자로 되어 있고, 1개의 글자가 삭제된 경우에는 1행의 표준자수인 14자보다 1자가 적은 13자로 되어 있다.

79) 유형 "5-C-2"는 『초조』와 『재조』가 각각 독자적으로 동일하게 수정(윤문 · 첨입)된 것이다. 또는 『초조』에서 수정(윤문 · 첨입)된 문자이동이 『재조』에 반영된 것으로 추정된다.

80) 유형 "5-C-3"은 『재조』에서 『방산』의 저본인 『거란장』을 참고하여 이루어진 수정으로 생각되는 문자이동이다.

81) 유형 "5-C-4"의 『재조』에서 이루어진 수정은 그 수정된 문자가 "남방계통"의 제본과 일치하고 있는 것으로 보아 아마도 "남방계통" 혹은 이와 문자이동이 동일한 "북방계통"의 경전인 거란장본을 참고하여 이루어진 것으로 생각된다. 다른 한편 그 수정된 문자는 『재조』에서 수정된 것이 아니라, 『재조』의 저본인 『개보』의 원래 문자가 수용된 것일 가능성도 크다 하겠다.

82) 유형 "5-E"는 『초조』에서 수정(윤문 · 첨입)된 문자이동이다. 그 중 유형 "5-E-1"의 경우는 『초조』에서만 독특하게 수정된 것이고, 유형 "5-E-2"의 경우는 『초조』가 『방산』과 동일하게 수정된 것이며, 유형 "5-E-3"의 경우는 『초조』가 "여타의 본"과 동일하게 수정된 것이다.
유형 "5-E" 가운데 『초조』{『廣弘明集』 卷第二十一(호림박물관 소장본) 등}에서 발생된 첨입자(또는 보입자)의 보각은 『초조』의 간각이 일단락된 뒤 그 수정본인 『초조 · 수정본』에서 이루어진 것으로 추정된다. 왜냐하면 『초조』{『廣弘明集』 卷第二十一(호림박물관 소장본) 등}에서 첨입자가 포함된 행의 자수는 표준행수인 14字보다 많은 첨입된 자수만큼 증가된 자수로 되어 있고, 변란과 글자의 간격, 자형 등에서 인위적으로 첨입되어 보각된 흔적이 뚜렷하게 보이고 있기 때문이다. 그렇기 때문에 유형 "5-E"가 발생된 『초조』{『廣弘明集』 卷第二十一(호림박물관 소장본) 등}는 『초조』로서 간각이 완료된 이후 처음으로 인출된 초본이 아니라, 이후에 다시 수정 · 보각되어 인출된 수정본으로 판단되는 것이다. 다시 말해서 수정 · 보각이 이루어지기 전에 인출된 것은 『초조 · 초본』이고, 수정 · 보각 이후에 인출된 것은 『초조 · 수정본』으로 간주되는 것이다.
한편 여기에서 유의할 만한 사실은 『초조』에서의 수정이 어떠한 이유에서인지 『재조』에 반영되어 있지 않다는 것이다. 종래 우리나라에서는 『재조』는 『초조』를 수정 · 복각한 것이라는 견해가 주류를 이루어 왔다. 그러나 유형 "5-E"(『廣弘明集』 卷第二十一, 『瑜伽師地論』 卷第七, 卷第十七, 卷第三十八 등)에서 보면 『초조』에서 수정된 내용이 『재조』에 반영되지 않은 것이 상당히 많이 발견되고 있다. 이로 볼 때 『재조』가 『초조』를 저본으로 해서 복각되었을 가능성은 매우 희박하다 하겠다. 덧붙여 주목할 만한 사실은 『초조』와 『재조』에서 각각 수정이 이루어졌지만 『재조』에서 이 앞에서 제시된 총 608건의 문자이동에 대한 문자이동의 유형을 토대로 한 다음 동일한 문자이동의 유형에 근거하여 유관한 계통의 판본을 분석하여 14개의 계통으로 정리하면 다음과 같다.

<표 12> 문자이동의 유형에 의거하여 설정된 유관한 계통의 판본

1) 『청장』·『경산』·『영남』·『보녕』·『적사』·『자복』
2) 『청장』·『경산』·『영남』·『보녕』·『적사』
3) 『영남』·『보녕』·『적사』
4) 『청장』·『경산』·『영남』
5) 『적사』·『자복』
6) 『청장』·『경산』
7) 『재조』·"남방계통"
8) 『재조』·『조성』·『초조·초본』
9) 『재조』·『조성』·『방산』·『초조·초본』
10) 『재조』·『조성』
11) 『재조』·『초조·수정본』
12) 『재조』·『방산』
13) 『조성』(『개보·수정본』)·『방산』
14) 『초조·수정본』·『방산』

이상에서 살펴본 바와 같이 608건의 문자이동 및 14개의 계통으로 정리된 유관한 계통의 판본에 대한 분석을 통해서 새롭게 밝혀진 사실을 도출해 보면 다음과 같다.

첫째, 『초조』는 경우에 따라 그 초본인 『초조·초본』과 그 수정본

루어진 수정은 『초조』에 비해서 훨씬 정밀하고 방대했다는 것이다.

83) 유형 "5-F-2"의 문자이동 원인은 『초조』와 『재조』에서 이루어진 수정(윤문·첨입·삭제) 때문이다. 본래 『조성』, 『초조』, 『재조』는 똑같이 『개보』를 저본으로 해서 복각된 것이다. 그런데 이 유형 "5-F-2"의 경우는 『조성』에서 그 저본인 『개보』의 내용·문자가 그대로 복각되었지만, 『초조』와 『재조』에서는 유형 "5-F-2"의 내용처럼 수정된 경우이다. 이로 인해 『초조』와 『재조』에는 첨입·수정자가 포함된 行의 자수는 표준자수인 14자보다 1자 많은 15자로 되어 있다. 그리고 『초조』와 『재조』에서 삭제·수정자가 포함된 행의 자수는 표준자수인 14자보다 1자 적은 13자로 되어 있는 것이다. 한편 이 유형 "5-F-2"는 유형 "5-C-2"(『재조』가 『초조』와 동일하게 수정된 문자이동)의 유형으로 인식할 수도 있겠다.

인 『초조·수정본』이 존재한다.[84)]

　둘째, 『초조』와 『재조』에서 각각 수정이 이루어졌지만 『재조』에서 이루어진 수정은 『초조』에 비해서 훨씬 정밀하고 방대하였다.[85)]

　셋째, 『조성』(『개보·수정본』)에서의 수정(윤문·첨입·삭제)은 "북방계통"의 경전을 참고하여 이루어진 것으로 추정된다.[86)]

---

84) <표 12>의 제8), 9), 11), 14)항 및 문자이동의 유형 "5-E", 각주 82) 참조.
85) 문자이동의 유형 "5-C", "5-E" 참조.
86) <표 12>의 제13)항, 문자이동의 유형 "A", 각주 69) 참조.

4

한문대장경의
문자이동 유형

한문대장경의
문자이동 유형

   본 장에서는 총 33종 59권의 경전에서 발생된 총 1,550건의 문자이동에 대해서 이미 앞 장에서 구명된 유형[87]을 종합적으로 분석·고찰하고자 한다.

   먼저 제3장의 제1~5절에서 분석·정리된 "제본에서 나타난 유형별 문자이동"(1,550건)을 각 유형 아래에 제1~5절의 순서대로 종합·정리하면 다음과 같다.

1. 유형 "A": 『조성』과 "북방계통"(『풍윤』, 또는 『방산』)이 동일하게 나타나는 문자이동(20건)

1) 유형 "1[88])-A-4": 『조성』·『풍윤』이 동일(6건)[89]

---

87) 각주 24) 참조

88) "유형 1"의 "1"은 제3장의 제1절을 뜻하는 것으로서 제3장 제1절인 "'돈황사본'을 중심으로 살펴본 대장경의 문자이동"에서 나타난 문자이동을 의미한다. 이러한 형식의 숫자 "1, 2, 3, 4, 5"는 제1절, 제2절, 제3절, 제4절, 제5절 등의 내용에서도 동일하다.

2) 유형 “1-A-5”: 『조성』에서 첨입되어 『풍윤』과 동일(3건)[90]

3) 유형 “2-A-1”: 『조성』에서 윤문되어 『방산』과 동일(1건)[91]

4) 유형 “5-A-1”: 『조성』에서 윤문되어 『방산』과 동일(3건)[92]

5) 유형 “5-A-2”: 『조성』에서 첨입되어 『방산』과 동일(5건)[93]

6) 유형 “5-A-3”: 『조성』에서 삭제되어 『방산』과 동일(2건)[94]

2. 유형 “B”: 유관한 계통별로 발생된 문자이동(699건)

1) 유형 “1-B”(139건)

   (1) 유형 “1-B-1”: 『자복』 이하의 “남방계통”이 동일(45건)

   (2) 유형 “1-B-①”: 『돈황』·“남방계통”이 동일하고, “북방계통”·

   “중원계통”이 동일(26건)

   (3) 유형 “1-B-3”: 『자복』·『적사』가 동일(5건)

   (4) 유형 “1-B-4”: 『적사』 이하의 “남방계통”이 동일(7건)

   (5) 유형 “1-B-8”: 『경산』·『청장』이 동일(9건)

   (6) 유형 “1-B-12”: 『영남』·『경산』·『청장』이 동일(8건)

   (7) 유형 “1-B-13)”: 『조성』·『재조』가 동일(11건)

---

89) 유형 “1-A-4”의 『조성』·『풍윤』이 동일한 문자이동의 원인에 대해서 원래 “중원계통”과 “북방계
통”의 공통적인 문자이동이기 때문에 발생된 것인지, 아니면 『조성』(『개보·수정본』)에서 발생된
문자이동이 『풍윤』과 동일하게 된 것인지는 분명치 않다.

90) 유형 “1-A-5”에서 『조성』의 첨입·수정자는 원래 『개보·초본』에 없었던 문자로서 『조성』의 저본
인 『개보·수정본』에서 보각되어 수정(첨입·보입)되었고 다시 『조성』에 그대로 복각되어 반영된
것으로 추정되는 것이다. 『조성』에서 이 첨입 및 보입자가 포함된 행의 자수는 표준행수인 14자가
아닌 15자로 되어 있으며, 또한 인위적으로 첨입 및 보입된 흔적이 뚜렷하게 보인다.

91) 유형 “2-A-1”은 뒤의 유형 “5-A-1”과 함께 원래 『조성』의 저본인 『개보·수정본』에서 윤문·수정
의 결과로 발생된 문자이동인데 『조성』에 그대로 복각되어 반영되어 있는 것이다. 이렇게 단정할
수 있는 것은 『조성』의 문자가 『개보』(『개보·초본』) 또는 『초조』 및 『재조』와 다르기 때문이다.

92) 각주 91) 참조.

93) 각주 68) 참조.

94) 각주 69) 참조.

(8) 유형 "1-B-(13)": 『개보』·『조성』·『재조』가 동일하고, 『돈황』·『적사』·『보녕』·『영남』·『경산』·『청장』이 동일(12건)

(9) 유형 "1-B-⑬": 『조성』·『재조』가 동일하고, 『돈황』·『개보』·『적사』·『보녕』·『영남』·『경산』·『청장』이 동일(1건)

(10) 유형 "1-B-16": 『응현』(또는『풍윤』)·『방산』이 동일(7건)

(11) 유형 "1-B-17": 『돈황』이 하나의 계통을 이루고, 『재조』·『응현』·『방산』(또는『재조』·『조성』·『방산』)이 다른 하나의 계통을 이루며, 『자복』·『적사』·『영남』·『경산』·『청장』이 또 다른 하나의 계통을 형성하고 있는 문자이동(4건)

(12) 유형 "1-B-18": 『돈황』이 하나의 계통을 이루고, 『개보』·『조성』·『재조』가 다른 하나의 계통을 이루며, 『적사』·『보녕』·『영남』·『경산』·『청장』이 또 다른 하나의 계통을 형성하고 있는 문자이동(1건)

(13) 유형 "1-B-19": 『무구』·『자복』이 동일(3건)

2) 유형 "2-B"(145건)

(1) 유형 "2-B-1": 『자복』 이하의 "남방계통"이 동일(59건)

(2) 유형 "2-B-4": 『적사』 이하의 "남방계통"이 동일(19건)

(3) 유형 "2-B-6": 『적사』·『보녕』·『영남』이 동일(1건)

(4) 유형 "2-B-8": 『경산』·『청장』이 동일(3건)

(5) 유형 "2-B-12": 『영남』·『경산』·『청장』이 동일(1건)

(6) 유형 "2-B-15": 『조성』·『방산』·『재조』가 동일(1건)

(7) 유형 "2-B-20": 『재조』·『개보·초본』이 동일(3건)[95]

---

95) 각주 38) 참조.

(8) 유형 "2-B-20)": 『재조』·『개보』가 동일(54건)[96]

(9) 유형 "2-B-(20)": 『재조』·『개보·수정본』이 동일(4건)[97]

3) 유형 "3-B"(101건)

(1) 유형 "3-B-0": 『숭녕』 이하의 "남방계통"이 동일(48건)

(2) 유형 "3-B-1": 『자복』 이하의 "남방계통"이 동일(28건)

(3) 유형 "3-B-4": 『적사』 이하의 "남방계통"이 동일(7건)

(4) 유형 "3-B-6": 『적사』·『보녕』·『영남』이 동일(1건)

(5) 유형 "3-B-8": 『경산』·『청장』이 동일(9건)

(6) 유형 "3-B-12": 『영남』·『경산』·『청장』이 동일(6건)

(7) 유형 "3-B-21": 『재조』·『숭녕』이 동일(2건)

4) 유형 "4-B"(84건)

(1) 유형 "4-B-1": 『자복』 이하의 "남방계통"이 동일(45건)

(2) 유형 "4-B-4": 『적사』 이하의 "남방계통"이 동일(2건)

(3) 유형 "4-B-8": 『경산』·『청장』이 동일(6건)

(4) 유형 "4-B-13-1)": 『조성』·『재조』가 동일(22건)[98]

(5) 유형 "4-B-13-2)": 『조성』·『재조』가 동일(4건)[99]

(6) 유형 "4-B-16": 『응현』(또는『풍윤』)·『방산』이 동일(5건)

5) 유형 "5-B"(230건)

(1) 유형 "5-B-1": 『자복』 이하의 "남방계통"이 동일(14건)

(2) 유형 "5-B-1)": "중원계통"과 "남방계통"이 각각 동일(117건)[100]

---

96) 각주 39) 참조.

97) 각주 40) 참조.

98) 각주 59) 참조.

99) 각주 60) 참조.

100) 각주 71) 참조.

(3) 유형 "5-B-(1)": "중원계통"과 "남방계통"이 각각 동일(9건)[101]

(4) 유형 "5-B-3": 『자복』·『적사』가 동일(1건)

(5) 유형 "5-B-4": 『적사』 이하의 "남방계통"이 동일(9건)

(6) 유형 "5-B-6": 『적사』·『보녕』·『영남』이 동일(2건)

(7) 유형 "5-B-8": 『경산』·『청장』이 동일(3건)

(8) 유형 "5-B-9": 『조성』·『초조』·『재조』가 동일(3건)

(9) 유형 "5-B-12": 『영남』·『경산』·『청장』이 동일(3건)

(10) 유형 "5-B-13": 『조성』·『재조』가 동일(62건)[102]

(11) 유형 "5-B-14": 『초조』만의 문자이동(5건)[103]

(12) 유형 "5-B-15": 『조성』·『방산』·『재조』가 동일(2건)[104]

3. 유형 "C": 『재조』에서 수정(윤문·첨입·삭제)된 문자이동(506건)

1) 유형 "1-C"(81건)

(1) 유형 "1-C-1": 『재조』만의 수정(10건)[105]

(2) 유형 "1-C-(1)": 『재조』만의 수정(2건)[106]

(3) 유형 "1-C-①": 『재조』만의 수정(14건)[107]

(4) 유형 "1-C-3)": 『재조』·『풍윤』이 동일(2건)

(5) 유형 "1-C-4": 『재조』·"남방계통"이 동일(2건)

(6) 유형 "1-C-④": 『재조』·"남방계통"이 동일(22건)[108]

---

101) 각주 73) 참조.
102) 각주 74) 참조.
103) 각주 75) 참조.
104) 각주 76) 참조.
105) 각주 18) 참조.
106) 각주 19) 참조.
107) 각주 20) 참조.

(7) 유형 "1-C-5": 『재조』·"여타의 본"이 동일(21건)

(8) 유형 "1-C-6": 『재조』·『돈황』이 동일(5건)

(9) 유형 "1-C-7": 『재조』·『응현』이 동일(1건)

(10) 유형 "1-C-8": 『재조』·『자복』이 동일(1건)

2) 유형 "2-C"(93건)

(1) 유형 "2-C-1": 『재조』만의 수정(40건)

(2) 유형 "2-C-1)": 『재조』만의 수정(6건)[109]

(3) 유형 "2-C-(1)": 『재조』만의 수정(16건)[110]

(4) 유형 "2-C-4": 『재조』·"남방계통"이 동일(9건)

(5) 유형 "2-C-5": 『재조』·"여타의 본"이 동일(18건)

(6) 유형 "2-C-8": 『재조』·『자복』이 동일(4건)

3) 유형 "3-C"(51건)

(1) 유형 "3-C-1": 『재조』만의 수정(24건)

(2) 유형 "3-C-(1)": 『재조』만의 수정(9건)[111]

(3) 유형 "3-C-3": 『재조』·『방산』이 동일(1건)[112]

(4) 유형 "3-C-4)": 『재조』·"남방계통"이 동일(16건)

(5) 유형 "3-C-5": 『재조』·"여타의 본"이 동일(1건)

4) 유형 "4-C"(54건)

(1) 유형 "4-C-1": 『재조』만의 수정(7건)

(2) 유형 "4-C-(1)": 『재조』만의 수정(1건)[113]

---

108) 각주 22) 참조.

109) 각주 41) 참조.

110) 각주 42) 참조.

111) 각주 47) 참조.

112) 각주 48) 참조.

　　(3) 유형 “4-C-(3)”: 『재조』·『응현』이 동일(1건)

　　(4) 유형 “4-C-③”: 『재조』·“북방계통”이 동일(9건)[114]

　　(5) 유형 “4-C-4”: 『재조』·“남방계통”이 동일(12건)

　　(6) 유형 “4-C-5”: 『재조』·“여타의 본”이 동일(24건)

5) 유형 “5-C”(229건)

　　(1) 유형 “5-C-1”: 『재조』만의 수정(97건)[115]

　　(2) 유형 “5-C-(1)”: 『재조』만의 수정(26건)[116]

　　(3) 유형 “5-C-2”: 『재조』·『초조』가 동일(19건)[117]

　　(4) 유형 “5-C-3”: 『재조』·『방산』이 동일(12건)[118]

　　(5) 유형 “5-C-4”: 『재조』·“남방계통”이 동일(74건)[119]

4. 유형 “D”: 특정 판본에만 나타나는 문자이동(150건)

1) 유형 “1-D”(49건)

　　(1) 유형 “1-D-1”: 『자복』만 다름(2건)

　　(2) 유형 “1-D-2”: 『적사』만 다름(12건)

　　(3) 유형 “1-D-3”: 『보녕』만 다름(1건)

　　(4) 유형 “1-D-4”: 『영남』만 다름(4건)

　　(5) 유형 “1-D-5”: 『경산』만 다름(3건)

　　(6) 유형 “1-D-6”: 『청장』만 다름(2건)

---

113) 각주 61) 참조.
114) 각주 62) 참조.
115) 각주 77) 참조.
116) 각주 78) 참조.
117) 각주 79) 참조.
118) 각주 80) 참조.
119) 각주 81) 참조.

(7) 유형 “1-D-7”: 『방산』만 다름(14건)

(8) 유형 “1-D-8”: 『조성』만 다름(10건)

(9) 유형 “1-D-9”: 『돈황』만 다름(1건)

2) 유형 “2-D”(10건)

(1) 유형 “2-D-1”: 『자복』만 다름(4건)

(2) 유형 “2-D-2”: 『적사』만 다름(1건)

(3) 유형 “2-D-4”: 『영남』만 다름(1건)

(4) 유형 “2-D-5”: 『경산』만 다름(1건)

(5) 유형 “2-D-6”: 『청장』만 다름(1건)

(6) 유형 “2-D-7”: 『방산』만 다름(2건)

3) 유형 “3-D”(28건)

(1) 유형 “3-D-1”: 『자복』만 다름(1건)

(2) 유형 “3-D-2”: 『적사』만 다름(3건)

(3) 유형 “3-D-4”: 『영남』만 다름(2건)

(4) 유형 “3-D-5”: 『경산』만 다름(6건)

(5) 유형 “3-D-7”: 『방산』만 다름(6건)

(6) 유형 “3-D-8”: 『조성』만 다름(10건)

4) 유형 “4-D”(24건)

(1) 유형 “4-D-1”: 『자복』만 다름(2건)

(2) 유형 “4-D-2”: 『적사』만 다름(4건)

(3) 유형 “4-D-3”: 『보녕』만 다름(2건)

(4) 유형 “4-D-4”: 『영남』만 다름(2건)

(5) 유형 “4-D-5”: 『경산』만 다름(3건)

(6) 유형 “4-D-6”: 『청장』만 다름(1건)

(7) 유형 "4-D-7": 『방산』만 다름(6건)

(8) 유형 "4-D-8": 『조성』만 다름(4건)

5) 유형 "5-D"(39건)

(1) 유형 "5-D-1": 『자복』만 다름(2건)

(2) 유형 "5-D-2": 『적사』만 다름(8건)

(3) 유형 "5-D-4": 『영남』만 다름(2건)

(4) 유형 "5-D-6": 『청장』만 다름(3건)

(5) 유형 "5-D-7": 『방산』만 다름(24건)

5. 유형 "E": 『초조』에서 수정(윤문·첨입)된 문자이동(17건)[120]

(1) 유형 "5-E-1": 『초조』만의 수정(6건)

(2) 유형 "5-E-2": 『초조』·『방산』이 동일(2건)

(3) 유형 "5-E-3": 『초조』·"여타의 본"이 동일(9건)

6. 유형 "F": 『조성』에만 나타나는 문자이동(82건)[121]

1) 유형 "1-F-1": 『조성』만의 문자이동(1건)[122]

2) 유형 "3-F-1": 『조성』만의 문자이동(6건)[123]

3) 유형 "5-F-2": 『조성』이 『초조』·『재조』와 다름(75건)[124]

---

120) 각주 82) 참조.

121) 유형 "F"는 외형적인 면에서 유형 "D-8"과 동일한 유형이다. 즉 유형 "F"와 "D-8"은 『조성』만 다르게 나타나는 문자이동인데, 유형 "D-8"의 경우는 그 문자이동의 원인이 구명되지 못한 것이고, 유형 "F"는 그 문자이동의 원인이 구명되어 다시 유형 "F-1"과 유형 "F-2"로 세분된 것이다.

122) 각주 23) 참조.

123) 각주 50) 참조.

124) 각주 83) 참조.

7. 유형 G: 『재조』에서 경판의 훼손으로 인한 문자이동(5건)

1) 유형 "5-G": 『재조』에서 경판의 훼손으로 인한 문자이동(5건)

8. 유형 "H": 계통과 저본의 상이함으로 인한 편제의 이동(7건)

1) 유형 "2-H"(7건)

9. 유형 "Z": 일정한 유형을 정하지 못한 문자이동(64건)

1) 유형 "1-Z"(32건)

2) 유형 "2-Z"(1건)

3) 유형 "3-Z"(15건)

4) 유형 "4-Z"(12건)

5) 유형 "5-Z"(4건)

다음으로, 제3장의 제1~5절에서 분석·정리된 "제본에서 나타난 유형별 문자이동"(1,550건)을 각 유형의 알파벳 순서대로 종합·정리하면 다음과 같다.

1. 유형 "A": 『조성』과 "북방계통"(『풍윤』, 또는 『방산』)이 동일하게 나타나는 문자이동(20건)

2. 유형 "B": 유관한 계통별로 발생된 문자이동(699건)

3. 유형 "C": 『재조』에서 수정(윤문·첨입·삭제)된 문자이동(506건)

4. 유형 "D": 특정 판본에만 나타나는 문자이동(150건)

5. 유형 "E": 『초조』에서 수정(윤문)된 문자이동(17건)

6. 유형 "F": 『조성』에만 나타나는 문자이동(82건)

7. 유형 "G": 『재조』에서 경판의 훼손으로 인한 문자이동(5건)

8. 유형 "H": 계통과 저본의 상이함으로 인한 편제의 이동(7건)

9. 유형 "Z": 일정한 유형을 정하지 못한 문자이동(64건)

이를 다시 세분하여 정리하면 다음과 같다.

1. 유형 "A": 『조성』과 "북방계통"(『풍윤』, 또는 『방산』)이 동일하게 나타나는 문자이동(20건)

1) 유형 "A-1": 『조성』에서 윤문되어 『방산』과 동일(4건)

2) 유형 "A-2": 『조성』에서 첨입되어 『방산』과 동일(5건)

3) 유형 "A-3": 『조성』에서 삭제되어 『방산』과 동일(2건)

4) 유형 "A-4": 『조성』·『풍윤』이 동일(6건)

5) 유형 "A-5": 『조성』에서 添入되어 『풍윤』과 동일(3건)

2. 유형 "B": 유관한 계통별로 발생된 문자이동(699건)

1) 유형 "B-0": 『숭녕』 이하의 "남방계통"이 동일(48건)

2) 유형 "B-1": 『자복』 이하의 "남방계통"이 동일(179건)

3) 유형 "B-1)": "중원계통"과 "남방계통"이 각각 동일(117건)

4) 유형 "B-(1)": "중원계통"과 "남방계통"이 각각 동일(9건)

5) 유형 "B-①": 『돈황』·"남방계통"이 동일하고, "북방계통"·"중원계통"이 동일(26건)

6) 유형 "B-3": 『자복』·『적사』가 동일(6건)

7) 유형 "B-4": 『적사』 이하의 "남방계통"이 동일(44건)

8) 유형 "B-6": 『적사』·『보녕』·『영남』이 동일(4건)

9) 유형 "B-8": 『경산』·『청장』이 동일(30건)

10) 유형 "B-9": 『조성』·『초조』·『재조』가 동일(3건)

11) 유형 "B-12": 『영남』·『경산』·『청장』이 동일(18건)

12) 유형 "B-13": 『조성』·『재조』가 동일(77건)

13) 유형 "B-13)": 『조성』·『재조』가 동일(11건)

14) 유형 "B-13-1)": 『조성』·『재조』가 동일(22건)

15) 유형 "B-13-2)": 『조성』·『재조』가 동일(4건)

16) 유형 "B-(13)": 『개보』·『조성』·『재조』가 동일하고, 『돈황』·『적사』·『보녕』·『영남』·『경산』·『청장』이 동일(12건)

17) 유형 "B-⑬": 『조성』·『재조』가 동일하고, 『돈황』·『개보』·『적사』·『보녕』·『영남』·『경산』·『청장』이 동일(1건)

18) 유형 "B-14": 『초조』만의 문자이동(5건)

19) 유형 "B-15": 『조성』·『방산』·『재조』가 동일(3건)

20) 유형 "B-16": 『응현』(또는『풍윤』)·『방산』이 동일(12건)

21) 유형 "B-17": 『돈황』이 하나의 계통을 이루고, 『재조』·『응현』·『방산』(또는『재조』·『조성』·『방산』)이 다른 하나의 계통을 이루며, 『자복』·『적사』·『영남』·『경산』·『청장』이 또 다른 하나의 계통을 형성하고 있는 문자이동(4건)

22) 유형 "B-18": 『돈황』이 하나의 계통을 이루고, 『개보』·『조성』·『재조』가 다른 하나의 계통을 이루며, 『적사』·『보녕』·『영남』·『경산』·『청장』이 또 다른 하나의 계통을 형성하고 있는 문자이동(1건)

23) 유형 "B-19": 『무구』·『자복』이 동일(3건)

24) 유형 "B-20": 『재조』·『개보·초본』이 동일(3건)

25) 유형 “B-20)”: 『재조』·『개보』가 동일(54건)

26) 유형 “B-(20)”: 『재조』·『개보·수정본』이 동일(4건)

27) 유형 “B-21”: 『재조』·『숭녕』이 동일(2건)

3. 유형 “C”: 『재조』에서 수정(윤문·첨입·삭제)된 문자이동(506건)

1) 유형 “C-1”: 『재조』만의 수정(184건)

2) 유형 “C-1)”: 『재조』만의 수정(6건)

3) 유형 “C-(1)”: 『재조』만의 수정(44건)

4) 유형 “C-①”: 『재조』만의 수정(14건)

5) 유형 “C-2”: 『재조』·『초조』가 동일(19건)

6) 유형 “C-3”: 『재조』·『방산』이 동일(13건)

7) 유형 “C-3)”: 『재조』·『풍윤』이 동일(2건)

8) 유형 “C-(3)”: 『재조』·『응현』이 동일(1건)

9) 유형 “C-③”: 『재조』·“북방계통”이 동일(9건)

10) 유형 “C-4”: 『재조』·“남방계통”이 동일(102건)

11) 유형 “C-4)”: 『재조』·“남방계통”이 동일(16건)

12) 유형 “C-④”: 『재조』·“남방계통”이 동일(22건)

13) 유형 “C-5”: 『재조』·“여타의 본”이 동일(64건)

14) 유형 “C-6”: 『재조』·『돈황』이 동일(5건)

15) 유형 “C-8”: 『재조』·『자복』이 동일(5건)

4. 유형 “D”: 특정 판본에만 나타나는 문자이동(150건)

1) 유형 “D-1”: 『자복』만 다름(11건)

2) 유형 “D-2”: 『적사』만 다름(28건)

3) 유형 “D-3”:『보녕』만 다름(3건)

4) 유형 “D-4”:『영남』만 다름(11건)

5) 유형 “D-5”:『경산』만 다름(13건)

6) 유형 “D-6”:『청장』만 다름(7건)

7) 유형 “D-7”:『방산』만 다름(52건)

8) 유형 “D-8”:『조성』만 다름(24건)

9) 유형 “D-9”:『돈황』만 다름(1건)

5. 유형 “E”:『초조』에서 수정(윤문)된 문자이동(17건)

1) 유형 “E-1”:『초조』만의 수정(6건)

2) 유형 “E-2”:『초조』·『방산』이 동일(2건)

3) 유형 “E-3”:『초조』·“여타의 본”이 동일(9건)

6. 유형 “F”:『조성』에만 나타나는 문자이동(82건)

1) 유형 “F-1”:『조성』만의 문자이동(7건)

2) 유형 “F-2”:『조성』이『초조』·『재조』와 다름(75건)

7. 유형 “G”:『재조』에서 경판의 훼손으로 인한 문자이동(5건)

8. 유형 “H”: 계통과 저본의 상이함으로 인한 편제의 이동(7건)

9. 유형 “Z”: 일정한 유형을 정하지 못한 문자이동(64건)

5
결 언

결 언

대장경을 비롯한 모든 문헌 연구에서 가장 기초적이고 중요한 단계 중 하나는 바로 판본의 저본과 계통 관계에 대한 연구이다. 특히 한문대장경의 경우 북송 이래로 16여 종의 간본대장경이 간행되었다. 어느 대장경이든지 그 판본을 감식하고 연구하려면 반드시 그 저본과 계통 관계가 먼저 정립되어야 할 것이다. 그 저본과 계통 관계를 이해하기 위해서는 여러 가지 측면에서의 접근이 가능한데, 이를테면 교감학이나 목록학, 판본학적 관점에서의 연구이다.

종래 대장경의 저본과 계통에 대해서 연구된 것은 주로 대장경 판본의 판식, 장정 형태 등의 요인 즉 판본학과 목록구조의 체계, 입장경전의 출처 등의 목록학적 연구에 근거하여 이루어진 것이다. 그러나 제일 중요하게 생각되는 교감학적 측면에서의 대장경에 대한 연구는 거의 이루어지지 못한 상황이다.

본 연구는 이러한 점에 착안하여 대장경 가운데 "돈황사본" 6종 23

권, 『개보장』 8종 9권, 『숭녕장』 5종 5권, 『거란장』 4종 5권, 『초조장』 10종 17권 등 총 33종 59권의 경전을 『조성장』, 『재조장』, 『방산석경』, 『자복장』, 『적사장』, 『보녕장』, 『영락남장』, 『경산장』, 『청장』 등과 대교하여 조사된 1,550건의 문자이동에 대해서 그 문자이동의 유형과 원인을 살펴 본 것이다.

그 결과를 표로 정리하여 제시하면 다음의 <표 13> "종합적인 문자이동의 유형별 분석", <표 14> "대교 경전별 문자이동의 유형 분석"과 같다.

<표 13> 종합적인 문자이동의 유형별 분석

유형	상세유형	유형 내용	문자이동 건수	백분율
			1,550	100
A		『조성』과 "북방계통"(『풍윤』, 또는 『방산』)이 동일하게 나타나는 문자이동	20	1.29
	A-1	『조성』에서 윤문되어 『방산』과 동일	4	0.26
	A-2	『조성』에서 첨입되어 『방산』과 동일	5	0.32
	A-3	『조성』에서 삭제되어 『방산』과 동일	2	0.13
	A-4	『조성』·『풍윤』이 동일	6	0.39
	A-5	『조성』에서 첨입되어 『풍윤』과 동일	3	0.19
B		유관한 계통별로 발생된 문자이동	699	45
	B-0	『숭녕』 이하의 "남방계통"이 동일	48	3.10
	B-1	『자복』 이하의 "남방계통"이 동일	226	14.58
	B-1)	"중원계통"과 "남방계통"이 각각 동일	117	7.55
	B-(1)	"중원계통"과 "남방계통"이 각각 동일[125]	9	0.58
	B-①	『돈황』·"남방계통"이 동일하고, "북방계통"·"중원계통"이 동일	26	1.67

---

125) 유형 "B-(1)"은 앞의 유형 "B-1)"과 그 유형은 같으나, 그 문자이동의 원인이 "중원계통" 자체에서 발생되어 하나의 계통을 이룬 것으로 명백하게 확인된 경우이다. 즉 "중원계통"의 『개보·수정본』에서 이루어진 수정이 『초조』와 『재조』에 반영된 것으로 "남방계통"(『자복』 이하 제본)과 다른 문자이동을 보여주고 있는 유형이다.

유형	상세유형	유형 내용	문자이동 건수	백분율
	B-3	『자복』・『적사』가 동일	6	0.39
	B-4	『적사』 이하의 "남방계통"이 동일	44	2.84
	B-6	『적사』・『보녕』・『영남』이 동일	4	0.26
	B-8	『경산』・『청장』이 동일	30	1.93
	B-9	『조성』・『초조』・『재조』가 동일	3	0.19
	B-12	『영남』・『경산』・『청장』이 동일	18	1.16
	B-13	『조성』・『재조』가 동일[126]	62	4.00
	B-13)	『조성』・『재조』가 동일[127]	11	0.70
	B-13-1)	『조성』・『재조』가 동일[128]	22	1.42
	B-13-2)	『조성』・『재조』가 동일[129]	4	0.26
	B-(13)	『개보』・『조성』・『재조』가 동일하고, 『돈황』・『적사』・『보녕』・『영남』・『경산』・『청장』이 동일	12	0.77
	B-⑬	『조성』・『재조』가 동일하고, 『돈황』・『개보』・『적사』・『보녕』・『영남』・『경산』・『청장』이 동일	1	0.06
	B-14	『초조』만의 문자이동	5	0.32
	B-15	『조성』・『방산』・『재조』가 동일	3	0.19
	B-16	『응현』(또는『풍윤』)・『방산』이 동일	12	0.77
	B-17	『돈황』이 하나의 계통을 이루고, 『재조』・『응현』・『방산』(또는『재조』・『조성』・『방산』)이 다른 하나의 계통을 이루며, 『자복』・『적사』・『영남』・『경산』・『청장』이 또 다른 하나의 계통을 형성하고 있는 문자이동	4	0.26
	B-18	『돈황』이 하나의 계통을 이루고, 『개보』・『조성』・『재조』가 다른 하나의 계통을 이루며, 『적사』・『보녕』・『영남』・『경산』・『청장』이 또 다른 하나의 계통을 형성하고 있는 문자이동	1	0.06
	B-19	『무구』・『자복』이 동일	3	0.19

---

126) 유형 "B-13"은 원래 『조성』의 저본인 『개보・수정본』에서 윤문・수정의 결과로 발생된 문자이동인데, 『재조』에 보사・복각(혹은 그대로 복각)되어 반영되어 있는 것이다. 따라서 이 유형은 제2절의 유형 "B-(20)"과 同一한 유형으로 간주될 수 있는 것으로 생각된다.
한편 이 유형 "B-13"에서 『초조』의 내용・문자는 『개보・초본』의 모습으로 추정된다.

127) 유형 "B-13)"은 앞의 유형 "B-13"과 同一한 유형이다. 단, 『초조』가 포함되지 못한 상황에서 설정된 유형이다.

128) 유형 "B-13-1)"은 『조성』・『재조』가 동일하고, 『응현』("북방계통")・"남방계통"(『자복』 이하 제본)이 동일한 유형으로 "중원계통" 고유의 문자이동이다.

129) 유형 "B-13-2)"는 『조성』・『재조』가 동일하고, 『응현』("북방계통")과 "남방계통"(『자복』 이하 제본)이 각각 다른 유형으로 "중원계통", "북방계통", "남방계통" 세 계통 각각 고유의 문자이동이다.

유형	상세유형	유형 내용	문자이동 건수	백분율
	B-20	『재조』·『개보·초본』이 동일	3	0.19
	B-20)	『재조』·『개보』가 동일	54	3.48
	B-(20)	『재조』·『개보·수정본』이 동일	4	0.26
	B-21	『재조』·『숭녕』이 동일	2	0.13
C		『재조』에서 수정(윤문·첨입·삭제)된 문자이동	506	32.60
	C-1	『재조』만의 수정[130]	174	11.22
	C-1)	『재조』만의 수정[131]	6	0.38
	C-(1)	『재조』만의 수정[132]	58	3.74
	C-①	『재조』만의 수정[133]	14	0.90
	C-2	『재조』·『초조』가 동일	19	1.22
	C-3	『재조』·『방산』이 동일	13	0.83
	C-3)	『재조』·『풍윤』이 동일	2	0.13
	C-(3)	『재조』·『응현』이 동일	1	0.06
	C-③	『재조』·"북방계통"이 동일	9	0.58
	C-4	『재조』·"남방계통"이 동일[134]	97	6.25
	C-4)	『재조』·"남방계통"이 동일[135]	16	1.03
	C-④	『재조』·"남방계통"이 동일[136]	22	1.42
	C-5	『재조』·"여타의 본"이 동일	64	4.12

---

130) 유형 "C-1"은 『재조』에서만 독특하게 윤문·수정된 문자이동이다. 한편 이 문자이동에는 『재조』에서 독특하게 윤문·수정된 것이 아니라, 『재조』의 저본인 『개보』 원래의 문자가 그대로 수용되어 있는 경우도 상당수 있는 것으로 판단된다.

131) 유형 "C-1)"은 "C-1"과 같이 『재조』만의 독특한 문자이동인데, 그 문자이동의 원인이 다음과 같이 구체적으로 구명된 문자이동이다. 즉 유형 "C-1)"은 『十誦律』 卷第四十六에서 발생된 것으로 원래 본문인 것이 『개보』에서 잘못 협주로 기재되었는데(한편 이것은 『개보·초본』에서 탈루된 내용이 『개보·수정본』에 보입된 것인데, 협주 형식으로 보입된 내용이 아닌가 한다), 『재조』에서는 "남방계통"과 동일하게 본문으로 교정되었고, 그 내용·문자는 "남방계통"과 약간 다르게 독자적으로 수정된 문자이동이다.

132) 유형 "C-(1)"은 "C-1"과 같이 『재조』만의 독특한 문자이동인데, 그 문자이동의 원인이 다음과 같이 구체적으로 구명되는 문자이동이다. 즉 이 유형 "C-(1)"은 『재조』에서 독자적으로 첨입되거나 삭제된 문자이동이다. 참고로 『재조』에서 1개의 글자가 첨입된 경우 그 행은 한 행의 표준자수인 14자보다 1자가 많은 15자로 되어 있고, 1개의 글자가 삭제된 경우에는 1행의 표준자수인 14자보다 1자가 적은 13자로 되어 있다.

133) 유형 "C-①"은 유형 "1-C-①"이다. 이 유형 "1-C-①"의 『재조』에서만 독특하게 윤문·수정된 문자이동에서의 『재조』(80권본 『대방광불화엄경』)는 『개보』를 저본으로 해서 복각된 14자본 판본이 아니라 고려의 사간본을 저본으로 해서 복각된 17자본이다. 때문에 유형 "1-C-①"의 『재조』에 나타나는 문자이동은 유형 "1-C-1"과 외형적인 명칭은 같지만 문자이동의 성격 및 원인은 상이하다. 따라서 여기에서 이 문자이동의 유형을 유형 "1-C-①"로 설정하였다.

유형	상세유형	유형 내용	문자이동 건수	백분율
	C-6	『재조』·『돈황』이 동일	5	0.32
	C-7	『재조』·『응현』이 동일	1	0.06
	C-8	『재조』·『자복』이 동일	5	0.32
D		특정 판본에만 나타나는 문자이동	150	9.67
	D-1	『자복』만 다름	11	0.70
	D-2	『적사』만 다름	28	1.80
	D-3	『보녕』만 다름	3	0.19
	D-4	『영남』만 다름	11	0.70
	D-5	『경산』만 다름	13	0.83
	D-6	『청장』만 다름	7	0.45
	D-7	『방산』만 다름	52	3.35
	D-8	『조성』만 다름	24	1.54
	D-9	『돈황』만 다름	1	0.06
E		『초조』에서 수정(윤문)된 문자이동	17	1.09
	E-1	『초조』만의 수정	6	0.38
	E-2	『초조』·『방산』이 동일	2	0.13
	E-3	『초조』·"여타의 본"이 동일	9	0.58
F		『조성』에만 나타나는 문자이동	82	5.29
	F-1	『조성』만의 문자이동	7	0.45
	F-2	『조성』이 『초조』·『재조』와 다름	75	4.84
G		『재조』에서 경판의 훼손으로 인한 문자이동	5	0.32
H		계통과 저본의 상이함으로 인한 편제의 이동	7	0.45
Z		일정한 유형을 정하지 못한 문자이동	64	4.12

134) 유형 "C-4"에서의 "남방계통"은 『숭녕』이 제외된 상황에서 『자복』·『적사』·『보녕』·『영남』· 『경산』·『청장』 등의 제본을 말한다.
그리고 유형 "5-C-4"의 『재조』에서 이루어진 수정은 그 수정된 문자가 "남방계통"의 제본과 일치하고 있는 것으로 보아 아마도 "남방계통"의 경전을 참고하여 이루어진 것으로 추측된다. 혹은 "남방계통"의 경전과 문자이동이 동일한 거란장본을 참고하여 수정되었을 가능성도 많다 하겠다. 한편 그 수정된 문자는 『재조』에서 수정된 것이 아니라, 『재조』의 저본인 『개보』의 원래 문자가 수용된 것일 가능성도 크다 하겠다.

135) 유형 "C-4)"에서의 "남방계통"은 『숭녕』을 비롯한 『자복』·『적사』·『보녕』·『영남』·『경산』· 『청장』 등의 제본을 말한다.

136) 유형 "C-④"는 유형 "1-C-④"이다. 이 유형 "1-C-④"의 『재조』·"남방계통"이 동일한 문자이동에서의 『재조』(80권본 『대방광불화엄경』)는 고려의 사간본인 17자본을 저본으로 해서 복각된 판본이기 때문에 유형 "1-C-4"와 외형적인 명칭은 같지만 문자이동의 성격 및 원인은 상이하다. 따라서 여기에서 이 문자이동의 유형을 유형 "C-④"로 설정하였다.

253

〈표 14〉 대교 경전별 문자이동의 유형 분석

구분		돈황사본	개보장	숭녕장	거란장	초조장	종합
경전 종수 권수		6종 23권	8종 9권	5종 5권	4종 5권	10종 17권	33종 59권
문자이동 총건수		310	257	201	174	608	1,550
유형	상세유형	문자이동 건수(백분율)					
A		9(2.9)	1(0.38)			10(1.64)	20(1.29)
	A-1		1(0.38)			3(0.49)	4(0.26)
	A-2					5(0.82)	5(0.32)
	A-3					2(0.32)	2(0.13)
	A-4	6(1.03)					6(0.39)
	A-5	3(0.96)					3(0.19)
B		139(44.8)	145(50.42)	101(50.24)	84(48.27)	230(37.82)	699(45.00)
	B-0			48(23.8)			48(3.10)
	B-1	80(25.8)	59(22.95)	28(13.93)	45(25.8)	14(2.30)	226(14.58)
	B-1)					117(19.24)	117(7.55)
	B-(1)					9(1.48)	9(0.58)
	B-①	26(8.38)					26(1.67)
	B-3	5(1.61)				1(0.16)	6(0.39)
	B-4	7(2.25)	19(7.39)	7(3.48)	2(1.14)	9(1.48)	44(2.84)
	B-6		1(0.38)	1(0.49)		2(0.32)	4(0.26)
	B-8	9(2.90)	3(1.16)	9(4.47)	6(3.44)	3(0.49)	30(1.93)
	B-9					3(0.49)	3(0.19)
	B-12	8(2.58)	1(0.38)	6(2.98)		3(0.49)	18(1.16)
	B-13					62(10.19)	62(4.00)
	B-13)	11(3.54)					11(0.70)
	B-13-1)				22(12.64)		22(1.42)
	B-13-2)				4(2.29)		4(0.26)
	B-(13)	12(3.87)					12(0.77)
	B-⑬	1(0.32)					1(0.06)

유형	상세유형	문자이동 건수(백분율)					
	B-14					5(0.82)	5(0.32)
	B-15		1(0.38)			2(0.32)	3(0.19)
	B-16	7(2.25)			5(2.87)		12(0.77)
	B-17	4(1.29)					4(0.26)
	B-18	1(0.32)					1(0.06)
	B-19	3(0.96)					3(0.19)
	B-20		3(1.16)				3(0.19)
	B-20)		54(21.01)				54(3.48)
	B-(20)		4(1.56)				4(0.26)
	B-21			2(0.99)			2(0.13)
C		79(25.48)	93(36.18)	51(25.37)	54(31.03)	228(37.5)	506(32.6)
	C-1	10(3.22)	36(14.00)	24(11.94)	7(4.02)	97(15.95)	174(11.22)
	C-1)		6(2.33)				6(0.38)
	C-(1)	2(0.64)	20(7.78)	9(4.47)	1(0.57)	26(4.27)	58(3.74)
	C-①	14(4.51)					14(0.90)
	C-2					19(3.12)	19(1.22)
	C-3			1(0.49)		12(1.97)	13(0.83)
	C-3)	2(0.64)					2(0.13)
	C-(3)				1(0.57)		1(0.06)
	C-③					9(5.17)	9(0.58)
	C-4	2(0.64)	9(3.50)		12(6.89)	74(12.17)	97(6.25)
	C-4)			16(7.96)			16(1.03)
	C-④	22(7.09)					22(1.42)
	C-5	21(6.77)	18(7.00)	1(0.49)	24(13.79)		64(4.12)
	C-6	5(1.61)					5(0.32)
	C-7	1(0.32)					1(0.06)
	C-8	1(0.32)	4(1.55)				5(0.32)
D		49(15.80)	10(3.89)	28(13.93)	24(13.79)	39(6.41)	150(9.67)
	D-1	2(0.64)	4(1.57)	1(0.49)	2(1.14)	2(0.32)	11(0.70)

유형	상세유형	문자이동 건수(백분율)					
	D-2	12(3.87)	1(0.38)	3(1.49)	4(2.29)	8(1.31)	28(1.80)
	D-3	1(0.32)			2(1.14)		3(0.19)
	D-4	4(1.29)	1(0.38)	2(0.99)	2(1.14)	2(0.32)	11(0.70)
	D-5	3(0.96)	1(0.38)	6(2.98)	3(1.72)		13(0.83)
	D-6	2(0.64)	1(0.38)		1(0.57)	3(0.49)	7(0.45)
	D-7	14(4.51)	2(0.78)	6(2.98)	6(3.44)	24(3.94)	52(3.35)
	D-8	10(3.22)		10(4.97)	4(2.29)		24(1.54)
	D-9	1(0.32)					1(0.06)
E						17(2.79)	17(1.09)
	E-1					6(0.98)	6(0.38)
	E-2					2(0.32)	2(0.13)
	E-3					9(1.48)	9(0.58)
F		1(0.32)		6(2.98)		75(12.33)	82(5.29)
	F-1	1(0.32)		6(2.98)			7(0.45)
	F-2					75(12.38)	75(4.84)
G						5(0.82)	5(0.32)
H			7(2.72)				7(0.45)
Z		32(10.32)	1(0.38)	15(7.46)	12(6.90)	4(0.65)	64(4.12)
문자이동 유형 (상세유형)		6 (34)	6 (21)	5 (18)	4 (20)	8 (27)	9 (60)
유관한 판본 계통		18	15	9	8	14	

　종국적으로 본 연구에서는 본 연구의 연구 대상인 한문대장경 가운데 총 33종 59권의 경전에서 조사된 1,550건의 문자이동 그리고 8~18개의 계통으로 정리된 유관한 계통의 판본에 대한 종합적인 분석을 통해서 일차적으로 다음과 같은 7가지 사실이 확인되었다.

　첫째, "간본 대장경"에는 문자이동에 있어서 "돈황사본"(『돈황』)과

다른 계통의 요소가 일부 존재한다.[137]

둘째,『재조』·『조성』·『개보』·『방산』·『풍윤』·『응현』은 문자이동에 있어서 유관한 계통이다.[138]

셋째,『재조』·『조성』·『개보』는 문자이동에 있어서 유관한 계통이다.[139] 이른바 "중원계통"에 해당된다.

넷째,『방산』·『풍윤』·『응현』은 문자이동에 있어서 유관한 계통이다.[140] 이른바 "북방계통"에 해당된다.

다섯째,『청장』·『경산』·『영남』·『보녕』·『적사』·『자복』·『숭녕』은 문자이동에 있어서 유관한 계통이다.[141] 이른바 "남방계통"에 해당된다.

여섯째,『돈황』("돈황사본")·『신라』(신라시대의 사본 80권본『대방광불화엄경』)는 문자이동에 있어서 이른바 "중원·북방계통"과 유관한 계통이다.[142]

일곱째,『무구』(1966年 한국의 경주 석가탑에서 발견된『무구정광대다라니경』)는 문자이동에 있어서 이른바 "남방계통"과 유관한 계통이며, 특히『자복』과 밀접한 계통이다.[143]

다음으로 다음과 같은 11가지의 사실들이 이차적으로 새롭게 밝혀졌다.

첫째,『개보』는 경우에 따라 그 초본인『개보·초본』과 그 수정본

---

137) <표 4>의 제1)항 및 문자이동의 유형 "1-B-17", "1-B-18", "1-D-9" 참조.

138) <표 4>의 제3)항 및 문자이동의 유형 "1-B-1", "1-B-①" 참조.

139) <표 4>의 제4)항 및 문자이동의 유형 "1-B-13)", "1-B-(13)" 참조.

140) <표 4>의 제7)항 및 문자이동의 유형 "1-B-16" 참조.

141) <표 4>의 제9)항 및 문자이동의 유형 "1-B-1" 참조.

142) <표 4>의 제2)·14)항 및 문자이동의 유형 "1-B-1" 참조.

143) <표 4>의 제15)·16)항 및『무구』의 문자이동 유형 "1-B-1", "1-B-19" 참조.

인 『개보·수정본』이 존재한다.[144]

둘째, 『재조』 역시 경우에 따라 『개보』 가운데 『개보·초본』 혹은 『개보·수정본』을 저본으로 하여 수정·복각되었다.[145]

셋째, 『숭녕』을 비롯한 "남방계통"의 제본은 서로 같은 계통이기에 동일한 문자이동을 형성하고 있다.[146] 한편 "남방계통" 안에서도 각각의 대장경 간에 문자이동이 발생되었는데, 특히 『숭녕』과 『자복』 이하의 제본 사이에는 다량의 문자이동이 있었다. 또한 『숭녕』·『자복』과 『적사』 이하의 제본 사이에도 다소의 문자이동이 있었다.[147]

넷째, 『조성』에서만 발생된 문자이동 가운데 어떤 경우는 『조성』의 저본인 『개보·수정본』에서 발생된 것으로 『재조』에 반영되지 않은 문자이동이 존재하고 있다.[148] 그리고 이러한 유형의 문자이동이 발생된 경전에 있어서 『재조』의 저본은 『개보·초본』으로 추정되는 것이다.[149]

다섯째, "북방계통"에 속하는 『응현』(또는 『풍윤』)과 『방산』에서의 문자이동은 거의 대부분 일치하고 있다.[150]

여섯째, 『재조』에는 "북방계통"인 『응현』(또는 『풍윤』)·『방산』과 동일하게 수정된 문자이동이 다소 존재하고 있다.[151] 이것은 바로 수기법사가 『재조장』을 교감할 때 『거란장』을 대교본으로 활용했던 사

---

144) 각주 38), 40) 참조.

145) 각주 38), 40) 참조.

146) 각주 51) 참조.

147) <표 8>의 제1)~3)항 및 문자이동의 유형 "3-B-0", "3-B-1", "3-B-4" 참조.

148) 문자이동의 유형 "3-F-1" 참조.

149) 각주 50) 참조.

150) <표 10>의 제4)항 및 문자이동의 유형 "4-B-16" 참조.

151) <표 10>의 제7)항 및 문자이동의 유형 "4-C-③" 참조.

실을 증명해주는 것이라 하겠다.

일곱째, 『재조』의 문자이동은 이른바 "중원계통"과 가장 밀접하다.[152] 여덟째, 『재조』의 문자이동에는 이른바 "중원계통", "북방계통", "남방계통"뿐만 아니라 "돈황사본"의 요소까지 포함되어 있다.[153] 또한 『재조』의 독자적인 요소(문자이동)도 상당히 존재하고 있다.[154] 『재조』는 기본적으로 "중원계통"이지만 문자이동에 있어서는 "북방계통"과 "남방계통"의 요소를 흡수 통합한 대장경이 분명하다.[155] 따라서 대장경의 문자이동에 있어서 『재조』의 계통을 논하자면, 『재조』는 기본적으로는 "중원계통"이지만 "북방계통"과 "남방계통"의 요소를 흡수 통합하였고, "돈황사본"의 요소까지 내포하고 있을 뿐만 아니라 『재조』만의 독특하고 발전된 문자이동을 지니고 있는 하나의 독자적인 계통으로 보아야 할 것이다.

아홉째, 『초조』는 경우에 따라 그 초본인 『초조·초본』과 그 수정본인 『초조·수정본』이 존재한다.[156]

---

152) <표 4>의 제4)·5)항 및 문자이동의 유형 "1-B-13)", "1-B-(13)" 참조.

153) <표 4>의 제4), 6), 8), 17)항 및 문자이동의 유형 "1-C-6" 참조.

154) 문자이동의 유형 "C-1", "C-1)", "C-①" 참조.

155) 『재조』가 기본적으로는 "중원계통"이지만 문자이동에 있어서 "북방계통"과 "남방계통"의 요소를 흡수 통합한 예를 3가지만 들면 다음과 같다.
① 제3장 제2절에 기술된 『잡아함경』의 제5항의 문자이동(對校表 3-1)에 있어서 "중원계통"(『개보』·『조성』)은 "攝持衣鉢人間遊行"으로 되어 있고, "북방·남방계통"(『방산』·『자복』·『적사』·『보녕』·『영남』·『경산』·『청장』)은 "著衣持鉢餘方遊行"으로 되어 있는데, 『재조』에서는 이 두 가지의 내용이 흡수 통합되어 "著衣持鉢人間遊行"으로 교감·수정되어 있다.
② 제3장 제2절에 기술된 『십송율』의 제46항의 문자이동("대교표 6-13")의 경우 "중원계통"(『개보』)은 "欲從某甲和上尼受具足戒"로 되어 있고, "남방계통"(『자복』·『적사』·『보녕』·『영남』·『경산』·『청장』)은 "從和上尼某甲欲受具戒"로 되어 있는데, 『재조』에서는 이 두 가지의 내용이 흡수 통합되어 "欲從和上尼某甲受具足戒"로 교감·수정되어 있다.
③ 제3장 제4절에 기술된 『大乘本生心地觀經』 卷第六의 제40항의 문자이동(對校表 6-3)에 있어서 "북방·중원계통"(『풍윤』·『방산』·『조성』)은 "順途"로 되어 있고, "남방계통"(『적사』·『영남』·『경산』·『청장』)은 "隨器"로 되어 있는데, 『재조』에서는 이 두 가지의 내용이 흡수 통합되어 "隨途"로 교감·수정되어 있다.

156) <표 12>의 제8), 9), 11), 14)항 및 문자이동의 유형 "5-E", 각주 82) 참조.

열째, 『초조』와 『재조』에서 각각 수정이 이루어졌지만 『재조』에서 이루어진 수정은 『초조』에 비해서 훨씬 정밀하고 방대하였다.[157]

열한 번째, 『조성』(『개보·수정본』)에서의 수정(윤문·첨입·삭제)은 "북방계통"의 경전을 참고하여 이루어진 것으로 추정되었다.[158]

지금까지 본 연구에서는 역대로 간행된 대장경 경전 33종 59권에 나타난 1,550건의 문자이동에 대한 상태를 고찰하고, 이들 사이에서 형성된 문자이동의 유형을 중심으로 그 문자이동의 유형과 원인을 살펴보았다. 그리고 이러한 사실을 바탕으로 하여 대장경의 저본과 계통에 대한 새로운 견해를 도출해 내었다. 이러한 연구는 대장경의 저본과 계통을 보다 객관적으로 조명하는 데 하나의 단서가 될 것으로 기대하는 바이다.

끝으로 본 연구를 진행하는 데 많은 도움을 주신 고려대장경연구소의 宗林 스님, 한국학중앙연구원의 李鐘徹 교수님, 계명문화대학의 裵賢淑 교수님, 충북대학교의 徐大源 교수님과 중국 상해사범대학교의 方廣錩 교수님, 국가도서관의 李際寧 선생님, 북경대학교의 肖東發 교수님, 북경대학도서관의 劉大君 선생님 및 일본 경도대학교의 梶浦晉 교수님께 감사드리는 바이다.

---

157) 문자이동의 유형 "5-C", "5-E" 참조.

158) 각주 86) 참조.

〈參考文獻〉

妻木直良, "契丹に於ける大藏經雕造の事實を論", 『東洋學報』 二, 1912.

小野玄妙, 『佛書解說大辭典』 別卷, 東京, 大同出版社, 1936.

葉恭綽, "歷代藏經考略", 『張菊先生生七十生日紀念論文集』 一冊, 商務印書館, 民國26(1937).

林慮山, "北宋開寶藏『大般若經』初印本的發見." 『現代佛學』, 1961年 第2期.

胡振祺, "山西省文物管理工作委員會收集到六件宋藏", 『文物』, 1965年 第5期.

李箕永, "高麗大藏經, 그 歷史와 意義", 『高麗大藏經』 48冊, 1976.

呂澂, "宋藏蜀版異本考", 『大藏經研究彙編』(上), 大乘文化出版社, 1977.

黃永武編, 『敦煌寶藏』, 新門豊出版公司, 1981.

中華書局編, 『中華大藏經』, 1984.

徐狀華, 『中國典籍之最』, 甘肅教育出版社, 1987.

湯錦臺等, 『敦煌大藏經』, 前景出版社, 1989.

童瑋, 『北宋 開寶大藏經 雕印考釋及目錄還原』, 書目文獻出版社, 1991.

方廣錩, 『八~十世紀佛教大藏經史』, 中國社會科學出版社, 1991.

山西省文物局·中國歷史博物館合編, 『應縣木塔遼代秘藏』 文物出版社, 1991.

胡振祺, "山西發現的三卷『開寶藏』", 『文物季刊』, 1992年 第1期.

羅炤, "『契丹藏』與『開寶藏』之差異", 『文物』, 1993年 第8期.

趙冬生·陳文秀, "山西高平縣發現的兩卷『開寶藏』及有關『開寶藏』的雕印情況", 『文物』, 1995年 第4期.

李富華, "『趙城金藏』研究", 『中日佛教學術會議論文集』(1985~1995), 中國社會科學院出版社, 1997.

竺沙雅章, "宋元版大藏經の系譜", 『宋元佛教文化史研究』, 汲古書院, 2000.

肖東發, "漢文大藏經的刻印及雕版印刷術的發展", 『北京大學百年國學文粹』- 語言文獻卷, 北京大學出版社, 1998.

李富華, "關于『遼藏』的研究", 『佛教與歷史文化』, 宗教文化出版社, 2001.

李際寧, 『中國版本文化叢書 · 佛經版本』, 江蘇古籍出版社, 2002.

柳富鉉, "『高麗大藏經』의 底本과 板刻에 관한 硏究", 『한국도서관 · 정보학회지』제32권 제3호, 한국도서관 · 정보학회, 2001.

柳富鉉, "中國國家圖書館에 所藏된『開寶藏』잔본 硏究", 『서지학연구』24집, 서지학회, 2002.

柳富鉉, "『開寶勅版大藏經』에 관한 연구", 『書誌學硏究』25집, 2003.

柳富鉉, "『高麗再雕大藏經』에 收容된『契丹大藏經』", 『한국도서관정보학회지』35집, 한국도서관정보학회, 2004.

柳富鉉, "『無垢淨光大陀羅尼經』의 文字異同 硏究", 『한국도서관정보학회지』34집, 한국도서관정보학회, 2004.

高麗初雕大藏經集成 편찬위원회, 『高麗初雕大藏經集成』1-4, 高麗大藏經硏究所, 2005.

柳富鉉, "『高麗再雕大藏經』과 大藏目錄의 構成", 『書誌學硏究』33집, 2006.

柳富鉉, "『高麗再雕大藏經』과『開寶勅版大藏經』의 비교 연구", 『불교학연구』16호, 불교학연구회, 2007.

유부현

서지학으로 박사학위를 취득하였으며, 현재 대진대학교 문헌정보학과의 교수로 재직 중이다. 저서로는 『도서관문화사』, 『삼국유사의 교감학적 연구』 등이 있으며, 주요 논문으로는 「무구정광대다라니경의 간행시기에 관한 연구」, 「개보칙판대장경에 관한 연구」, 「고려대장경의 저본과 판각에 관한 연구」, 「고려재조대장경과 개보칙판대장경의 비교연구」 등이 있다.

한문대장경의
문자이동연구

초 판 인 쇄 | 2011년 10월 29일
초 판 발 행 | 2011년 10월 29일

지 은 이 | 유부현
펴 낸 이 | 채종준
펴 낸 곳 | 한국학술정보㈜
주   소 | 경기도 파주시 문발동 파주출판문화정보산업단지 513-5
전   화 | 031) 908-3181(대표)
팩   스 | 031) 908-3189
홈 페 이 지 | http://ebook.kstudy.com
E - m a i l | 출판사업부 publish@kstudy.com
등   록 | 제일산-115호(2000. 6. 19)

ISBN   978-89-268-2834-2 93700 (Paper Book)
            978-89-268-2835-9 98700 (e-Book)